대통령의 협상

노무현과 문재인, 무엇으로 마음을 움직이는가
대통령의 협상

초판 1쇄 인쇄 2019년 5월 10일   초판 1쇄 발행 2019년 5월 18일

지은이 조기숙 펴낸이 연준혁

출판 1분사 이사 배민수
출판 4분사 분사장 김남철
디자인 이세호

펴낸곳 (주)위즈덤하우스 미디어그룹 출판등록 2000년 5월 23일 제13-1071호
주소 경기도 고양시 일산동구 정발산로 43-20 센트럴프라자 6층
전화 031)936-4000 팩스 031)903-3893 홈페이지 www.wisdomhouse.co.kr

값 16,000원 ⓒ 조기숙, 2019
ISBN 979-11-90065-74-0 03300

이 도서의 국립중앙도서관 출판예정도서목록(CIP)은 서지정보유통지원시스템 홈페이지(http://seoji.
nl.go.kr)와 국가자료종합목록시스템(http://www.nl.go.kr/kolisnet)에서 이용하실 수 있습니다.
(CIP제어번호 : CIP2019018309)

대통령의 협상

노무현과 문재인, 무엇으로 마음을 움직이는가

조기숙 지음

위즈덤하우스

북극성과 같은 인생의 스승이자
가장 좋은 토론 파트너였던
노무현 대통령 영전에
이 책을 바칩니다

왜 협상의 정치인가

노무현 전 대통령이 서거한 지 10년이 지났다. 그분을 떠나보낸 후, 참으로 힘든 시간이었지만 그래도 우리가 손을 놓고 있지는 않았다는 말씀을 드리고 싶었다. 고인이 생전에 가장 중요하게 생각했던 대화와 타협의 정치를 위해 이 책을 준비했고, 대통령의 서거 10주기를 추모하기 위해 세상에 내보낸다.

2019년 현재 문재인 대통령의 협상가로서의 면모가 전 세계 언론의 주목을 받고 있다. 남북 및 4강 사이의 복잡한 고차방정식을 조심스럽게 풀어나감으로써, 비서실장으로서 내치는 해봤지만 외교는 경험이 부족한 게 아니냐는 일부 의구심을 명쾌히 잠재웠다. 한반도에 다가오는 새로운 기운을 온 국민이 숨죽이며 지켜보고 있다.

문재인 대통령은 노무현 대통령의 가장 좋은 친구였지만 두 분의 협상 스타일은 상당히 다른 편이다. 노 대통령은 불같이 화를 낼 때도 있고 할 말은 하는 편이었지만, 문 대통령은 늘 웃는 얼굴로 말수가 적으며 냉정을 잃지 않는다. 두 대통령의 성격이 다른 만큼 협상 스타일도 다르다고 생각된다. 나는 성격이 운명을 좌우한다는 말을 믿는 편인데, 성격유형에 따라 협상 스타일이 다르기 때문이다. 협상 스타일은 인생에서 매우 중요한 순간의 선택에 영향을 미치고 그로 인해 인생이 결정되기에 '성격이 곧 운명'이라는 말에 공감이 가기도 한다.

노 대통령은 어떤 일이든 큰 원칙과 비전을 가지고 상황을 타개해나갔다. 어떤 문제를 한 번 해결하는 데 만족하지 않고 지속적으로 유사한 성과를 내기 위해 시스템을 구축하고자 했다. 문 대통령은 대체로 매우 신중하지만 때로는 과감하기도 하고, 후에 보면 모든 것이 치밀하게 계산된 포석임을 깨닫게 하는 경우가 많다. 바둑으로 길러진 태도 덕에 그런 게 아닌가 싶기도 하다. 바둑이나 체스는 이기려면 한 치 앞만 봐서는 안 되고 몇 수 앞을 내다봐야 하는데, 그런 점에서 전략을 습득하기에도 좋은 게임이다.

두 대통령의 성격이나 협상 스타일은 사실상 매우 다르지만 공통으로 발견되는 점도 있으니, 바로 원칙 중심의 협상을 한다는 점이다. 문재인 대통령의 협상은 아직도 지켜볼 부분이 많기에 이 책에서는 주로 노무현 대통령의 협상을 복기하고 교훈을 얻는 데 초점을 맞추고자 한다. 이 책이 문 대통령과 그 참모들에게 보탬이 되기를 바라지만, 국민이 문제인 정부의 협상 과정이나 정책을 이해하고 비판적인 시각으로 판단하는 데에도 도움이 되면 좋겠다. 정부의 정책은 결국 여야 정당, 국민과의 협상 결과라고 할 수 있다. 이 책을 통해 시민들이 참여정부 시절 노무현 대통령이 왜 그런 결정을 내렸는지를 이해하는 데 조금이라도 도움이 되기를 바란다.

노 대통령의 정책은 국회에서 불필요한 여야 정치 싸움으로 지체되어 시기를 놓친 적이 많았다. 노 대통령은 국회에서의 줄다리기를 민주주의의 당연한 과정으로 보았다. 박근혜 대표가 이끌던 한나라당이 노 대통령의 모든 정책에 발목을 잡았지만 결국엔 수정안을 통과시켜준 것에 대해 다행으로 생각하는 한편, 우리 정치에 대화와 타협의 문화가 없는 것을 늘 안타깝게 여겼다.

노 대통령은 단지 정기적으로 선거를 치르느냐 아니냐로 판가름 나는 절차적 민주주의가 아니라, 일상에서 대화와 타협이 이뤄지는 성숙한 민주주의를 꿈꿨다. 그의 꿈은 성공한 대통령이 아니라 한국 사회의 문화를 민주적으로 바꾸는 것이었다.

도올 김용옥 선생은 노 대통령과의 인터뷰에서 대통령으로서 목표가 뭐냐는 질문에 "문화를 변화시키고 싶다"라는 답변을 들었다며 놀라움을 금치 못했다. 그는 노 대통령을 야심가라고 평가하기도 했다. 노 대통령이 탈권위주의 행보를 계속하면서 대통령답지 않다는 비난을 감수했던 이유도 권위주의 문화를 척결하는 것이 진정한 민주주의의 실천이라고 보았기 때문이다. 4장에서도 다루겠지만, 우리 사회의 권위주의 문화야말로 대화와 타협의 정치를 가로막는 가장 큰 장애물이다. 따라서 이 책을 읽으면 노 대통령이 왜 그토록 탈권위주의 행보를 이어가며 문화 혁신에 매달렸는지 이해하게 될 것이다.

노 대통령은 진정한 민주주의는 머릿수에 의한 다수결이 아니라 합리적 논리와 데이터에 근거한 투명한 토론, 시민의 참여, 공직자의 책임감으로 이뤄진다고 믿었다. 이런 생각은 그분이 떠난 지금도 우리 사회에 남겨진 숙제다. 누가 대통령이 되든, 성숙한 민주주의 문화는 한국 정치를 한 단계 발전시키는 데 꼭 필요한 조건이다.

《한국 민주주의 어디까지 왔나》라는 책에서 민주주의연구회 교수들의 연구 결과를 소개한 바 있다. 연구진은 김영삼 정부부터 이명박 정부까지를 연구한 후 참여정부 때 민주주의 발전이 가장 비약적으로 이루어졌다는 결론을 내리고, 한국 민주주의의 문제는 헌법이나 제도의 문제라기보다는 문화의 지체 현상에 원인이 있다고 지적했다.[1] 또한 민주주의 제도는 정착되고 있지만, 여전히 이를 작동하는 건 권위주의 문화라는 사실도 발견했다.

대화와 타협의 문화는 하루아침에 만들어지지 않는다. 문화가 변화하는 데에는 적어도 한 세대, 보통은 몇 세대가 걸리기 때문이다. 노 대통령이 자신의 몸을 던져 깨지고 부서지면서도 역사의 수레바퀴를 조금이라도 더 빨리 돌리기 위해 노력한 이유도 이 때문이다.

인간이 있는 곳엔 반드시 갈등이 있기 마련이다. 갈등이 합리적으로 관리되지 않으면 폭력, 유혈 사태, 더 나아가서는 내전까지 발생활 수 있다. 하지만 갈등 자체가 꼭 나쁜 것은 아니다. 우리의 오랜 뿌리인 수직적 유교 문화는 갈등 자체를 부정적으로 보고 조용한 합의 또는 화합만이 선이라고 생각하는 경향이 있다. 박정희 시대가 갈등 없이 평온했던 것처럼 보이지만, 실상 그것은 억압과 일부 국민의 일방적 희생으로 이룬 것이었다. 한쪽이 다른 한쪽을 위해 희생하는 구조는 절대로 지속 가능하지 않다.

반면 갈등은 종종 사회 발전에 긍정적인 에너지로 작용한다. 갈등을 죄악시할 게 아니라 그 갈등을 합리적으로 해결하라고 정치가 존재하는 것이다. 갈등은 수면 아래에 머물던 문제를 수면으로 끌어올린다. 이를 해결하기 위해 노력을 기울이는 가운데 창의적 해법을 찾게 되고 시너지도 발현되기에 갈등은 발전의 원동력이기도 한다. 그동안 우리 정치가 점진적으로 진화하기는 했지만, 대화와 타협의 문화가 여전히 뿌리내리지 못한 것이 사실이다. 문화의 성숙은 적어도 한 세대의 훈련을 필요로 한다. 이 때문에 선진 민주국가에선 초등학교 교육과정에서부터 대화와 타협의 협상법을 가르친다. 문화 감수성과 태도는 어린 시절에 형성되기 때문이다.

2011년 노무현시민학교 교장을 맡았을 때 가을 학기에 '노무현의 협상론' 강좌를 개설했다. 노 대통령이 꿈꿨던 대화와 타협의 정치가 이 땅에 뿌리내리도록 하기 위해 한 알의 씨앗을 심는 심정으로 내린 결정이었다. 노 대통령을 가까이서 모셨던 참모들이 바라본 협상 사례 총 7강과 이론 1강으로 기획했다. 처음부터 책으로 낼 생각으로 분야별 강사를 섭외했고 강사분들께도 책의 취지를 설명해 허락을 받았다. 이번에는 내가 맡았던 이론 부분을 책으로 우선 내고 추후에 사례 부분 강의를 엮어 별도의 책으로 내고자 한다.

이 강좌에서 당시 이해찬 노무현재단 이사장은 다음과 같은 꿈을 밝혔다.

노무현시민학교는 대통령이 서거하시고 여러 분과 함께 노무현재단을 만들 때 '앞으로 무슨 일을 할 것인가'에 대해 고민하다가 이야기가 나온 것 중 하나다. '노무현스쿨을 만들자. 미국 하버드대학교에 케네디스쿨이 있듯이 우리도 노무현스쿨을 만들어서 노무현의 가치와 그 뜻을 이어가는 흐름을 만들어나가자' 하는 논의가 진행됐다. 케네디스쿨은 케네디재단에서 더 출연해서 원래 있던 하버드대학교 행정대학원을 키운 것이다. 그 결과 이제는 가장 저명한 정책행정학 커리큘럼을 가진 정책대학원이 됐다. 우리나라에서도 이 노무현시민학교를 근간으로 여러 가지 정책 사안을 다루는 노무현스쿨을 만들 날이 그렇게 멀지 않았다. 지금 후원금이 많이 들어오고 있고 또 정부에서 매칭 펀드를 받고 있으니 대학원 과정을 만든 뒤에 학위도 부여하려는 생각을 가지고 있다.

노무현 정책대학원이 만들어지면 일련의 협상책도 강의 교재로 일조할 수 있지 않을까 하는 기대로 이 책을 준비하게 되었다.

이 책은 협상의 이론 부분만 담았는데, 하버드대 법학대학원에서 오랫동안 협상을 가르치고 실전 훈련을 해오다 2012년에 작고한 로저 피셔Roger Fisher 교수의 원칙 중심 협상 이론을 소개한다. 그의 베스트셀러 저서는 전 세계적으로 2010년에 이미 300만 권 이상 팔린 스테디셀러이기도 하며 우리나라에도 번역판이 소개됐다. 노무현시민학교 협상 강의에서 피셔의 이론을 소개했던 이유는 협상에 대한 노무현 대통령의 생각이 그 이론과 매우 닮았기 때문이다.

노 대통령은 마치 교과서에서 배운 것처럼 피셔의 이론을 그대로 실천했다. 한마디로 '원칙 중심의 협상'이라고 할 수 있다. 원칙 중심의 협상이라고 하니 이利보다는 의義를 중시하는 가치 중심의 협상이 아닐까 짐작하는 독자도 있을 것이다. 물론 그런 측면도 없지 않지만, 오히려 이익을 중심에 놓고 일관된 협상을 하자는 게 피셔 이론의 핵심이다. 상황에 따라 가치관은 변할 수 있지만, 공통의 이익을 유지하는 한 관계가 깨지는 일은 없다는 것이다. 여기서 말하는 이익에는 물질적 가치뿐만 아니라 명예, 심리적 안정감 같은 정신적 가치도 포함된다. 이익이 중요한 이유는 그것이 관계를 지속되게 해주는 아교와 같은 역할을 하기 때문이다.

이 세상에 영원한 것은 없다. 동맹국, 부부, 친구, 고용주와 고용인, 심지어는 부모와 자식 간의 관계도 상대의 행동과 그에 대한 반응에 따라 좋아지기도 하고 나빠지기도 한다. 그러나 서로 공통으로 지켜야 할 목적, 즉 이익이 있는 한 관계는 유지된다. 공통의 이익이 국가 간 동맹 관계를 유지해주며, 결혼 생활이 서로에게 지속적인 이익을 준다면 이혼은 필요 없게 된다.

노무현시민학교에서 피셔 교수의 이론에 관해서는 필자가 강의를 맡았는데, 첫날 강의여서 개회식을 하고 참가자를 소개하느라 시간이 매우 짧았다. 그날은 이론의 핵심 개념밖에 소개하지 못했기에 이번에 책으로 내면서 1장에서 자세히 소개했다. 2장과 3장에서는 협상의 3요소라고 생각되는 협상의 목표, 전략, 전술을 살펴본다. 2장에서는 협상에 대한 다른 탁월한 이론들도 피셔의 이론과 일맥상통한다는 점을 보여주고, 3장은 피셔와 그의 제자들이 쓴 책을 통해 협상의 전술에서 가장 중요한 소통의 기법을 담았다. 4장에서는 우리 사회엔 왜 협상 문화가 척박한지, 노 대통령은 왜 그리도 대화와 타협의 정치에 집착했는지 살펴보았다. 끝으로 5장에서는 노 대통령과 문 대통령의 협상 스타일이 어떻게 다른지, 같아 보이면서도 다른 이유를 검토했다.

나는 노무현 대통령이 언젠가는 국민통합과 화합의 아이콘이 되리라는 확신을 가지고 이 책을 썼다. 한때 남북전쟁의 한 축을 담당했고 갈등의 아이콘으로 지목되었던 미국의 링컨 대통령이 지금은 인종과 성별을 초월해 모든 미국 국민의 존경을 받는 전설로 자리매김한 것과 같은 현상이 되리라 생각한다.

노무현시민학교의 협상 강의를 맡아주고 이를 책으로 출간하도록 허락하고 도와준 한명숙 전 총리, 이해찬 전 총리, 김병준 전 정책실장, 이정호 전 시민사회수석, 권재철 전 노동비서관께 감사드린다. 협상 사례 편은 이후에 별도로 출간할 계획이다.

이화여자대학교 국제대학원 전 원장과 부총장을 역임한 한미기업인친선포럼의 유장희 회장께 특별한 감사의 인사를 드린다. 유 회장은 내가 CMG 협상 교육을 통해 풍부한 인생을 경험하고 강사가 되어 다양한 직종의 사람에게 교육할 수 있도록 길을 열어주었으며, 늘 나의 가능성을 한계치 이상으로 끌어올려 준 인생의 멘토이기도 하다. 최병일 교수에게도 깊은 감사의 인사를 전한다. 1997년 국제대학원 동료로 만났을 때 자신의 협상 수업을 청강할 수 있도록 배려해주었으며, 이후 보스턴에서 협상 교육도 함께 받고 신뢰 연구도 함께하며 내가 이 길로 들어서는 데 적극 도움을 주었다. 이 책에는 최교수의 강의, 함께 나눈 대화 등이 녹아 있을 것이다.

노 대통령의 협상에 대한 책을 이론과 사례로 나누어 별도로 출간할 것을 제안해주고, 그중 이론 편을 멋지게 편집해준 위즈덤하우스에도 감사의 인사를 드린다. 책의 인세는 노무현 연구를 위해 노무현재단에 기증된다.

2019년 5월

조기숙

| 차례 |

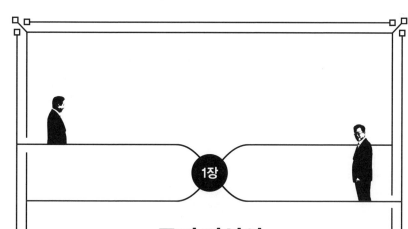

로저 피셔의
원칙 중심 협상 이론

노무현과 로저 피셔

1장은 노무현 시민학교에서 했던 협상 강의의 이론 편을 보완한 것이다. 첫 수업시간에 나는 "지금까지 살아오면서 협상 안 해본 사람 있으면 손 들어보세요"라고 수강생에게 말했다. 당시 수강생 중 한 사람이 손을 들었는데 그분도 이내 손을 내리고 말았다. 사실 인간이라면 태어나는 순간부터 죽는 순간까지 매 순간 하는 게 협상이기 때문이다. 우리는 '요람에서 무덤'까지 '협상'을 한다고 말한다. 나는 노무현재단의 당시 안영배 처장에게 다음과 같은 말을 함으로써 그날 수강생들과도 협상을 했다.

"우리 첫 강좌 정시에 시작합시다."

만약 첫날이라 해서 5분 늦게 수업을 시작하면 어떻게 될까? 수강생들은 좀 늦어도 되겠구나 하면서 다음 주엔 5분 늦게 올 것이다. 그러다 보면 시작 시간이 점점 더 늦춰질 것이다. 그래서 정각에 시작했는데, 이것도 노무현시민학교가 수강생들과 협상을 시도한 것이다. 협상이 꼭 대화로만 이루어지는 건 아니다. 무언중에 하는 것도 협상이다.

로버트 액설로드Robert Axelrod라는 저명한 정치학자는 절대로 불가능해 보이는 곳에서도 협력할 수 있다며 제1차 세계대전 당시 전투가 치열했던 서부전선을 예로 들었다.[2] 그곳에서는 영국군과 독일군이 서로 사정거리 내에 참호를 파고 대치하고 있었다. 충분히 교전할 수도 있는 상황이었지만 누가 먼저랄 것도 없이 서로 공격하지 않는 극도의 인내심을 발휘했다. 원래 전장은 죽이지 않으면 자신이 죽는 처절한 현장이다. 그런데 양쪽 편 모두가 살아남기 위해 '서로 공격하지 말자'라는 암묵적 합의를 한 것이다. 이런 사례에 기초해 액설로드는 협력을 위해 꼭 우정이 필요한 건 아니라고 주장한다. 적절한 조건이 주어지면 적대적인 관계에서도 이처럼 협력이 만들어질 수 있다고 한다.

또 협상은 상대방 없이 혼자서도 할 수 있다. 예를 들어, 아침에 알람시계가 울리면 어떻게 하는지를 생각해보라. '지금 일어날까? 5분만 더 잘까?' 우리는 매일 아침 혼자서 협상을 한다. 지금 일어나면 시간에 맞춰 출근할 수 있으니 하루가 여유 있고 편할 테고, 5분 더 자면 지하철이 붐비고 길이 막혀 몇십 분 지각할 수도 있다. 그럼에도 '5분만 더'라는 유혹은 아침마다 내가 또 다른 나와 협상하게 한다.

이처럼 우리는 눈을 뜨는 순간부터 자는 순간까지 온종일 협상을 한다. 또 다른 자신과 하기도 하고 타인이나 집단을 상대로 하기도 하며, 때로는 암묵적으로 때로는 명시적인 소통을 통해 협상을 한다. 협상은 인간이라면 피할 수 없는 운명이기도 하다. 그런데 우리의 또 다른 운명은 협상 문화나 학습이 부족해 협상을 잘 하지 못한다는 점이다. 부족하면 배워야 한다. 아는 것이 힘이라는 말은 협상에도 적용된다.

모든 일이 그렇듯이 이론을 먼저 배우면 개별 사례를 이해하는 안목이 생긴다. 그래서 이론이 중요하다. 이론은 수십 년간의 연구 결과를 일반화한 것으로, 몇 가지 예외를 제외하곤 대부분의 상황에 잘 들어맞기 때문에 알아두면 편리하다.

나는 1998년 겨울, 하버드대학교가 있는 보스턴에서 로저 피셔 교수로부터 협상 강사 교육을 받은 후 그분의 협상 워크숍 강의를 전수할 수 있는 강사 자격증을 받았다. 피셔는 하버드 법대 교수 재직 당시 CMGConflict Management Group(갈등관리단)라는 교육기관을 만들어 협상 교육도 하고 분쟁 지역으로 직접 날아가 갈등의 당사자인 각국 원수를 만나 중재 역할을 하기도 했다. 그의 장기 베스트셀러인 《Getting to Yes: Negotiating Agreement Without Giving in》(공저)[3]은 우리나라에서도 《YES를 이끌어내는 협상법》으로 번역 출간됐다.

우리는 협상을 하면서 '양보해야 하나?', '상대보다 더 이익을 얻어야 하나?' 하고 수없이 고민한다. 하지만 원칙 중심의 협상에서는 이런 고민을 할 필요가 없다. 피셔는 서로 양보하지 않고도 함께 윈윈할 수 있는 새로운 협상 패러다임을 제시했다. 노무현 대통령도 원칙 중심의 협상을 강조하고 '줄 건 주고 받을 건 받는다'라는 공동의 승리를 궁극적 목표로 삼았다는 점에서 피셔와 매우 닮았다.

피셔의 이론은 많은 연구 결과에 기초했기 때문에 고도로 이론적인데도 매우 단순하고 현실 적응력이 높아 미국에서는 물론이고 전 세계적으로 주목을 받았다. 앞에서 소개한 책 외에도 그는 제자들과 함께 수많은 협상 관련 서적을 출간했다. 세계은행 등의 국제기구는 갈등 지역에 로저 피셔의 이론과 실습 훈련 기회를 제공해 갈등 관리에 활용할 수 있도록 재정적 지원을 하기도 했다. 미국 상황에 맞춰 만들어진 협상 이론이 과연 우리 사회에도 적용될지 궁금해하는 사람이 많겠지만, 놀랍게도 노무현 대통령의 협상을 설명하기에 피셔의 이론만큼 적절한 것도 없다고 생각한다.

왜 협상을 하는가

협상은 언제 필요할까? 이해당사자들이 수렁에 빠져 허우적거리는 구조에서 필요하다. 상대를 죽이지 않으면 내가 죽는 상황 또는 두 사람 중 하나가 얻으면 다른 하나는 손해를 봐야 하는 제로섬 게임 상황이 그러하고, 개인적으로는 합리적인 선택을 하지만 집단적으로 또는 양자 모두 손해를 보는 죄수의 딜레마Prisoner's Dilemma 게임 상황도 그러하다. 협상을 하면 모든 참가자가 협력함으로써 서로의 이익을 향상시켜주며, 결과적으로는 사회의 공공선에도 기여한다.

협상만능론자들은 이 세상에 딱 하나를 제외하고는 협상이 불가능한 상대는 없다고 주장한다. 그 예외란 자판기를 가리킨다. 자판기에 동전을 넣었는데 원하는 물건이 나오지 않자 두드리고 흔들다가 무너지는 자판기에 깔려 목숨을 잃는 경우가 간혹 있다고 한다. 자판기와는 함부로 협상하려고 덤비지 말라고 경고하면서도, 많은 전문가는 언제 어디서나 협상으로 상황을 개선할 수 있다고 믿는다. 요즘 TV를 보면 동물이 등장하는 프로그램이 많은데, 여기서도 전문가들이 애완동물과 협상에 성공하는 장면을 볼 수 있다.

나는 학생들에게도 지레 포기하지 말고 언제 어디서나 협상할 것을 권유한다. 시험 범위가 너무 넓어서 부담이 된다거나, 여러 과목의 시험이 겹쳐서 날짜를 옮기고 싶다거나, 시험 점수가 공정하지 못하다고 느끼는 경우 등이다. 과거엔 이런 것으로 교수와 협상할 수 있으리라 생각하지 못했겠지만, 나는 학생들에게 언제든 어떤 내용으로든 협상을 시도해보라고 격려한다. 예를 들어 시험 점수에 불만이 있어 재채점을 요구하는 학생에게는 왜 이런 점수를 받게 됐는지 근거를 설명한 다음, 내 채점에는 문제가 없지만 교수와 협상하려는 용기에 대한 보상으로 보너스 점수를 1~2점이라도 더 준다. 결과가 좋아야 학생들이 앞으로 사회에 나가서도 두려움 없이 협상에 임하리라는 생각에서다.

나에게도 그런 경험이 있다. 미국 유학 시절 박사과정의 첫 번째 필수 과목에서 중간고사 논문을 제출했는데 A-와 A 사이의 점수를 받았다. 내가 이미 논문에 포함했던 내용을 쓰지 않았다는 교수의 평이 적혀 있었다. 나는 고민 끝에 교수에게 편지로 항의하기로 마음먹었다. 직접 찾아가서 영어로 이야기하다가는 혹시라도 예의에 어긋나거나 감정적인 표현이 튀어나올지 몰라 글로 쓰는 게 안전하다고 생각했다. 다른 한국인 선배가 성적에 대해 항의하다 학과장 눈 밖에 나서 고생했다는 이야기를 풍문으로 들은 적도 있어서 조심스러웠다. 그러나 성적을 그대로 받아들일 수는 없다는 생각에 다음과 같은 요지의 편지를 썼다.

교수님의 열정적인 강의에 감사드립니다. 저는 교수님 수업에서 너무나 중요한 것을 많이 배워 배움의 즐거움을 만끽하고 있습니다. 이번 중간고사 논문을 정성껏 작성했는데 이러저러한 점이 부족하다며 A-/A 점수를 주셨습니다. 저는 이 논문을 작성할 때 교수님께서 말씀하신 바로 그런 점을 신경 썼는데 아무래도 제 영어가 서툴러 제대로 전달하지 못한 것 같습니다. 혹시 제가 학기 말 페이퍼에서 어떤 점을 향상시키면 교수님께서 만족하시는 논문을 쓸 수 있을지, 바쁘시겠지만 제 논문에서 부족한 점을 구체적으로 지적해주시면 대단히 감사하겠습니다. 저는 이 과목이 박사과정 유일한 필수 과목이라 정말로 잘하고 싶습니다. 편지를 읽어주셔서 진심으로 감사드립니다.

돌려받은 중간고사 논문과 편지를 봉투에 담아 교수의 우편함에 넣어두었다. 다음 주, 교수가 수업 후에 나를 불렀다. "네 논문이 내가 원하는 걸 담고 있었는데 네 영어가 어색해 내가 미처 알아차리지 못했다"라면서 이전 점수를 빨간 줄로 지우고 A로 수정하여 논문을 돌려주었다. 나는 점수를 수정하기를 바랐던 것은 아니고 교수님의 피드백을 원했는데 이렇게 배려해주시니 정말 감사하다고 인사했다.

그 교수와의 협상 시도로 단지 성적만 올려 받은 것이 아니었다. 이후부터 그 교수가 나를 무게감 있게 대해줬다는 점이 더 놀라웠다. 전혀 예상치 못한 커다란 수확이었다. 스무 명이 넘는 박사과정 학생 중에서 내가 발표를 하면 교수는 주의 깊게 들었고, 내 발표의 이러저러한 점이 좋다며 칭찬까지 해주었다. 내 학기 말 논문은 다른 학생들 것보다 더 성의 있게 읽었다는 것을 알 수 있었다. 논문에 대한 평가가 매우 꼼꼼하고 구체적이었기 때문이다.

나중에 그 교수는 내 지도교수를 하고 싶어 했는데 내가 전공보다는 인간적으로 더 친한 교수를 지도교수로 정했기에 그 교수는 심사위원을 했다. 내가 장학금을 신청하거나 미국에서 교수직에 응모할 때마다 그는 빠지지 않고 추천서를 써주었다. 한 대학교의 교수 충원 인터뷰에서 그 대학 책임자는 "이 분야 대가들에게서 이처럼 좋은 추천서는 나도 받아보지 못했다"며 부럽다고 말하기도 했다. 미국인을 비롯해서 서양인들은 동양 학생이 조용히 있으면 겸손하다고 생각하기보다는 내용을 잘 모르기 때문이라고 여긴다. 나는 문제 제기를 통해서 원하는 걸 얻었을 뿐만 아니라 그 교수와 더 나은 인간관계도 만들 수 있었다.

하지만 우리 사회에서는 여전히 학생이 교수와 성적을 가지고 협상하는 걸 부담스럽게 생각한다. 이런 분위기를 알기에 학생들에게 이런 조언을 꼭 덧붙인다. 내가 협상에 열려 있다고 해서 모든 교수가 그렇다고 가정하지는 말라고. 어떤 교수는 성적에 대한 항의를 교수의 권위에 대한 도전이라고 생각해 채점을 다시 할 때 점수를 깎는다는 얘기도 들었다. 동양 사회에서는 문제와 사람을 분리하지 못하는 전통이 남아 있기 때문인 것 같다. 하지만 한국 대학에서도 그냥 점수를 올려달라는 협상이 아니라, 나의 경우처럼 더 발전할 수 있도록 구체적으로 지도해달라고 한다면 거부할 교수는 없지 않을까.

우리는 왜 협상하는가? 현재보다 더 나은 미래를 만들기 위해 협상한다!

협상의 성공에 대한 고정관념

피셔는 협상에서 좋은 결과를 얻기 위해서는 협상의 성공과 실패를 측정하는 기준이 있어야 한다며, 자신의 기준은 협상의 전통적인 기준과 다르다고 주장한다. 피셔는 대부분 사람이 협상의 성공에 대해 다음과 같은 고정관념을 가지고 있다고 생각했다.

최대한 많은 양보를 얻어냈나?

우리는 확실히 상대에게 더 많은 양보를 얻어냈다는 사실에 기뻐한다. 필리핀에 여행 갔을 때였다. 번화한 보라카이 해변에서 한 상인이 우리 돈으로 2만 원짜리 물건을 내밀었다. 내가 사지 않겠다며 스쳐 가자 그는 가격을 조금씩 내렸고, 그래도 내가 별 반응을 보이지 않자 마침내 5,000원만 내라고 했다. 처음엔 관심도 없는 물건이었지만 그렇게 많이 깎아준다니 욕심이 생겼다. 나는 일단 산책을 하고 나서 호텔에 들어갈 때 사려고 조금 있다가 오겠다고 말했다. 바닷가를 따라 산책하다 해변 끝에 이르렀는데, 또 다른 상인이 같은 물건을 5,000원에 팔고 있었다. 더 싸게 되냐고 물었더니 안 된다고 했다.

나는 두 상인 중 누구에게서 물건을 사는 게 성공이라고 할 수 있을까? 첫 번째 상인에게 사는 것이 나중 상인에게 사는 것보다 성공적인 협상 결과라고 생각하는 사람이 많을 것이다. 적어도 과거엔 우리가 그런 가정을 했다. 주인한테 무려 1만 5,000원의 양보를 얻어냈을 뿐만 아니라 원래 호가의 4분의 1에 불과한 비용만 치르면 되기 때문이다.

나는 고민 끝에 물건을 사지 않기로 했다. 호가를 높게 제시한 상인은 신뢰할 수 없었고, 그렇다고 먼 곳에서 구입해 애써 들고 오는 것도 내키지 않았다. 무엇보다 이 물건에 관심이 없었는데 많이 깎아준다는 말에 욕심이 생긴 것이므로 5,000원이 원래 정상 가격임을 알자 관심이 없어졌다. 상대의 양보를 많이 얻어냈다고 해서 성공한 협상이라고 판단하면 안 되는 이유가 여기에 있다.

상대방의 마지노선을 깨뜨렸나?

우리는 상대의 마지노선을 깨뜨렸다는 점에 매우 안심한다. 자신이 최선을 다했다고 생각하기 때문이다. 예를 들어 집주인이 집을 10억 원에 내놓으면서 9억 5,000만 원 이하로는 팔 생각이 없다고 말했다고 하자. 어떤 사람이 협상 끝에 그 집을 9억 4,500만 원에 샀다면, 집주인의 마지노선을 깨뜨렸으니 성공한 협상이라고 할 수 있을까?

그 집을 500만 원 더 싸게 매수하기 위해 그는 더 저렴한 집이 있는지 수십 개의 매물을 살펴봐야 했으며, 집주인을 설득하느라 한

달 넘게 매달렸다. 하필이면 그때 회사에서 중요한 업무를 제대로 처리하지 못해 급기야 연말 승진 기회를 놓쳤다고 가정해보자. 상대의 마지노선을 깨뜨리는 건 전혀 중요한 기준이 될 수 없음을 쉽게 알 수 있을 것이다. 소중한 시간을 집 구매에 쓰느라 놓친 승진이라는 기회비용이 500만 원보다는 훨씬 크고 더 중요하기 때문이다.

마지막 한 푼까지 가져왔나?

오래전 지방에 가기 위해 고속버스터미널에 갔는데 너무 일찍 도착해서 시간이 많이 남았다. 마침 주말에 야외 나갈 때 입을 바지가 하나 필요해 쇼핑을 하러 지하상가에 갔다. 3만 5,000원짜리 바지가 마음에 들었는데 지갑을 보니 가진 돈이 부족했다. 그래서 안 되겠다며 그 상점을 나오려고 했다. 원래 물건을 흥정하는 데에는 소질이 없기에 일찌감치 포기하고 더 싼 걸 찾으려고 마음먹었다. 상점 주인은 3,000원을 깎아줄 테니 사라고 했다. 돈이 부족하다며 내가 가게를 나서려 하자 주인은 원가에 준다며 3만 원만 내라고 했다. 나는 미안한 표정을 지으며 사실 그것도 안 된다고 말했다. 그러자 주인이 얼마 있는지 보여달라고 했다. 나는 지갑을 열어 전 재산이 2만 8,000원임을 보여주었다. 주인은 손해 보면서 주는 거라며 그 가격에 가져가라고 했다. 그 주인은 내 지갑을 한 푼도 남기지 않고 털었기 때문인지 말로는 밑진다면서도 기분이 매우 좋아 보였다.

고속버스를 타고 나서 가방에 바지를 넣으려다 며칠 전 시어머니께 받은 생일축하금을 봉투째 넣어둔 걸 발견했다. 만일 주인이 내게 받은 금액이 정말로 손해를 보는 액수였다면 바지를 팔지 않았을 것이다. 나는 다른 상점에서도 마음에 드는 걸 찾지 못했다면 가방을 뒤져서라도 현금이 있는지 찾아보았을 것이고, 정 없으면 현금을 인출해서라도 그 물건을 구매했을 것이다. 따라서 그 주인이 한 푼도 남기지 않고 내 지갑을 털었다는 사실이 반드시 성공적인 협상의 증거라고 보기는 어려울 것 같다. 나는 뜻하지 않게 원하는 물건을 저렴하게 구매할 수 있었다.

자신만큼 상대방도 불만족하게 만들었나?

우리 사회에서는 오랫동안 남을 이기는 것을 목표로 삼아왔다. 우리 교육이 성적에 따라 줄 세우기를 하니 남을 밟고 일어서야 내가 잘된다는 이기심이 창궐할 수밖에 없었다고 생각한다. 심지어 내가 결코 이길 수 없는 싸움에서는 '못 먹는 감 찔러나 본다'고 남에게 상처를 입힘으로써 만족감을 얻으려 한다. 미국이나 캐나다 교포 사회에서는 서로 망하는 줄 뻔히 알면서도 한국 교포 간 소송이 줄을 잇는다고 한다. 소송을 해서 이겨봐야 변호사만 좋지 당사자들은 상처뿐인 영광일 텐데 왜 하는지 모르겠다는 이야기가 많다. 우리의 목표가 남을 이길 수 없다면 남도 나와 똑같이 불행하게 만드는 것이라 그렇다.

그런데 피셔가 '나만큼 상대방도 불만스럽게 만들었는지'를 협상 성공의 전통적인 기준으로 꼽은 걸 보면, 이게 꼭 우리의 문제만은 아닌 것 같다. 실제로 인간은 동서고금을 막론하고 남의 불행을 나의 행복으로 느끼는 질투의 감정을 가지고 있다고 한다. 우리에게 '사촌이 땅을 사면 배가 아프다'라는 속담이 있듯이, 독일어에는 '샤덴프로이데schadenfreude'라는 말이 있다. 샤덴(손실, 고통)과 프로이데(기쁨)가 합쳐진 말로, 남의 고통과 실패를 보며 느끼는 쾌감을 의미한다.

질투가 병적으로 심화되면 문제겠지만, 사람이라면 누구에게나 발견되는 경쟁심과 질투심이 때로는 발전의 동력이 되기에 반드시 나쁘다고 하기는 어렵다. 적어도 상대의 불행이 내게 아무런 영향을 미치지 않을 때는 그렇다는 말이다. 하지만 상대의 불행을 자초하기 위해 나의 불행마저도 기꺼이 감수하는 건 매우 비이성적이다. 상대에게 해를 입힌다고 하더라도 감정적인 만족감 외에 나에게 도움이 되는 건 없기 때문이다. 그러므로 협상에서는 상대도 나만큼 불만족하게 만드는 것보다 상대와 내가 모두 나아지는 것을 새로운 기준으로 삼아야 하지 않겠는가.

갈등을 피했나?

우리 사회는 오랫동안 갈등 자체를 부정적으로 바라봤다. 지배 이념으로서 유교가 워낙에 강조했던 것이 조화와 질서였기에 갈등이 없는 사회를 이상적으로 여겼다.

특히 여성은 역사적으로 갈등이 발생했을 때 가장 큰 피해를 봤기 때문인지 갈등 자체를 회피하는 경향이 남성보다 강하다. 여성은 내 선호와 욕구를 드러내고 갈등을 적극적으로 해결하기보다는 양보하고 희생함으로써 갈등 없이 무난히 넘어가는 쪽을 택하는 경향이 강하다. 이전 세대의 아내들은 남편에게 폭력을 당하더라도 문제를 적극적으로 해결하기보다는 자식을 위해 또는 갈등 자체가 두려워 참고 살았다. 그중에는 병적으로 종속되어 상황을 타개할 엄두를 내지 못한 사람도 있겠지만, 자식을 위해 희생하기로 한 사람도 적지 않을 것이다. 하지만 그게 궁극적으로는 자식들에게 아무런 도움이 되지 않는다. 자식들은 어린 시절부터 트라우마를 갖게 되거나 결혼을 부정적으로 바라보게 되며, 그들의 결혼 생활 역시 비슷하게 불행해지기도 한다. 아들은 아버지처럼 폭력 남편이 될 가능성이 있고, 딸은 폭력을 당하는 게 당연하다고 받아들일 수 있다. 극단적인 경우, 자식이 아버지를 살해하는 일이 발생하기도 한다. 따라서 갈등을 회피했다는 사실이 협상의 성공 기준이 되어서는 안 된다는 말이다.

무엇이 됐든 결과를 얻었나?

베트남 하노이에서 열린 2차 북미 회담에서 양국 정상이 합의문에 서명하지 않고 협상장을 나오자 미국의 진보 언론과 야당, 한국의 보수 언론과 야당은 한목소리로 회담이 실패했다고 질책했다. 반면, 미국의 폭스뉴스는 "트럼프 대통령이 협상장을 걸어 나옴으로써 미국의 국익을 지켰다. 잘못된 딜보다는 딜이 없는 게 낫다"라고 격려했다. 전통적인 관점에서는 협상에서 합의문에 서명하면 성공이라 했고, 서명을 하지 않으면 실패라고 했다. 하지만 이는 매우 근시안적인 시각이다. 이런 시각이 손해 보는 협상을 받아들이도록 강요했고, 원치 않는 계약서에 서명하고 나서 후회하게 했다. 트럼프 대통령이 말했듯이, 서명 없이 걸어 나올 수도 있어야 한다.

합의안 서명 자체를 협상의 성패를 가르는 기준으로 사용해서는 곤란하다. 양자가 모두, 적어도 그중 한 명이라도 만족하지 않는 타협안은 서명을 하더라도 지속될 수 없으며 오히려 서명하지 않는 게 성공이라고 할 수 있다. 피셔의 기준에 따르면 때로는 협상장을 걸어 나오는 것도 성공이다. 2차 북미 회담에서 협상안은 나오지 않았지만 양쪽의 시각 차이를 분명히 알게 된 좋은 대화의 기회였고, 회담이 결렬된 후에도 양국 사이가 그렇게 악화되지 않았다. 과정 관리가 잘되고 있었다고 할 수 있다. 문제는 오히려 호들갑을 떤 언론과 야당에게 있었다. 전통적인 고정관념에 사로잡혀 겨우 2차 회담에서 완전한 비핵화를 이루지 못한 걸 실패라고 단정했으니 말이다.

피셔는 서로 이익이 되지 않는 협상안은 타결하지 않는 게 협상의 성공이라고 한다. 협상의 성공을 측정하는 피셔의 기준은 이 책의 가장 중요한 부분이니 뒤에서 다시 논의하도록 하겠다.

피셔 협상 교육의 특징

협상에 대한 책은 차고 넘친다. 그 많은 협상론 중에서도 굳이 피셔의 이론과 교수법을 소개하는 데에는 몇 가지 중요한 이유가 있다. 무엇보다 그의 이론과 교수법이 뚜렷한 차별성을 갖기 때문이다.

피셔 협상 교육의 특징은 다음과 같이 다섯 가지로 정리된다.

꼼수를 쓰지 말고 원칙 중심의 협상을 하라

원칙 중심의 협상 교육은 잔꾀를 가르치지 않는다. 오직 원칙을 지키며 정도를 걸을 것을 주문한다. 협상 분야에는 온갖 꼼수를 알려주는 훈수가 난무한다.

- 홈그라운드의 이점을 살리기 위해 나에게 유리한 곳으로 협상 장소를 정해라.
- 한 명은 좋은 사람(굿가이), 다른 한 명은 나쁜 사람(배드가이)으로 팀을 짜 한쪽에선 상대를 어르고 다른 한쪽에선 달래라.
- 얼굴에 감정을 드러내지 말고 포커페이스poker face를 유지해라.
- 가끔은 블러핑bluffing(뻥카 또는 속임수)을 써라.

- 상대를 기다리게 하거나 무시해라.
- 상대편의 내부를 분열시켜라.

그 밖에도 수없이 많다. 피셔는 이런 잔꾀가 장기적인 관계에는 별로 도움이 되지 않는다고 말한다. 설혹 단기적 관계에서 이득을 가져다준다 해도 장기적으로 평판에 미치는 영향은 어찌할 것인가. 발 없는 말이 천 리를 간다고 했다. 특히 인간관계가 좁은 우리 사회에서는 한두 사람만 거치면 사돈의 팔촌이라도 아는 사람이 있다. 피셔는 원칙을 고집하는 것이 장기적으로는 더 큰 이익을 가져다준다고 말한다. 정통으로만 하면 되기에 복잡하게 생각할 필요가 없어 피셔의 이론은 배우기가 쉽다.

작은아들이 tvN의 〈더 지니어스〉라는 게임 프로그램을 시청하는 걸 옆에서 가끔 본 적이 있다. 최종회에서 개그맨 장동민이 IQ가 천재 수준이라는 출연진을 모두 따돌리고 승자가 돼 '갓동민'이라는 별명을 얻었다. 이 프로그램에서 내가 유심히 관찰한 건 같은 팀의 멤버를 속여서 이익을 취한 사람이 얼마나 오래 살아남느냐 하는 것이었다. 그들은 놀랍게도 바로 다음 회, 길어야 그다음 회에 여러 참가자의 담합에 의해 응징을 당함으로써 프로그램에서 일찌감치 퇴출당했다.

나는 초기부터 장동민이 최종 승자가 될 가능성이 높다고 아들에게 말했는데 아들은 내 말을 믿지 않았다. 나는 그의 협상 모습이 범상치 않아서 그렇게 될 가능성이 크니 최종회를 보고 나서 다시

이야기하자고 말했다. 내가 예측한 대로, 이 프로그램의 최종 승자
는 장동민이었다. 물론 그의 두뇌 회전이 빠르기도 했지만, 두 가지
특성이 없었다면 그는 결코 최종 승자가 되지 못했을 것이다. 첫째,
그는 같은 팀에 속하는 멤버를 적극적으로 속이거나 배신하지 않
았다. 그와 팀을 이루면 얻을 게 있고 배신당하지 않는다는 신뢰를
형성해나갔다. 둘째, 그는 개인전에서도 다른 사람과 연대해 게임
을 했고 팀플레이에서는 오히려 점수가 적어서 곧 탈락 위기에 있
는 멤버에게 후한 보상을 해주었다. 즉, 연대가 깨지지 않도록 보상
구조를 합리적으로 조정하는 리더십을 발휘했다.

　나는 아들에게 피셔의 이론이 옳다는 것이 증명됐으니 잔꾀 부
리거나 남을 배신해서 이득을 취할 생각은 하지 말라고, 신뢰를 얻
는 게 장기적으로는 더 이익이라고 말했다. 아들은 이런 게임은 인
생과 달라서 같은 편도 능수능란하게 배신하는 사람이 이길 것으
로 믿었다. 자녀가 있는 사람이라면 경험했겠지만, 자식은 남의 말
은 다 들어도 부모 말은 잘 듣지 않는다. 그래도 자기 생각보다 장
동민이 오래 살아남은 것, 엄마의 예측이 맞은 것에 대해서는 신기
해하는 눈치였다.[4]

　그러나 일회성 협상에서는 피셔의 이론이 통하지 않을 때도 있
다. 예컨대 해외에 가서 뭔가를 구매하거나, 우리 동네에 딱 한 번
들른 트럭에서 물건을 구매하는 것처럼 지속적인 관계가 보장되지
않는 경우의 협상에서는 신뢰를 저버리는 사람이 큰 이익을 보기
도 한다. 한때 자동차나 트럭에 생선이나 음식물을 싣고 다니면서

순진한 사람들을 속이는 행위가 유행한 적이 있다. 우리 집도 남편이 적지 않은 돈을 주고 생선 한 상자를 사 왔는데, 상하기 직전이어서 처리하느라 무척 고생했다. 퇴근 중인 남편 차를 갑자기 막아 세우고는 장사꾼이 딱한 사정을 이야기하더란다. 자신이 30만 원짜리 생선을 배달하기로 했는데 주문한 사람이 취소했다며, 반품하면 생선이 상할까 봐 걱정이니 15만 원만 내고 가져가라고 했다는 것이다. 남편은 횡재라도 한 듯이 의기양양하게 스티로폼 박스를 들고 들어왔다. 내가 순진무구한 남편의 얼굴을 빤히 쳐다보며 "그런 말에 속는 사람도 있구나" 했더니, 남편은 사실 그 사람이 너무 피곤하고 불쌍해 보여서 거절할 수가 없었다며 오히려 내 동정을 사려 했다.

어리숙한 내 제자도 오래전 비슷한 일을 겪었다고 한다. 트럭에서 건장한 남자들이 내리더니 제자가 운전 중인 차를 앞뒤로 막고는 생선을 사라고 했단다. 현금이 없다니까 근처 현금인출기에서 찾아서 달라며 따라왔다는 것이다. 거절하면 끝까지 따라오거나 보복할 것 같은 위협을 느껴 차를 세우고 현금을 인출해줄 수밖에 없었다고 한다. 이런 사기 수법은 한때 유행하다 피해자가 목소리를 높이기 시작하면 슬그머니 사라지곤 한다. 어떤 사기술도 오래가지는 못한다.

과거에는 서울역이나 고속버스터미널처럼 유동 인구가 많은 곳의 음식점은 비싸기만 하고 음식이 맛이 없었다. 어차피 뜨내기손님에게는 친절이나 맛이 중요하지 않으니 비싼 가격으로 쉽게 이익을 취하려 했다. 하지만 요즘은 그런 곳에 오히려 맛집이 밀집해 있다. 사람들의 여행이나 출장이 빈번해지면서 서울역이나 터미널이 1년에 한두 번 찾던 장소에서 매주 또는 적어도 두세 달에 한 번은 방문하는 장소가 됐기 때문이다. 게다가 메뉴와 가격대도 다양해 입맛 따라 골라 먹는 장소가 되다 보니 맛이 없는 음식점은 살아남기 어려워졌다. 이것이 유동 인구가 많은 곳의 음식점 수준이 과거와는 전혀 다른 모습을 보이는 이유 중 하나다.

장기적 협상과 일회성 협상은 결과가 확연히 다르다. 인생은 100미터 달리기가 아니라 마라톤이다. 따라서 꼼수 협상보다는 원칙 중심의 협상이 인생의 성공에 도움이 된다.

협상 상대와 피셔 이론을 공유하라

협상 당사자 모두가 피셔의 이론을 배우고 협상 실습을 하면 양쪽 모두에게 도움이 된다. 우리는 보통 좋은 것은 나만 알려고 하고, 전략을 들키지 않으려 한다. 심지어는 시험 기간에 경쟁자의 노트를 숨겨 공부를 하지 못하게 하는 학생도 있다고 한다. 그런데 그 좋은 협상 이론을 나만 배우지 말고 상대에게도 가르치라니 이해하기 어려울 것이다. 그 이유는 피셔의 이론에서는 협상 목표에 대한 가정 자체가 그 밖의 협상론과 다르기 때문이다. 피셔는 협상의 상대는 동반자이지 반드시 내가 이겨야 할 경쟁자가 아니라고 말한다. 따라서 협상의 당사자 모두가 이익을 얻는 상호 윈윈을 목표로 하라고 강조한다.

이런 상황을 상정해보자. 엄마가 귤을 한 개 가지고 있는데, 두 딸이 귤을 달라고 했다. 엄마는 귤을 껍질째 반으로 잘라 나눠주었다. 그랬더니 큰아이는 알맹이만 먹고 껍질을 버렸고, 작은아이는 귤껍질로 젤리를 만들기 위해 알맹이를 버렸다. 이 가족은 협상 과정에서 귤 반 개를 낭비했다. 만약 엄마가 두 아이에게 왜 귤을 달라고 하는지 물어봤다면 큰아이에게는 알맹이를 전부 주고, 작은아이에겐 껍질을 전부 줄 수 있었을 것이다. 그러면 귤을 낭비하는 일도 없고 두 아이 모두가 만족할 만한 결과를 얻게 됐을 것이다. 이처럼 적극적으로 소통하면 양자가 모두 만족할 만한 결과를 도출할 수 있으므로 상대방을 적이나 경쟁자가 아니라 동반자로 생각해야 한다는 것이다.

만일 두 아이가 모두 알맹이만을 원했다면 엄마는 어떻게 해야 할까? 두 아이가 스스로 협상하는 법을 깨우치도록 엄마가 반으로 나눠주기보다는 아이들에게 맡겨두는 것도 한 가지 방법이다. 두 아이가 귤을 나누는 방법에는 수십 가지가 있다. 실제 협상에서 똑같은 시나리오를 가지고 역할극을 해도 천차만별의 협상 결과가 도출된다. 이번에는 큰아이가 귤을 모두 먹고, 작은아이는 다음번에 먹기로 약속할 수도 있다. 몸무게에 비례하여 큰아이가 60퍼센트를 먹고 작은아이가 40퍼센트를 먹는 방법도 있을 것이다. 또 작은아이가 양보하는 대신 큰아이가 작은아이에게 다른 것으로 보상하는 방법도 있을 것이다. 이때 뭔가 속임수를 써서 큰아이가 귤을 먹고 작은아이에게 아무런 보상도 해주지 않았다고 가정해보자.

큰아이는 이번 협상에서 내가 큰 이득을 봤으니 이겼다고 생각할지 모른다. 하지만 좋아하기엔 이르다. 한쪽이 과도하게 손해 보는 협상의 결과는 지속되기 어렵기 때문이다.

일본만이 아니라 우리나라에서도 황혼 이혼이 유행한 지 꽤 됐다. 거추장스럽게 이혼이라는 절차도 필요 없이 나이 든 부부들이 별거를 택하는 졸혼도 유행할 조짐이 보인다. 결혼을 신성시하는 각종 사회적 규범과 제도가 있음에도, 어느 한쪽의 희생으로 유지되는 결혼 생활은 더는 지속 가능하지 않다는 걸 분명하게 보여준다. 나의 지속 가능한 안녕과 복지를 위한 이기적인 목적으로라도 상대의 이익을 어느 정도는 배려해야 관계가 유지된다.

요즘 젊은 여성은 물론 남성들도 결혼을 회피하고 있다. 경제 양극화 탓에 먹고살기가 어려워졌고 자녀를 교육하기도 힘들어졌다는 것이 가장 큰 이유일 것이다. 하지만 여유가 있는 젊은이들도 결혼에 관심을 보이지 않는 경우가 많다. 남녀 모두 가지고 있는 피해의식 때문이 아닐까. 가부장적 문화가 여전히 견고한 한국 사회에서 남성은 아내와 자식을 먹여 살려야 한다는 책임감이 무겁고, 여성은 사회적 차별도 견디기 어려운데 가족 내 불합리한 차별까지 받아들이고 싶진 않을 것이다. 실제 우리나라의 혼인 건수는 점차 감소하고 있다.[5] 그에 비해 이혼 비율은 아시아 국가 중 최고라고 한다. 2000년 초반 최고치를 기록한 후 약간 감소하는 추세이긴 하지만, 여전히 높은 수준에 머물고 있다. 이 세상의 모든 관계는 당사자 모두에게 도움이 되어야 지속적으로 이어지는 법이다.

나는 상호 이익을 협상의 목표로 설정하는데 상대는 나를 밟고 올라서는 걸 목표로 한다면, 협상이 제대로 되지도 않을뿐더러 상대를 배려했던 나만 손해를 볼 수도 있다. 따라서 협상의 당사자 모두가 공동의 이익을 증진시킬 방안을 찾는 게 매우 중요하다. 공동의 이익을 위해서는 나뿐만 아니라 상대도 나와 같이 원칙 중심의 협상을 하도록 만드는 게 유리하다. 그래서 피셔의 이론을 학습할 기회를 상대방에게도 적극 제공하라는 것이다.

2000년대 초 청와대에 합류하기 전까지 국내 기업에 협상 교육을 많이 다녔다. 그중 모 대기업 임원단 전원을 여러 차례에 걸쳐서 교육한 적이 있다. 그 기업의 가장 큰 관심사는 노사 협상이었다. 직원과 임원을 면접해 그 회사의 특수한 상황을 파악하고, 동료 교수와 함께 그에 맞는 협상 사례를 만들어 실습에 사용했다. 우리는 교육을 담당한 임원에게 임원만 교육해서는 소용이 없으니 노조 간부도 같이 교육을 받는 게 좋겠다는 의견을 냈다. 그랬더니 "너무나 좋은 생각이지만 노조는 우리의 제안에 응하지 않을 겁니다. '엎드려서 열 개를 받는 것보다 투쟁해서 한 개를 뺏는 게 더 의미가 있다'라는 게 그분들의 구호입니다"라고 체념한 듯 말했다. 우리의 국가 경쟁력을 낮추는 가장 중요한 요인 중 하나가 노사 관계인 이유가 여기에 있다.

이 경우처럼 만일 상대가 공동의 이익을 추구함으로써 서로 윈윈하려는 목표를 가지고 있지 않다면 어떻게 해야 할까? 이때도 피셔의 이론에서 일부 답을 찾을 수 있을 것이다.

준비가 협상의 절반이다

피셔는 준비preparation가 협상의 절반이라고 역설한다. 준비는 '협상의 성공을 측정하는 기준'에 따라 하면 된다. 나의 이익에 맞춰 준비하는 건 당연하지만, 상대에 대해서는 더 철저히 준비해야 한다. 협상을 준비할 때는 같은 팀에 있는 사람 중 한두 명이 다른 팀의 역할을 하는 것도 도움이 된다. 이런 사람을 '악마의 변호인devil's advocate'이라 부른다. 원래는 교황청에서 교황을 새로 임명할 때 후보자의 약점을 미리 찾아내는 임무를 맡은 사람을 가리키는데, 결정적 흠이 없는 교황을 임명하기 위한 장치라고 할 수 있다.

과거 우리 관료들은 준비 없이 협상에 임하는 경우가 많았다. 심지어 일본과 해양 협상을 하는데 우리나라 장관이 일본 장관과의 인맥을 과시하며 협상이 잘될 것이라는 자신감을 보이기도 했다. 지금도 우리 사회에서는 내가 누구인지보다는 내가 누구를 아는지를 더 중시하는 모습이 드물지 않다. 과거엔 그것이 인생을 좌우했다고 해도 과언이 아니다. 하지만 국제사회에서는 이런 관점이 거의 통하지 않는다. 실제로 당시에도, 막상 뚜껑을 열어보니 일본 측에서는 자료를 철저하게 준비해 와 우리 측은 불리한 협상 결과에 도장을 찍을 수밖에 없었다.

과거엔 미국의 협상 대표단이 한국을 방문하면 우리 대표단이 칙사 대접을 했다고 한다. 좋은 식당에 초청해서 저녁을 대접하고 2차로 멋진 술집에 데려가 원하는 대로 마시게 했다. 좋은 협상 결과를 기대하며 과잉 친절을 베푼 것이다. 하지만 다음 날 아침이 되면 미국 대표단은 우리가 언제 봤냐는 듯 '안면몰수'하고 나타났다고 한다. 공사 구분이 분명한 서양인들에게 온정주의로 뭔가 얻어 보려는 시도는 별로 좋은 결과를 가져오지 못한다. 무엇보다 정부간 협상에선 온정주의가 별로 통하지 않는다.

피셔는 좋은 협상 결과를 얻기 위해서는 나의 이익, 바트나BATNA (Best Alternative To a Negotiated Agreement), 대안, 옵션뿐만 아니라 상대의 것도 함께 검토하라고 한다. 피셔가 협상의 성공을 측정하는 기준으로 제시하는 이런 요인들에 대해서는 뒤에서 자세히 살펴보겠다.

실패한 협상도 복기하라

피셔는 준비 못지않게 복기debriefing 또는 복습review의 중요성을 강조한다. 우리나라 사람들은 대체로 복기하는 걸 별로 좋아하지 않는다. 과거보다는 미래가 늘 더 나은 방향으로 빠르게 발전해왔기 때문이 아닐까 싶다. 어떤 이들은 잘못된 협상을 했을 경우 생각할수록 분해서 가능한 한 빨리 잊으려고 노력한다. 술을 마시거나 다른 일에 몰두함으로써 기억에서 몰아내려고 한다.

"다 잊어버리고 새롭게 출발해."

이런 위로를 흔히 하지만, 썩 바람직하지는 않다. 자신의 실수를 되돌아보는 일은 고통스럽다. 그 잘못이 크면 클수록 더 그렇다. 하지만 잘못을 복기함으로써 왜 그런 결정을 내렸는지 이해하고, 앞으로 다시 한다면 어떻게 할지 다양한 경로를 시뮬레이션해봐야 한다. 다음번 협상 상황이 예고 없이 닥칠 수 있기 때문이다. 시험에서 한 번 틀린 문제는 또다시 틀릴 가능성이 있는데, 뇌의 회로가 그렇게 세팅되기 때문이라고 한다. 어떤 장소를 찾아가는데 길을 한 번 잘못 들면, 그곳에 다시 가도 똑같은 실수를 한다고 한다. 따라서 이를 극복하려면 오답 노트를 만들어 복습하고 또 복습해서 뇌의 회로를 돌려놓아야 한다. 실패한 협상에 대해서도 기억이 생생할 때 복기함으로써 새로운 선택에 대비해두어야 한다.

성공한 주식 투자자인 워런 버핏Warren Buffett에게 한 대학생이 질문했다.

"당신은 어떻게 그렇게 성공할 수 있었습니까?"

이에 버핏이 답했다.

"잘못된 결정으로부터 교훈을 얻었습니다."

'실패는 성공의 어머니'라는 격언은 협상에서도 진리다.

협상 실습의 전 과정을 체득하라

협상 교육은 실습을 통해 전 과정을 경험하도록 이뤄져야 한다. 협상 이론을 익히는 것은 매우 중요하다. 하지만 실습이 없는 교육은 현장에서 거의 도움이 되지 않는다. 그래서 피셔의 교육법은 특이하게도 협상 시나리오를 바탕으로 역할극이나 모의 협상을 통해 직접 협상을 해보고, 계약을 체결해 그 결과에 점수를 매기기도 한다. 협상은 결과가 중요한데 직접 해보지 않으면 어떤 결과가 나올지 알 수 없고, 결과가 나와야 성공한 협상인지 실패한 협상인지 비로소 판단할 수 있기 때문이다.

협상에서는 준비와 결과 못지않게 과정도 중요하다. 과정 관리가 제대로 되지 않으면 성공적인 결과가 도출될 수 없다. 무엇보다 상대와 충분히 소통함으로써 내가 원하는 바를 알리고 상대가 원하는 것이 무엇인지를 알아내야 하는데, 그러려면 과정을 제대로 관리할 필요가 있다. 한 대기업에서 협상 실습을 할 때 임원 역할을 맡은 쪽에서 예쁜 꽃이 담긴 꽃병을 가져다 놓기도 하고, 직사각형 탁자 대신 원탁을 구해다 놓고 협상에 임하기도 했다. 상대를 배려하는 임원들의 마음을 읽어서였는지 그 모의 노사 협상은 상당히 순조롭게 진행됐다.

협상 과정에서는 상대를 존중하면서 절차를 어떻게 관리할 것인가 하는 문제와 함께 좋은 협상 결과를 끌어내기 위해 의사소통을 어떻게 할 것인가 하는 문제가 중요하다. 과정 관리를 제대로 하지 못하면 관계 자체가 망가질 수도 있다.

모 식품회사에서 임원진을 대상으로 협상 교육을 할 때였다. 의사소통에 대한 강의를 하는데 한 임원이 다음과 같은 경험을 들려주었다.

외환 위기를 겪을 때였어요. 회사 자금 사정이 어려워서 증자를 하기로 결정하고 주식을 사줄 파트너 회사를 찾았어요. 처음엔 협상이 잘되는 것 같았는데 결국 이해할 수 없는 이유로 무산되고 말았어요. 협상이 깨졌다고 서먹하게 헤어지기가 아쉬워 저녁에 소주나 한잔하자고 제안했어요. 그쪽에서도 선뜻 응하더군요. 술잔을 기울이다 정말 궁금했던 점을 물었어요. 처음엔 그렇게 관심을 보이더니 왜 주식을 매입하지 않기로 결론을 내렸느냐고 말이지요. 그쪽에서 머뭇거리기에 이제 끝난 마당에 뭐 거리낄 게 있냐며 속 시원하게 털어놓아 보라고 채근했어요. 그랬더니 상대가 놀라운 말을 하는 거예요. "회사도 건실하고 전망도 있어서 주식을 매입하고 싶었습니다. 그런데 처음에 제안했던 가격에서 한 푼도 깎아주지 않아서 무시당하는 기분이 들어 협상을 중단하기로 했어요." 그제야 상대가 왜 이 매력적인 협상을 깨려는지 이해할 수 있었지요. 저희는 처음부터 너무나 매력적인 가격으로 협상을 시작했기 때문에 오히려 깎아주면 신뢰를 잃게 될까 봐 그렇게 하지 못했던 거였어요. 그래서 한 주당 50원씩 싸게 해주면 되겠느냐고 물었더니 아주 좋다는 거예요. 결국 다음 날 계약서에 서명을 했죠.

놀랍게도, 실제 현실에서가 아니라 모의 협상에서도 이런 미묘한 감정의 변화가 협상 결과에 영향을 미친다. 나는 이것이 피셔가 강조하는 실습 교육의 힘이라고 생각한다.

내가 근무하는 이화여대 국제대학원에서는 2012년 피셔 교수가 작고할 때까지 운영했던 CMG와 계약이 되어 있어서 신입생은 첫 학기에 일주일 동안 협상 실습 훈련을 필수로 받아야 했다. 한번은 학생 수가 홀수라서 파트너가 모자랐다. 내가 남자 역을 맡고 한 학생이 여자 역을 맡아 회사 내 성희롱 사례로 모의 협상을 했다. 그때만 해도 우리 사회에서는 '성인지 감수성'이라는 용어조차 낯설었지만, 미국에선 이런 사례가 많았던지 교육 프로그램에 들어 있었다. 사람 간에는 늘 오해가 따르기 마련인데 남녀 사이에선 더더욱 그렇다. 오해에서 비롯된 갈등을 풀기 위해 나는 온 힘을 다해 상대의 마음을 보듬어주려고 노력했다. 성공적으로 협상이 끝난 후, 상대 학생에게 기분이 어땠냐고 물어보았다. 그랬더니 모의가 아니라 정말로 현실인 것처럼, 처음엔 화가 났지만 협상 상대의 노력에 감동을 받아 서서히 풀렸다고 대답했다. 그러곤 이런 고백을 했다.

우리 동기들 사이에선 선생님이 제일 무서운 분으로 소문이 나서 저는 교수님 수업도 듣지 않았어요. 입학시험 때 다들 떨면서 밖에서 면접 차례를 기다리는데 한 학생이 울면서 나오는 거예요. 그래서 그 방 교수가 누구냐 했더니 조기숙 교수님이라는 거예요. 그날 저는 교수님 방에 걸리지 않기만을 바랐고, 다른 방에서 면접을 하게 돼서 얼마나 다행스럽게 여겼는지 몰라요. 그런데 오늘 협상 실습을 하면서 선생님이 사실은 자상하고 부드러운 분이라는 걸 알게 됐어요.

가만히 생각해보니 그 전해 입학시험 상황이 기억났다. 한 학생이 유난히 떨면서 면접에서 제대로 답을 못 했다. 괜찮으니 긴장을 풀고 천천히 대답을 하라고 안심시켰다. 그래도 그 학생은 사시나무 떨듯 하며 말을 잇지 못했다. 나와 함께 면접을 하던 외국인 교수도 최선을 다해 학생이 아는 문제가 나올 때까지 천천히 새로운 문제를 다시 줬다. 나중에는 그냥 준비해 온 인사말이라도 해보라고 했지만, 그 학생은 머리가 완전히 하얗게 됐는지 한마디도 못 하더니 울면서 방을 뛰쳐나갔다. 수험생들은 그 방에서 한 명은 외국인 교수이니 한국 교수인 내가 그 학생을 혼냈을 것이라고 추측했다는 것이다. 그래서 그해 입학생들은 모두 나를 가장 무서운 교수라고 생각했단다. 그런데 이렇게 좋은 분이라는 걸 알게 돼서 감사하다며 그 학생은 나를 무척 따랐다. 다음 학기 내 조교로 선발되어 매우 가깝게 지내다 졸업했고, 졸업 후에도 오랫동안 연락을 이어갔다.

신기하게도, 나 역시 그 학생과 비슷한 경험을 했다. 모의 협상일 뿐인데도 실제처럼 상대의 태도에 따라 내 감정이 좌우되는 것을 느꼈다. 내가 너무 감정적이지 않나 하는 생각도 했는데, 나만 그런 게 아니었다. 극단적인 예로, 모의 협상을 하다 선후배 간에 원수가 되어 내내 말도 안 하다가 졸업한 학생들도 있었다.

그만큼 좋은 협상 결과를 위해서는 협상의 과정 관리가 중요하고, 실습을 통해 전 과정을 경험해볼 수 있기에 피셔의 협상 이론과 교육철학이 탁월한 것이다. 노무현시민학교의 협상론은 주로 일방적인 강의로 이루어졌다. 하지만 앞으로 노무현센터가 만들어지고 시설이 제대로 갖춰진다면 실습 위주의 협상 교육을 해보고 싶은 게 나의 위시리스트 중 하나다.

협상에서 지켜야 할 네 가지 원칙[6]

피셔는 협상에 성공하기 위해서는 양 당사자가 지켜야 할 원칙이 있다고 주장한다. 다음과 같은 네 가지 원칙이다.

사람과 문제를 분리하라

협상을 하다 보면 갈등이 불거지는 게 당연하다. 사실 잠재적 갈등이 있는 관계에서 협상이 시작되는 게 보통이므로 갈등 없는 협상은 없다. 우리는 회의 시간에 자신이 제안한 안을 비판 또는 반대하거나, 이에 대해 새로운 대안을 제시하는 사람이 있으면 자신에 대한 공격으로 받아들이는 경향이 있다. 그래서 협상이 감정적으로 흐르게 된다. '죄는 미워하되 사람은 미워하지 말라'라는 말은 협상에도 해당하는 명언이다. 협상에서뿐만 아니라 모든 분야에서 사람과 문제를 분리하는 지혜가 필요하다.

우리 사회에는 수많은 관심법이 난무한다. 누군가의 행동이나 말을 바탕으로 그 사람의 의도를 넘겨짚는다. 얼마 전 비례대표 의원 수를 확대해야 한다는 트윗을 했는데 "당신도 국회의원 한자리하고 싶어서 그러느냐"라는 공격이 들어왔다. 사실 SNS를 하다 보면

이 정도는 흔하게 겪는 일이라 그러려니 하지만, 우리 사회가 좀더 따뜻해졌으면 좋겠다는 생각이 들기는 한다.

사람과 문제를 분리하라는 말은 그 제안을 누가 했느냐와 무관하게 그 안에 대해서만 논의하라는 의미다. 그렇게 해야 사회적으로 가장 바람직한 해법이 선택될 수 있다. 그 제안을 누가 했느냐에 집착하다 보면 내게도 이익이 되는 대안을 걷어차게 된다. 하지만 문제와 사람을 분리하는 일은 하루아침에 이뤄지지 않는다. 왜냐하면 우리는 이 사회 엘리트들이 자신의 이익을 교묘히 숨기고 공익으로 포장한 대안을 만들어낸 경우를 수도 없이 목격했기 때문이다. 또한 화자話者의 신뢰성이나 역사성 등에 대한 이해 없이 그의 발언을 있는 그대로 순수하게 믿기도 쉽지 않다. 이 때문에 당신도 국회의원 하고 싶으냐는 공격을 나는 충분히 이해한다. 오히려 나의 전력을 아는 다수의 사람이 나서서 "조 교수가 국회의원을 하려 했다면 벌써 했을 것"이라며 모르면서 함부로 말하지 말라고 옹호하기도 했다.

적어도 공동의 이익을 추구하는 이들끼리는 사람과 문제를 분리하는 연습을 해보면 좋을 것 같다. 비즈니스를 함께하는 관계라든지, 같은 정당에 소속되거나 같은 방향을 바라보며 걷는 동지라든지, 부부나 친구 등의 관계에서는 꼭 필요한 일이라고 본다. 요즘 젊은이들의 시크한 문화는 기성세대가 본받아야 할 좋은 문화일지 모른다. '당신을 좋아하진 않지만 당신의 대안은 훌륭하니 찬성하겠다'라는 태도 말이다.

협상의 목적, 즉 이익에 초점을 맞춰라

우리 사회에서는 입장 중심의 협상을 하는 경향이 매우 강하다. 물건을 사러 가게에 갔을 때 가게 주인이 3만 5,000원을 부르면, 우리는 일단 "2만 원에 주세요"라고 대응한다. 그러면 주인은 3만 원, 손님은 2만 5,000원으로 간격을 좁혀나가는 흥정이 이뤄지다가 결국 그 중간 어디쯤에서 가격이 결정된다. 이처럼 서로의 입장을 정해놓고 차이를 좁혀가는 것을 '입장 중심의 협상'이라 칭한다.

그에 대비되는 것이 '이익 중심의 협상'이다. 이는 근거와 기준에 기초해 합리적인 대안을 제시하면서 이뤄지는 협상을 말한다. 물건 가격이 3만 5,000원이라고 할 때 소비자는 무작정 가격을 깎기보다는 가격의 근거를 먼저 묻는다. 가게 주인이 원가가 2만 5,000원이라고 답했다면, 다른 곳과 가격을 비교해본 뒤 임대료·교통비·인건비·관리비 등을 고려해 어느 선까지 해주면 사겠다고 판단하는 것이 이익 중심의 협상이다.

피셔는 목적(이익)을 추구하는 협상과 입장을 견지하는 협상을 비교하면서 이익 중심의 협상을 하라고 강조한다. 그런데 명분을 중시하는 유교 문화권에서는 이익을 중심에 놓고 협상하는 것 자체를 부끄럽게 여기는 경향이 있다. 그래서 명분에 의해 선택한 최초의 입장을 고집하곤 한다. 입장을 바꾸거나 후퇴하면 변절이나 배신으로 간주하고, 때로는 패배라고까지 생각했던 우리의 왜곡된 역사가 있기에 더더욱 그렇다. 하지만 민주화가 진전된 대한민국에서는 이익을 협상의 대상으로 삼아야 한다. 그래야 이익을 나눌 수도 있고 교환할 수도 있어 협상의 교착상태에서 벗어날 수 있다.

이익 중심의 협상에서 가장 중요한 것은 내가 이 협상에서 얻고 자 하는 이익이 무엇인지를 분명히 하는 것이다. 공통의 이익을 찾기 위해서는 나의 이익 못지않게 상대가 어떤 이익을 추구하는지 알아내는 것도 중요하다. 우리는 잘 모르는 상대에 대해서도 다 안다고 여기고, 관심법을 통해 그의 목적이 무엇인지를 가정한다. 하지만 협상에서는 어떤 것도 분명하지 않다. 우선 탐색과 질문, 관찰과 대화를 통해 상대의 이익을 알아내야 한다. 그런 다음 상대가 받아들일 수 있도록 최종 협상안에는 상대의 이익도 포함해야 한다.

김현종 전 통상교섭본부장(현 국가안보실 2차장)은 본부장 취임식에서 이런 말을 했다.

어떠한 협상에서도 가장 중요한 기본 원칙은 이익의 균형이다. 어느 한쪽이 일방적으로 유리한 협상은 가능하지도 않고 유지될 수도 없다. 앞으로 주요 교역 파트너들과 새로운 이익의 균형을 찾는 노력을 지속적으로, 그리고 적극적으로 경주해나갈 것이다.[7]

성공적인 협상을 하려면 현명한 합의, 효율성, 원만한 관계 등 세 가지를 유지해야 하는데 입장을 근거로 하면 이 세 가지를 다 놓칠 수 있다. 입장에 갇히면 상황에 유연하게 대처하지 못하게 되고, 합의에 드는 시간과 비용이 증가해 효율성도 떨어진다. 또한 주도권 다툼이 발생하여 감정이 개입하게 됨으로써 협상에 악영향을 미친다.

이정호 전 시민사회수석도 협상론 강의에서 언급했듯이, 시민사회 운동에서는 이상적인 입장이 매우 중요하다. 사람들이 그 이상에 매료돼 운동에 투신하기 때문이다. 그러나 정치는 현실이다. 이상적인 입장을 고수하다 보면 상대와의 타협에 실패해 아무것도 얻지 못하게 된다. 독재 정권하에서 민주화운동을 하던 분들이 시민단체에 들어갔을 때 입장 중심의 협상을 하는 모습을 종종 보게 된다. 협상이 성공하려면 입장보다는 이익이 중심이 되어야 하는데, 이익이라는 말조차 불경스럽게 생각한다면 타협의 정치는 영원히 불가능하다.

노 대통령은 시민단체의 이러한 순혈주의와 이상주의를 매우 잘 이해하면서도 그들이 참여정부의 협력 대상이라고 믿었다. 그러나 입장 중심의 협상에 익숙한 시민단체 대표들은 지방분권을 위해 부총리급이 이끄는 균형발전원의 설립과 11조 원이라는 예산을 요구했다. 노 대통령은 이들을 설득하고자 끝까지 노력했으며 현실적인 어려움, 대통령의 지방분권에 대한 신념 등을 역설해 마침내 지방분권위원회를 설립하고 합리적 예산을 책정하는 데 동의를 받아냈다. 입장 중심의 협상을 하는 사람들도 목표에 대한 합의가 있으면 이익 중심의 협상이 가능하다는 점을 이 사례는 보여준다. 이 과정에서 상대로부터 신뢰를 얻는 건 필수적이다.

협상에서 이익은 어떤 수준으로 추구하는 게 바람직할까?

피셔는 '나의 이익은 매우 만족스럽게, 상대의 이익은 상대가 받아들일 수 있을 정도'여야 한다고 말한다. 협상에서 나만 온전히 이기고 상대가 완패한다면 그 관계는 계속 이어지기 어렵기 때문이다. 부모와 자식 간에도 마찬가지다. 아직도 자녀를 자신의 소유물로 여기고 아들딸이 결혼하겠다고 하는 사람마다 반대한 엄마가 있었다. 자식들은 엄마의 말을 듣는 듯했지만, 아들은 마흔 살이 되자 엄마를 무시하고 자신이 원하는 여자와 결혼했고 딸은 가출해서 자신이 원하는 남자와 결혼했다. 어떤 상황에서도 일방적인 관계는 지속 가능하지 않다.

흔히 간과하곤 하는데, 협상의 당사자가 아닌 제삼자의 이익도 매우 중요하다고 피셔는 지적한다. 제삼자는 직접적인 이해당사자가 아니거나 권한을 위임한 탓에 협상에 직접 참여하지는 못하는 사람을 가리키는데, 이들이 협상을 결렬시키는 매우 중요한 축이 될 수 있다. 예를 들어 미국의 부시 대통령은 취임한 지 얼마 되지 않은 이명박 전 대통령을 미국으로 초청해 정상회담을 가졌다. 가까운 친구만 초청한다는 캠프데이비드에서 두 사람은 골프를 함께 치며 우의를 다졌다. 그 자리에서 이 대통령은 연령 및 부위와 관계없이 미국 소를 전면 수입하겠다는 계약서에 서명했다. 두 정상은 협상 결과에 너무도 만족했으며 상호 원원하는 결과라고 자신했다. 미국은 그렇게 원했지만 노무현 정부에서 늘 좌절됐던 전면적 쇠고기 수출을 얻어내서 좋았고, 이명박 대통령은 질 좋은 미국산 쇠고기를 우리 국민에게 싸게 공급할 수 있어서 좋다고 생각했을 것이다.

하지만 두 정상은 한국 국민이라는 제삼자가 이 협상을 참아줄 수 있는지에 대해서는 미처 생각하지 못했던 것 같다. 당시는 전 세계가 광우병 공포에 떨고 있던 때였다. 그래서 노무현 대통령은 미국의 집요한 요구를 거절하고 30개월령 미만의 뼈 없는 살코기에 대해서만 수입을 허용했었다. 미국에서 들여오는 쇠고기 상자에서 뼈가 한 조각만 발견돼도 수입 물량 전체를 되돌려 보내곤 했다. 이런 사실을 기억하는 국민들은 뼈와 내장을 포함해 거의 모든 부위를, 그것도 소의 연령에 상관없이 수입하기로 약속한 이명박 대통령의 합의를 받아들일 수 없었다. 얼마 안 가 미국산 쇠고기 수입 조건 재협상을 요구하는 시위가 벌어졌다. 급식에서 미국 소를 먹을 수밖에 없는데 나중에 임신하면 기형아가 태어나지 않을까 걱정하던 여중생으로부터 이 시위는 시작됐으며, 그 후 전국적으로 100만이 넘는 시민이 거리로 쏟아져 나왔다.

이처럼 제삼자는 양자의 합의에 영향을 받는 특정한 개인이나 집단일 수도 있고, 요즘처럼 국민이 정보를 획득하기가 손쉬운 사회에서는 불특정 다수의 대중이 되는 경우도 많다. 그러므로 국가 간 협상은 이해당사자뿐만 아니라 국민 다수가 어떻게 받아들일지를 염두에 두고 임해야 한다. 국내 협상도 마찬가지다. 어떤 종류의 협상에도 공중public이 개입할 여지가 잠재되어 있음을 유념해야 한다.

양자 간 협상 이론은 더 발전하여 다자간 협상 이론으로 확대되었고, 불특정 다수의 공중과 협상하는 것을 공중 관계Public Relations라고 한다. 이를 줄여서 'PR'이라고 부르는데 우리나라에서는 '홍보'라고 번역하는 바람에 의미가 왜곡된 면이 있다. PR은 일방적으로 알리는 게 아니라 쌍방향의 진정한 소통을 통해 장기적으로 우호적인 관계를 맺는 걸 의미한다. 미국 홍보학계에는 홍보 이론의 큰 산맥이 몇 있는데 그중 하나가 피셔의 CMG 이론이다. 피셔의 양자 간 협상 이론을 불특정 다수와의 협상에 적용하면 홍보 이론이 되는 것이다. 기본적으로 참가자의 수만 다를 뿐, 협상 이론과 PR 이론은 거의 동일하다.

내 이익을 분명히 밝히는 게 협상의 시작이다

서로 만족스러운 결과를 도출하기 위해서는 협상을 통해 얻으려는 이익, 달성하고자 하는 목적을 분명히 밝히는 것이 좋다. 어떤 사람이 어머니에게 살이 많은 생선 토막을 드리려고 했더니 아들이 깜짝 놀라면서 "우리 엄마는 생선 대가리만 좋아하시는데요"라고 했다는 우스갯소리가 있다. 자식들에게 좋은 것을 먹이기 위해 생선 대가리만 먹은 건데 자식들은 어머니가 그걸 좋아한다고 믿었던 것이다. 이렇게 된 가장 큰 이유는 어머니가 희생정신을 발휘해 자신의 이익을 분명히 드러내지 않았기 때문이다.

협상의 목적은 상황과 사람에 따라 다양하다. 자신의 소중한 가치를 지키는 것이 될 수도 있고, 최소의 비용을 투자해 최대의 물질적 이익을 얻는 것이 될 수도 있다. 돈보다는 평판이나 명예에 목숨 거는 사람도 있을 것이고, 자신의 꿈과 적성을 중시해 굴지의 기업 대신 스타트업을 선택하는 사람도 있을 것이다. 가치관에 따라 추구하는 목적이 다르므로 상대의 목적이 무엇이라고 한마디로 단정할 수는 없다. 내 목적이 A라고 해서 모든 사람이 A를 추구한다고 가정하지는 말라는 말이다. 그런데도 소통을 하기보다는 상대에 대해 일방적인 가정을 반복함으로써 서로의 이익을 파악하는 데 실패하는 경우가 많다.

요즘 젊은 엄마들에게 강의할 기회가 있으면 나는 '옆구리 찔러 절 받으라'고 조언한다. 남편이나 자녀가 나의 선호를 알아야 바라는 바를 해줄 수 있다. 상대가 알아서 해줄 것이란 기대는 하지 않는 편이 현명하다. 사람들이 모두 내 마음 같지는 않기 때문이다. 물론 나 역시 내 선호를 분명히 밝히지 못한다. 그래서 아직도 우리 애들은 "엄마가 그런 걸 좋아했었어?" 하고 묻곤 한다. 성격과 살아온 역사가 있으니 행태를 하루아침에 바꾸기란 쉽지 않다. 그래서 젊을 때부터 자신의 선호를 분명히 밝히는 연습을 하라는 것이다. 그래야 결혼 생활이 순탄하게 지속될 수 있다.

미국과의 협상에서 우리나라 외교 관리들이 '어차피 미국의 힘이 압도적으로 크니 우리 것을 미리 양보하면 미국 측 대표단이 여기에 감동받아 우리가 제시한 안은 최소한 받아들여 주겠지' 하고 기대하는 경우를 봤다. 이른바 알아서 기는 것이다. 하지만 미국 측은 오히려 한국 대표단은 그만큼만 얻는 게 목표라고 생각해 거기에서부터 협상을 시작한다. 다시 한번 강조하지만, 서로가 원하는 바를 분명히 제시하는 것이 성공적인 협상의 출발점이다.

상호 이익이 되는 옵션을 개발하라

옵션이란 원래는 존재하지 않았지만 양자 간 타협을 끌어낼 수 있는 제3의 안을 말한다. 예를 들어 A라는 사람이 방이 세 개인 집을 구한다고 가정하자. 하나는 부부 방으로, 하나는 자녀 방으로, 하나는 서재로 사용할 계획이다. 그런데 마침 원하는 동네에 방이 두 개짜리인 집은 있지만 세 개짜리는 없다. 이때 방이 두 개인 집에 서재로 쓸 수 있는 별도의 공간이 있다면 A가 원하는 집이 될 수도 있다.

이 상황에서 입장 중심의 협상을 한다면 A는 방 세 개짜리 집을 고집할 것이고, 그런 집이 없다면 결국 협상은 결렬될 것이다. 하지만 목적(이익) 중심의 협상을 한다면 방 두 개에 별도의 공간이 있는 집이 새로운 옵션이 될 수도 있다.

협상론 강의에서 한명숙 전 총리가 공유해준 평택 대추리 미군 기지 이전 협상이 하나의 예다. 이른바 진보 진영에서 참여정부의 실패 사례로 가장 많이 언급하는 게 대추리 사건인데, 아프고 힘든 과정을 거쳐야 했지만 결과적으로 성공적인 옵션을 개발해낸 협상 사례다. 나는 이때 한국에 있지 않아서 자세한 내막은 알 수 없지만 이주를 거부하는 원주민과 이들을 지원하는 외부 세력의 강한 저항, 그리고 폭력 시위, 폭력 시위를 진압한 경찰의 폭력 대응, 피투성이가 된 시위대와 부상당한 경찰의 사진을 보았다. 급기야는 군대를 동원한 진압이 초읽기에 들어갔다. 한 전 총리는 노 대통령께 "저에게 시간을 주십시오. 제가 평화적으로 해결해보겠습니다"라고 부탁했다. 그러곤 여성으로서 특유의 부드러움과 또 과거 운동권 출신으로서 인맥을 동원해 이 사건을 평화적으로 마무리했다. 이때 한 전 총리는 담당 공무원들에게 이런 지시를 했다고 한다.

"주민들을 절대로 마음 상하게 하지 마십시오. 그들이 원하는 게 무엇인지 물어보십시오. 그리고 원하는 대로 다 해주시기 바랍니다."

주민들이 원하는 것을 정부에서 충분히 제공해주자 그분들도 이주에 합의했고, 미군의 평택기지 이전이 큰 충돌 없이 마무리될 수 있었다. 한 전 총리가 이러한 옵션을 만들어내기 전에는 시위대의 저항이 너무도 강해 군대를 동원해 진압할 예정이었다. 이는 협상이 결렬됨에 따라 옵션(합의안)이 없는 가운데 택하려 했던 정부 측의 바트나였던 것이다. 하지만 한 전 총리는 노무현 정부에서 그런 대안을 사용한다는 것을 받아들일 수 없었기에 최선을 다해 또 다른 길을 열었다.

우리 사회에는 '돈으로 평화를 사려 한다'라는 비판이 있다. 이런 소리를 하는 이들은 정작 자신들이 도리어 사람의 목숨이나 안녕보다는 돈이 더 중요하다는 시각을 가지고 있다. 돈을 들여서 평화를 지키고 사람을 살릴 수만 있다면 당연히 돈을 써야 한다는 게 대다수 사람의 생각일 것이다. 물론 아직도 사람보다는 돈이 더 중요하다고 생각하는 이들 역시 드물지 않다. 남의 가치관에 대해 이러니저러니 하는 건 예의가 아니며, 당연히 그런 입장도 존중받아야 한다. 동의하지는 않지만 존중한다. 이런 경우엔 선거를 통해 국민이 다수결로 어느 한쪽을 지지해주는 게 민주주의식 판결일 것이다.

하지만 때로는 어떤 가치관을 가졌는지 알 수 없는 사람들도 있다. 현실적으로 불가능한 요구 사항을 내걸고 내가 원하는 걸 100퍼센트 수용하지 않으면 협상에 임할 수 없다며 폭력 사용도 서슴지 않는 사람들에게는 백 가지 이론이 무의미하다. 이런 경우는 협상 자체가 성립할 수 없다. 물론 로저 피셔는 이런 사람들의 이야기도 들어주고 타협하면 협상이 불가능한 건 아니라며 몇 가지 지혜를 제공하기는 하지만, 내 경험에 따르면 별로 실효성이 없었다. 이런 어른들이 생기지 않도록 어려서부터 협상 교육을 할 필요가 있다. 협상은 기본적으로 서로 손해 보는 구조를 함께 번영하는 상태로 변화시키고, 사회를 그만큼 풍요롭게 하기 때문이다.

성공적인 옵션 만들기

옵션은 협상 당사자가 각자 원하는 것(목적)을 제시한 후에 이해당사자의 이익을 만족시키기 위해 함께 개발한 다양한 협상안 agreement을 말한다. 옵션을 만들어내기 위해서는 협상의 당사자가 함께 머리를 맞대고 브레인스토밍을 거쳐 최대한 다양한 아이디어를 끌어낼 필요가 있다. 즉, 양자를 만족시킬 수 있는 새롭고 창의적인 대안을 제한 없이 생각해보는 과정이 필수적이다.

브레인스토밍을 위해서는 업무 장소보다는 정신적·육체적 긴장을 풀 수 있는 장소를 택하는 것이 좋다. 보통 기업이나 대학에서는 교외로 MT를 가기도 하는데, 사람은 긴장된 상태에서는 창의적인 아이디어가 나오지 않기 때문이다. 좋은 공기를 마시고 산책을 하며 맛있는 음식도 먹고 편한 복장으로 있을 때 뇌가 유연해져서 옵션을 만드는 데 최적의 상태가 된다. 명상도 뇌의 긴장을 풀어주기에 좋은 준비운동이다.

브레인스토밍을 하는 동안에는 어떤 부정적인 평가도 하지 않는 게 좋다. 힘들게 아이디어를 냈는데 누군가가 나쁜 평가를 하면 저절로 위축돼 새로운 생각을 말하기 어려워진다. 섣부른 평가는 인간의 창의성을 제약한다. 모든 다양한 옵션을 테이블에 올려놓은 다음에 마지막으로 각 옵션의 현실 적용 가능성을 하나하나 평가해가면서 최상의 옵션을 선택하면 된다.

이때 물질적 이익만이 최상의 가치라고 가정할 필요는 없다. 사람은 저마다 다른 가치관을 가지고 있으니 상대가 원하는 것이 무엇인지 진지하게 소통하면서 옵션을 개발하는 것이 좋다. 테이블에 올라온 옵션 중 최종적으로 어떤 것을 선택할지에 대해서는 미리 기준을 정해두는 것이 좋다. 목표를 다시 확인하고, 최상의 옵션을 선정할 기준을 이해당사자가 미리 합의하면 시간 낭비를 줄일 수 있다. 옵션이 꼭 하나일 필요는 없다. 가능한 한 다양한 옵션을 포함하면 보다 많은 사람을 만족시킬 수 있을 것이다. 최상의 옵션이란 남에게 피해를 주지 않으면서도 나의 이익을 최대한 지켜주는 안을 말한다. 이때 염두에 둘 것은 최상의 옵션을 미처 찾아내지 못한 상태에서 서둘러 협상안에 합의하지 않도록 주의해야 한다는 점이다. 때로는 좋은 옵션을 테이블에 올려둔 채 전혀 다른 안으로 합의를 보는 경우도 있으니 경계가 필요하다. 이런 옵션 개발의 실례로 광주형 일자리를 들 수 있다. 노동자와 사용자, 민간과 정부가 5년 넘게 머리를 맞대고 찾아낸 사회적 대타협의 결과다. 이 과정은 내가 상세히 알지 못해 최근 문재인 정부에서 이룬 대타협의 사례를 소개할까 한다.

2019년 3월 7일, 창의적인 옵션이 무엇인지를 보여주는 모범적인 대타협이 이뤄졌다. 택시-카풀 사회적 대타협기구의 합의안이 그것이다. 전현희 민주당 택시-카풀 TF 위원장은 "모두가 상생하는 방안을 마련한 것이 대타협기구 협의의 가장 중요한 결론"이라고 밝혔다. 협상의 목표 자체가 피셔의 이론에 딱 맞을 뿐만 아니라 협상 결과로부터 창의적인 옵션을 창출하기 위해 전 위원장이 최선의 중재를 했음을 짐작할 수 있다.

초기에는 이해당사자가 협상 테이블에 나타나지도 않아 협상 자체가 성사되기도 어려웠다. 그때까지만 해도 이 협상은 카풀을 시도하려는 IT 업계와 택시 업계의 제로섬 게임으로 보였다. 그래서 카풀이 시험적으로 허용되면서 택시기사들이 극단적인 선택을 하기도 했다. 그러나 전 위원장이 마음을 다해 설득한 끝에 매우 창의적이면서도 양자가 윈윈할 수 있는 옵션을 개발해냈다. 전 위원장이 200번 가까이 당사자들을 찾아갔다고 하는데, 그 결과 얻게 된 대표적 타협안은 다음과 같다.

- 출퇴근 시간 카풀 허용
- 오랜 기간 논의 끝에 최종 합의안 타결
- 플랫폼 기술을 택시와 결합해 공유경제 발전 도모
- 상반기 중 규제 혁신형 플랫폼 택시 출시
- 국민의 안전을 위해 초고령 운전자의 개인택시 감차

이들 옵션은 택시 업계와 IT 업계 양측의 요구를 동시에 만족시킬 뿐만 아니라 협상의 최종안을 지지해줄 국민의 이익을 반영한 것이기에 탁월하다고 평가할 수 있다. 출퇴근 시간 카풀 허용과 오랜 기간 논의 끝에 최종 합의안을 타결한다는 옵션은 카풀 업계와 택시 업계 양자의 이해관계를 모두 반영한다. 그러면서도 IT 업계에만 공유경제를 위한 규제개혁을 선물하는 대신 플랫폼 기술을 택시와 결합해 공유경제의 발전을 도모한다는 협상안은 제로섬 관계의 두 업계를 공동의 운명체로 묶어놓았다. 무엇보다 초조해할 택시 업계를 위해 최종 실무 협의안을 오랜 기간 논의하겠다고 약속했고, 초고령 운전자의 개인택시 감차를 통해 장기적으로는 카풀 업계의 기반이 넓혀질 기회를 만들어냈다.

물론 아직은 세부 협상이 남아 있고, 이에 대한 불안감으로 택시 업계는 합의안에 반대한다며 합의안이 나오자마자 기 싸움에 들어갔다. 그렇다고 대타협의 큰 틀이 뒤집힐 것 같지는 않다. 택시 업계의 파업에 시민들의 반응은 냉랭하기만 했고 시간과 여론은 카풀 업계의 편이기 때문이다. 일부 능력 있는 기사들에게는 월급제가 오히려 제약이 된다는 불만도 있지만, 이는 택시 업계 내에서 유연하게 해결할 방법이 있을 것이므로 크게 문제 될 것 같지는 않다. 다만 카풀이 단지 이용자의 편의를 위한 무료 서비스인지, 새로운 업계의 진출을 의미하는지에 대해선 논란의 여지가 있다. 이와 관련해서는 얼마간 진통이 따를 수밖에 없을 것이다.

협상 문화가 성숙하지 못한 우리 사회에서 이 정도의 모범적인 옵션을 창출하여 짧은 시간에 대타협을 이뤘다는 건 기념비적인 사건이라고 생각한다. 전현희 위원장을 올 연말 협상학회 대상 수상자로 강력히 추천하는 바이다.

어떤 기준을 마련할 것인가

브레인스토밍을 통해 만들어낸 옵션을 테이블에 올려놓고, 그중에서 기준에 의해 우선순위를 정하라고 피셔는 말했다. 그런데 무엇을 기준으로 할 것인지 의문이 들 것이다. 기준은 법이나 규범, 사회 통념, 선례, 판례 등이 될 수 있다. 국제 관계에서의 협상이라면 국제법도 중요할 것이다. 어떤 협상에서는 기준의 우선순위를 가지고 다툼이 일어날 수도 있다.

2002년 월드컵 때의 일화다. 월드컵을 앞두고 나는 이화여대에 당시 정몽준 국제축구연맹FIFA 부회장을 초청해 강연을 들었다. 정 부회장은 월드컵의 공식 명칭이 '일본-한국 2002 월드컵Japan-

Korea 2002 World Cup'이 아니라 '한국-일본 2002 월드컵Korea-Japan 2002 World Cup'으로 정해진 사연을 소개했다. 일본 측은 알파벳으로 하면 J가 K보다 앞이니 알파벳 순서에 따라 일본이 먼저 나오는 게 상식적이라고 주장했고, FIFA에서도 이를 정당하다고 받아들이는 분위기였다고 한다. 정 회장은 FIFA의 공식 언어가 무엇이냐고 질문했다고 한다. 스페인어라는 답변을 듣고는 한국의 스페인어 명칭이 뭐냐고 다시 질문했단다. 'Corea'라는 답변이 돌아왔다. 월드컵 유치 경쟁에 일본보다 한참 늦게 뛰어든 한국이 공동개최국으로서 이름이 먼저 나오게 된 배경이다.

이처럼 기준은 다양한 협상안에서 우선순위를 정할 때 매우 중요한 역할을 한다. 협상의 당사자뿐만 아니라 제삼자가 봐도 누구나 수긍할 수 있는 객관적인 기준을 선택하는 일은 그래서 매우 중요하다. 서로가 다른 기준을 제시하며 경쟁할 때일수록 제삼자를 설득할 수 있는 기준의 중요성은 더욱 커진다. 기준을 선정하는 데 불리한 위치에 있을수록 우리 쪽에 유리한 창의적 기준을 찾아내는 노력이 필요하다.

최선의 대안, 바트나를 통해 협상력을 키워라

협상에서 타협이 항상 최선은 아니다. 반드시 뭔가 협상안을 타결해야 한다는 강박관념에 시달릴 필요는 없다. 협상을 하다가도 필요하면 협상장을 걸어 나올 수 있어야 한다. 타협을 할 것인지 거부할 것인지를 결정할 때 사용하는 기준을 피셔는 '바트나BATNA'

라고 부른다. '협상안이 깨지더라도 내가 택할 수 있는 여러 개의 대안 중 최고의 대안'이라는 의미다. 협상의 결과가 사실상 성공인지 실패인지를 가늠하는 가장 중요한 기준이 바로 이것이다. 피셔가 만든 이 용어는 전 세계적으로 너무 유명해서 협상에 관심이 있는 사람은 대부분 들어봤을 것이다. 피셔는 협상안보다 바트나가 나쁘면 협상안을 받아들이고, 반대로 협상안보다 바트나가 좋으면 굳이 협상안을 받아들일 필요가 없다고 조언한다. 협상은 지속되는 과정이며, 한두 번의 회합으로 완결되지 않는다. 만일 협상이 결렬됐다면, 상대가 협상안에 합의하도록 만들기 위해 상대의 바트나를 약화시키고 내 바트나를 향상시키기 위해 노력해야 한다.

협상의 당사자는 언제나 어떤 식으로든 권력 관계에 놓여 있다. 부부나 연인, 부모와 자식 간은 물론 대기업과 중소기업, 미국과 북한 등 모든 관계는 모종의 권력 관계를 포함한다. 협상 결과가 권력 관계에 의해 어느 정도 영향을 받는 건 사실이다. 하지만 오늘날 국제 관계에서는 반드시 힘 있는 쪽이 이기고 힘이 약한 쪽이 진다고 말하기는 어렵다. 글로벌 사회 자체가 상호 의존하는 관계이고 세계 시민 여론의 중요성이 증대되면서 국제규범 또한 중요한 역할을 하기 때문이다. 또한 협상력은 기존의 권력과도 다른 면이 있다. 만일 협상력이 권력에 의해서만 결정된다면 협상을 할 필요조차 없지 않겠는가. 북한이 미국에 맞서 그동안 어느 정도 대등하게 협상을 해온 것만 보더라도 권력과 협상력이 구분된다는 걸 알 수 있다.

내가 좋은 바트나를 만들어냈거나 가지고 있다면 상대의 협상력을 약화시키고 내 협상력을 강화할 수 있다. 예를 들어, 한 야구 선수가 A팀으로 이적하려고 연봉 협상을 진행 중이라고 해보자. 그런데 이 선수를 원하는 B팀에서 더 좋은 조건을 제시한다면, 굳이 A팀과 협상할 필요는 없다. 이럴 때 B가 A와의 협상에서 바트나가 되는데 'B〉A'이므로 A와의 협상은 결렬될 것이다. 그런데 이 선수가 B팀에 가고 싶어 하지 않는다면, A와의 협상에서 B라는 바트나를 활용해 좋은 조건으로 계약할 수 있을 것이다.

과거에는 한 회사에 입사하면 퇴사할 때까지 충성을 다하는 것이 미덕으로 간주됐다. 그에 비해 현재는 세계화의 확산과 함께 기업 간 경쟁이 격화되고 불확실성이 커지면서 직장인들은 언제 회사를 떠날지 모르는 상황이 됐다. 이런 환경에서는 바트나를 향상시키는 전략만이 자신을 지켜줄 수 있다. 이런 점을 본능적으로 아는 젊은 직장인들은 회사에 충성하는 대신 많은 시간을 자기 계발에 투자한다. 그런 다음 다른 직장에서 좋은 조건의 제안을 받아내면 이직을 하면서 몸값을 올린다. 미국에서는 대학교수도 다른 대학에서 수시로 좋은 조건의 제안을 받아 와 현재 근무하는 대학과 연봉 재협상을 한다. 바트나를 통해 개인이 자신의 협상력을 강화하는 사례 중 하나다.

김현종 전 통상교섭본부장은 참여정부 때 여러 국가와의 FTA를 동시다발적으로 추진했다.[8] 그렇게 한 이유는 FTA를 가장 체결하고 싶었던 나라는 EU였기에 미국과 먼저 유리한 조건으로 FTA를 체결해 바트나를 만들 필요가 있었기 때문이다. 그런데 미국이 우리와의 FTA에 전혀 관심을 보이지 않자 캐나다와 먼저 FTA를 추진했다고 한다. 이 소식을 들은 미국 측에서 우리와의 FTA에 관심을 보였고 결국 두 나라와 모두 FTA를 추진했다. 그 결과 최종적으로 EU와 FTA를 추진하는 데 성공했는데, 이는 수출시장의 다변화라는 노무현 대통령의 목표와도 일치했다.

과거 우리의 수출은 미국 일변도였기에 미국이 기침을 하면 우리는 감기에 걸린다는 말이 있었다. 우리 경제의 체질을 강화하기 위해서는 일변도 시장에서 벗어나야 하고 그러기 위해서는 시장을 다각화해야 우리에게도 바트나가 생긴다는 걸 노 대통령은 본능적으로 알았다. 한 나라에만 일방적으로 의존하면 우리의 협상력이 저하된다는 것을 알고 있었기에 추진한 전략이었다. 참여정부에서 이뤄낸 통상시장의 다변화로 가장 큰 혜택을 본 사람은 아마도 이명박 전 대통령일 것이다. 2008년 서브프라임 모기지 사태로 미국 시장이 혼란에 빠졌을 때 한국만 그 위기를 비껴갔으니 말이다. 이명박 전 대통령은 자기 덕분에 우리가 위기를 극복한 것으로 선전했지만, 참여정부의 주택담보대출 규제와 통상시장 다변화 정책의 수혜 결과였음을 속으로는 알고 있었을 것이다.

우리는 본능적으로 바트나를 이해하고 있기에 일상에서도 실제로 사용해왔다. 물건이나 집을 살 때 여러 곳을 다녀보는 이유도 자신의 바트나를 강화하기 위해서다. 좋은 대안이 없다면 나쁜 조건이라도 어쩔 수 없이 받아들여야 하겠지만, 더 좋은 대안이 있다면 주어진 대안을 굳이 받아들일 필요가 없다. 예를 들어 인터넷 장보기를 가정해보자. 비타민을 찾는데 브랜드는 마음에 들지 않지만 품질이나 가격 면에서 괜찮은 상품을 찾았다고 해보자. 그러면 일단 그것을 찜해두고 상품 찾기를 계속할 것이다. 찜해둔 것보다 더 나은 비타민을 찾으면 그걸 구매하면 되고, 더 좋은 걸 찾지 못하면 아까 찜해둔 것을 주문하면 된다.

내가 바트나를 가지고 있으면 상대와의 협상에 매달리지 않아도 되기에 나의 협상력이 올라가는 반면, 바트나를 가지고 있지 않은 상대는 나와의 거래를 어떻게든 성사시키려 노력할 것이다. 사람들은 협상 이론은 몰라도 이를 본능적으로 알고 있기에 나에게 어떤 바트나가 존재하는지 살펴보기 위해 물건을 구매하기 전에 여러 상점을 다니며 시장조사를 하는 것이다.

협상의 성공을 판단하는 기준, 바트나

한 제약회사 임원진을 대상으로 협상 교육을 하는데 한 임원이 이런 질문을 했다.

"저는 매번 상사한테 협상 결과 때문에 싫은 소리를 듣습니다. 제가 정말로 뭘 잘못하고 있는지 알려주세요."

이분은 미국에 있는 제약회사에서 상품을 수입하는 협상을 담당하고 있는데 상사한테 매번 손해를 본다고 책망을 듣는다는 것이다. 그 협상을 객관적으로 분석해보니 미국에 있는 회사가 국내 회사보다 이익을 더 가져갈 수밖에 없는 구조였다. 협상 대상인 약품의 지식재산권이나 특허를 미국 회사가 가지고 있었고, 그 제품은 한국에서 인기가 많았으며 한국 회사는 유통을 담당할 뿐이었다. 즉, 한국 회사에 비해 미국 회사의 바트나가 매우 강했다.

"미국 회사의 협상력이 막대하게 큰 상황에서 미국 회사 이익이 60, 한국 회사 이익이 40으로 계약을 따 왔다면 잘한 협상일까요, 아닐까요?"

이익을 50:50으로 나누지 않았으니 언뜻 보기에는 한국 회사가 손해를 본 것처럼 생각된다. 하지만 미국 회사는 단지 유통을 책임질 한국 파트너를 원하는 것이고, 미국 회사와 계약을 하고자 하는 한국 기업(대안)은 줄을 서 있는 상황이었다. 이 계약을 체결하지 못할 경우 한국 회사가 얻게 되는 이익은 0이다. 그런데 미국 회사와 계약을 성사시킴으로써 20이나 30이 아니라 40만큼의 이익을 얻게 됐으니 이는 매우 성공한 협상으로 봐야 한다. 그런데 그 회사의 상사는 미국 회사의 이익 60과 자사의 이익 40을 놓고 상대평가를 하면서 손해를 봤다고 생각하는 것 같았다.

이건 협상의 결과를 평가하는 기준이 잘못된 것이지 협상 자체가 실패한 게 아니다. 협상에 성공하기 위해선 성공의 기준부터 명확히 할 필요가 있다. 즉, 상대의 이익과 내 이익을 비교하는 상대평가는 앞서도 강조했듯이 협상의 성공을 평가하는 기준이 될 수 없다. 상대와 나를 비교하는 상대평가를 협상에서 사용하는 건 집단주의 문화의 산물일 뿐이다. 진정한 승리는 나와의 싸움에서 얻는 것이다. 내가 협상을 통해 최대로 얻을 수 있는 이익과 내가 현재 얻은 이익을 비교해야 한다. 이 협상에서 한국 측은 상대에 비해 바트나가 약하기 때문에 아무리 크게 잡아도 이익의 50퍼센트를 가져갈 수는 없다. 최종 협상 결과 이익의 40퍼센트를 한국 측 회사가 갖기로 했다면 이는 매우 성공적이라고 평가해야 한다.

바트나는 협상을 이해하는 핵심 개념 중 하나인데, 협상의 성공 여부만이 아니라 각 참가자의 협상력을 측정하는 데에도 사용된다. 즉, 바트나를 분석함으로써 협상의 성패를 어느 정도 예측할 수 있다. 원래의 국력보다 바트나를 지렛대로 이용한 협상력이 얼마나 중요한지를 보여주는 대표적인 예를 북한에서 찾을 수 있다.

북한의 협상력이 좋은 이유

국력보다 협상력이 더 중요함을 보여주는 대표적인 예가 북한이다. 아마 북한만큼 능수능란하게 협상을 해온 나라도 많지 않을 것이다. 북한은 한때 중국과 비동맹외교의 일원으로서 서로 가까운 사이이기는 했지만, 러시아와 중국 사이에서 양자를 경쟁시키며 등거리 외교를 성공적으로 해왔다.[9] 북한은 중국이나 러시아와는 비교할 수 없을 만큼 작은 나라이고 국력에서도 격차가 크지만, 두 강대국 사이에서 독자노선을 걸어왔다. 이것이 가능했던 이유는 강한 바트나를 가지고 있었기 때문이다. 즉, 북한은 중국과의 거래에서는 러시아를 바트나로 사용했고, 러시아와의 협상에서는 중국을 바트나로 활용했다. 지렛대를 사용하면 작은 힘으로도 큰 힘을 사용할 수 있는 것처럼, 바트나는 자신의 협상력을 원래보다 몇

배 또는 몇십 배 강화해준다.

북한은 1950년대 소련의 지원하에 핵기술을 습득했다. 북한이 핵무기를 가져야겠다고 결심한 것은 중·소 분쟁을 경험한 1960년 대부터라고 한다.[10] 러일전쟁으로 한반도가 타국의 전쟁터로 변하는 걸 경험한 북한으로서는 자위 수단을 마련해야 했을 것이다. 북한은 1980년대에 들어서서 영변 지역에 독자적인 핵시설을 비밀리에 건설하기 시작했다. 이에 소련이 '핵의 평화적 이용'을 위한 자유로운 활동을 보장받기 위해 NPT(핵확산금지조약)에 가입하라고 북한을 설득했고, 북한은 1985년 12월 NPT에 가입했다. 그러나 북한은 NPT 가입 후 18개월 이내에 체결해야 하는 IAEA(국제원자력 기구) 안전조치협정을 미루면서 NPT 합의를 지키려는 노력을 하지 않았다.

1980년대 말 사회주의 진영이 무너지면서 소련은 정치적 소용돌이와 경제적 어려움을 겪었고, 중국은 소련의 개혁·개방 바람이 중국 사회를 강타하는 것을 경계하면서 내부 단속에 여념이 없었다. 냉전체제가 무너지면서 미국이 단독으로 세계 리더의 역할을 수행하게 되자, 북한으로서는 미국으로부터 보호막 역할을 하던 중국과 소련에 기대는 외교 전술을 더는 사용할 수 없게 됐다. 전문가들도 1980년대 말의 급변하는 국제 정세가 북한의 이런 태도 변화에 영향을 미쳤을 것으로 추측한다. 1990년대에 이르자 북한의 핵 문제는 국제사회의 중요한 이슈로 등장하게 됐다.

이때부터 북한은 미국과 직접 협상을 하기 시작했다. 북한은 특별사찰을 받으라는 미국과 IAEA의 요구를 거절했을 뿐 아니라 1993년 3월 NPT 탈퇴를 선언하기에 이르렀다. 북한은 세계 최대 강국인 미국과의 협상에서 사용할 바트나가 마땅치 않았다. 여전히 중국을 바트나로 활용하기는 했지만, 중국은 이제 과거의 중국이 아니었다. 중국도 개방과 세계무역 질서에 편입되면서 미국의 눈치를 볼 수밖에 없게 됐다. 결국 북한은 벼랑 끝 전술로 미국에 맞서 협상을 해야 했다.

물론 약자도 위협이나 벼랑 끝 전술로 강한 상대를 압박하는 협상력을 발휘할 수 있다. 하지만 벼랑 끝 전술은 아무나 택할 수 있는 게 아니다. 북한이 미국을 상대로 벼랑 끝 전술을 사용해 지금까지 대등한 위치에서 협상을 해왔지만, 그런 전술은 북한처럼 잃을 게 없는 나라만이 구사할 수 있다.

벼랑 끝 전술은 한마디로 '너 죽고 나 죽자'라며 상대를 위협하는 것인데, 만일 우리나라가 이런 전술을 쓴다면 신빙성을 담보하기 어려울 것이다. 잃을 것이 많은 나라이기에 그렇다. 하지만 잃을 것도 없고 고립된 북한이 이런 전술을 쓰면 위협이 현실이 될 개연성이 높으므로 상대 국가가 쓸 수 있는 전술이 제한될 수밖에 없다. 미국처럼 잃을 게 많은 나라일수록 그렇다. 위협은 상대에게 가하는 위협 수준의 피해를 자신도 감당할 각오가 되어 있을 때만 사용해야 한다. 그렇지 않다면 그 위협은 블러핑(속임수)이 될 확률이 높다. 한 번 위협했다가 철회할 경우에는 신빙성을 손상당하기에 위협을 직접 행동으로 옮김으로써 신뢰를 담보해야 한다.

그동안 미국을 향한 북한의 벼랑 끝 전술이 먹혔던 이유는 북한의 발언이 매우 일관적이었고,[11] 무엇보다 남측이 북한의 위협에 가장 민감하게 반응할 수밖에 없었기 때문이다. 그러니 미국도 북한을 현실적으로 인정할 수밖에 없었을 것이다. 도널드 트럼프가 대통령으로 당선되면서 북한과의 협상이 급물살을 타게 된 것도 북한의 벼랑 끝 전술이 더는 먹히지 않게 된 것이 한 가지 이유라고 생각한다. 김정은 위원장이 "내 책상 위에 핵 단추가 있다"라고 하자, 트럼프 대통령은 "나에겐 더 크고 강력한 핵 버튼이 있다는 것을, 굶주리고 있는 정권의 누군가에게 알려주기 바란다"라는 트윗으로 받아쳤다. 트럼프는 정치적 경력이 없는 인물로 포퓰리즘 분위기에서 대통령에 당선됐다. 트럼프 대통령의 예측 불가능성으로 인해 북한은 자신의 위협과 트럼프 대통령의 위협이 상승작용을 일으키면서 양국이 핵전쟁에 돌입할 수도 있겠다는 위기감을 느꼈을 수 있다. 북한도 미국을 더는 위협만 할 수는 없게 됐다. 문재인 대통령이 한미공조를 통해 제재의 수위를 강화한 것도 북한이 협상장에 나오게 하는 데 일조했다.

북한 김정은 위원장과 미국 트럼프 대통령의 회담은 2차까지 진행됐고, 아직 갈 길이 멀다. 최근의 협상에 대해서는 뒤에서 다시 분석해보겠지만, 한반도가 지금까지 세계 유일의 분단국으로 남아 있는 이유는 역설적이게도 그만큼 북한이 협상력을 발휘하여 자신의 체제를 성공적으로 지켜온 결과라고 할 수 있다.

협상의 타결과 결렬의 예측

바트나를 알기 위해서는 협상의 구조를 분석해야 하고, 상대와 나의 바트나를 파악하고 나면 이 협상이 결렬될지 성사될지를 어느 정도 예측할 수 있다. 어느 쪽에 유리하게 타결될지도 예상 가능하다. 예를 들어 양측의 바트나가 모두 약할 경우에는 협상이 타결될 가능성이 매우 크다고 예측할 수 있다. 반면, 양측의 바트나가 너무 강하면 협상 타결 가능성이 매우 작다고 볼 수 있다. 따라서 이때는 결렬을 예측할 수 있다. 그렇다고 해서 결렬이 실패를 의미하는 건 아니다. 양자의 바트나가 강하다는 말은 결렬이 곧 성공을 의미하기 때문이다.

앞에서 살펴보았던 택시-카풀 사회적 대타협기구의 합의안에 대해 택시 업계에서는 벌써부터 반발이 나오고 있다고 한다. 그럼에도 협상 결과가 크게 뒤집히기는 어렵다고 보는 이유 중 하나는 택시 업계가 별로 좋은 바트나를 가지고 있지 않기 때문이다. 세계적인 추세로 봐도 택시는 사양산업이고, 대다수 택시기사가 노령층이며, IT를 기반으로 하는 공유경제는 막을 수 없는 시대적 흐름이다. 택시기사들도 이런 사실을 알고 있기에 카풀을 막기 위해 극단적인 선택을 할 수밖에 없었을 것이다. 따라서 비록 불만족스러운 점이 있더라도 협상안에 대한 택시 업계의 반발은 실무 협의에서 하나라도 더 얻어내기 위한 전술일 뿐, 큰 틀에서 대타협안을 뒤집을 가능성은 별로 커 보이지 않는다. 물론 당사자들이 합리적으로 협상을 한다는 가정에서 그렇다. 양자의 바트나가 약한데도 협상이 결렬되는 경우가 있는데, 이때는 비합리적인 요소가 개입됐을 가능성이 크다.

하노이 2차 북미 회담이 꿈인가 생시인가 하면서도 협상안이 타결될 가능성이 크다고 전망했던 이유는 미국이나 북한 모두 바트나가 별로 강하지 않다고 보았기 때문이다. 그래서 청와대도 확신을 가지고 긍정적인 회담 결과를 예측했으리라 추측한다. 협상안이 결렬되면 북한은 다시 벼랑 끝 전술을 사용하거나 제3국에 핵무기를 팔아야 하는데 제재 완화를 간절히 원하는 북한으로서는 쉽지 않은 선택이다. 미국 또한 추가적인 제재가 효과도 없으며, 남측의 반대로 북측에 무력을 사용하는 것도 여의치 않은 상황이다.

이렇게 바트나가 약한 가운데 협상안이 타결되지 않은 이유로는 두 가지 가능성을 생각해볼 수 있다. 하나는 북미 간 상호 신뢰가 없다는 점이고 다른 하나는 비이성적인 변수가 개입됐을 가능성이다. 우선 두 번째 이유부터 살펴보자. 2차 회담 당일 미국 하원 청문회에서는 트럼프 대통령의 개인 변호사였던 마이클 코언Michael Cohen이 2016년 대선 당시 트럼프 대통령과 관련된 비리에 대해 증언하고 있었다. 역사적인 2차 북미 회담이 있던 날 미국 뉴스는 온통 증거도 없는 코언의 일방적 주장을 받아쓰고 있었다. 트럼프 대통령도 코언 청문회가 북미 협상 결렬에 영향을 미쳤다고 인정했다. 회담을 깨는 데 기여한 사람은 매파로 알려진 존 볼턴John Robert Bolton 미 국가안전보장회의 보좌관이었다. 하지만 나는 3월 7일 페이스북에 다음과 같은 글을 남겼다.

볼턴은 미국 정부 내에서도 핵심 협상자가 아니라 나쁜 경찰(배드캅)/좋은 경찰(굿캅) 역할 분담에서 악역을 맡은 사람일 뿐입니다. 협상에서 보다 유리한 위치를 선점하기 위해 손쉽게 쓰는 전통적인 꼼수 협상 기법 중 하나입니다. 볼턴이 영향력을 행사해서 2차 회담이 결렬된 게 아니라, 트럼프 대통령이 결렬시키고자 볼턴을 이용한 겁니다. 기왕에 결렬됐으니 북한을 길들이기 위해 볼턴을 활용할 뿐입니다. 트럼프 대통령은 연신 좋은 경찰 역할을 하면서 북한에 애정 어린 메시지를 던지는데 이게 바로 전략임을 스스로 인정하는 겁니다.

볼턴은 트럼프 대통령이 협상을 깨기 위해 활용한 카드일 뿐이라는 나의 추측이 맞다는 것을 약 2주 후에 확인할 수 있었다. 3월 19일 JTBC가 '결렬 카드'를 적극적으로 설득한 건 볼턴이 아니라 마이크 폼페이오Michael Richard Pompeo 미 국무장관이라고 보도했다. 트럼프 대통령이 코언 청문회 탓에 정치적 어려움을 겪을 것으로 예상되는 가운데, 자칫 북한과의 합의가 정치적 소용돌이에 휩싸이게 될까 봐 두려웠던 것으로 이 보도는 추측했다. 특히 2020년 상원의원 출마를 준비 중인 폼페이오 장관과 재선에 도전해야 하는 트럼프 대통령 모두 단계적 해법은 정치적으로 도움이 되지 않는다는 데 뜻을 같이했을 가능성이 크다는 것이다.[12]

바트나가 강하지 않음에도 북한이 절대로 받을 수 없는 카드를 미국이 갑자기 내민 이유는 의도적으로 협상을 결렬시키기 위함이라고 봐야 한다. 미국이 이런 결정을 내릴 수 있었던 이유는 미국의 바트나가 북한보다는 낫기 때문이다. 북한이 핵이나 미사일 실험을 중단한 가운데 현상 유지를 하는 것이 미국에 큰 고통을 주지는 않는다. 반면, 북한으로서는 강화된 대북제재 탓에 인민이 겪게 될 고통과 그로 인한 체제 유지의 불확실성이 크기 때문에 협상 결렬은 생각하기도 싫었을 것이다. 나는 당시 페이스북에서 회담 이후의 상황을 이렇게 분석했다.

북한의 동창리 핵시설 복구 움직임이 있다고 합니다. 트럼프 대통령은 아직 확인되지 않았다며 신중한 입장입니다. 북한은 협상 결렬의 대안이 무엇인지를 보여주려고 의도적으로 복구 시위를 하는 것이고, 트럼프 대통령은 북이 대안을 갖는 걸 원치 않기에 애써 모르는 척하는 겁니다. 양측의 협상 전략이지요.

좋은 바트나가 없는 북한이 꺼내 들 수 있는 카드는 과거처럼 벼랑 끝 전술밖에 없다. 하지만 전면적인 벼랑 끝 전술은 신뢰에 기반한 양자 회담의 재개를 영원히 불가능하게 만들지 모른다. 따라서 북한은 벼랑 끝 전술을 사용할 수도 있음을 시위하려고 의도적으로 핵시설 복구 움직임을 보여주는 것이고, 트럼프는 이 시위를 애써 모르는 척함으로써 북한의 바트나를 약화시키는 전술을 사용한 것이다.

회담 결렬 후, 북한 정부가 아닌 재일 〈조선신보〉가 "결국 자신의 국내 정치 목적을 위해 신의를 저버리고 꼼수의 협상을 택한 것"이라며 트럼프 대통령을 비판했다. 언론이 외곽에서 악역을 맡겠다는 전략이다. 미국 측이 신의성실의 원칙을 저버리고 원칙 중심의 협상에서 벗어났는데, 북한마저 이를 따라간다면 이 협상은 궤도를 이탈해 다시 돌아오기 어려울 것이다. 따라서 북한은 최대한 인내심을 발휘하는 모양새이고, 외부 단체인 언론이 나서서 나쁜 경찰의 역할을 대신하고 있는 것이다.

결국 더 나은 대안이 없다면 어차피 북미 협상은 계속될 수밖에 없다고 나는 전망한다. 바트나를 알면 협상의 성패를 예측할 수 있기 때문이다. 문제는 여전히 북미 간 상호 신뢰가 매우 낮다는 점이다. 이처럼 양자 간 신뢰가 낮은 경우에는 누가 봐도 빅딜은 불가능하다. 상대를 믿지 못하니 누구도 먼저 약속을 이행할 수 없다. 신뢰가 부족할 때의 해결책은 과제를 여러 단계로 나누는 것이다. 북한이 먼저 연변 핵시설을 폐기하면 그에 합당한 제재를 풀고, 또 추가로 핵시설을 폐기하면 조금 더 제재를 풀고 하는 식으로 적어도 서너 단계의 스몰딜 또는 중간 정도의 딜을 거쳐야 한다. 이는 협상을 아는 사람에게는 상식에 속한다. 만일 미국이 이런 단계적

딜을 거부한다면 북한과 협상할 생각이 없다고 보는 것이 정확하다. 북미 간 빅딜이 왜 불가능한지는 뒤에서 이론적으로 다시 설명하겠다.

바트나를 이해함으로써 협상의 성패를 예측할 수 있는 예는 우리와 일본의 관계에서도 찾을 수 있다. 최근 일본의 극우화 경향이 노골화되면서 우리 정부도 과거의 조용한 외교에서 벗어나 일본 정부에 대해 할 말은 하고 있다. 과거엔 우리의 힘이 약해 일본의 역사 왜곡과 거짓을 참아냈지만, 이제는 우리도 자기 목소리를 분명하게 낼 정도로 국력이 신장됐다. 앞서 나는 국가 간 협상에서도 서로의 목적을 분명히 해야 거기에서부터 협상이 시작된다고 여러 차례 강조한 바 있다. 최근 우리 정부의 변화된 외교에 화가 난 일본 정부는 한국에 대한 무역 보복 카드를 검토했다고 한다.[13] 그런데 한국에 대한 보복은 일본 기업에 막대한 불이익으로 돌아온다는 점을 알고는 슬며시 접었다고 한다. 즉, 일본이 한국과의 경제적 교류를 끊지 못하는 이유는 다른 대안을 찾지 못했기 때문이다. 양국의 경제적 이익이 상호 의존적이어서 그렇다.

일본이 좋은 바트나를 갖고 있지 못하다는 사실을 알았으니 앞으로는 누가 대통령이 되더라도 일본 정부에 할 말은 하는 외교를 펼칠 필요가 있다. 일본이 독일과 다르게 자신의 잘못을 반성하거나 사과하기는커녕 역사 왜곡을 일삼는 이유는 그것을 허용하는 이웃 국가들이 있기 때문이다. 나는 독일 국민이 일본 국민과 유전자가 다르거나 더 도덕적이라고 생각하지 않는다. 독일은 정부의 사과와 반성 없이는 이웃 국가들과의 관계를 개선할 수 없다는 걸 깨달았기에 공개적으로 사과했다고 생각한다. 일본이 진정으로 사과하는 시기는 주변국들이 이에 대한 분명한 입장을 가지고 일본을 압박하는 데 힘을 모을 때라고 생각한다.

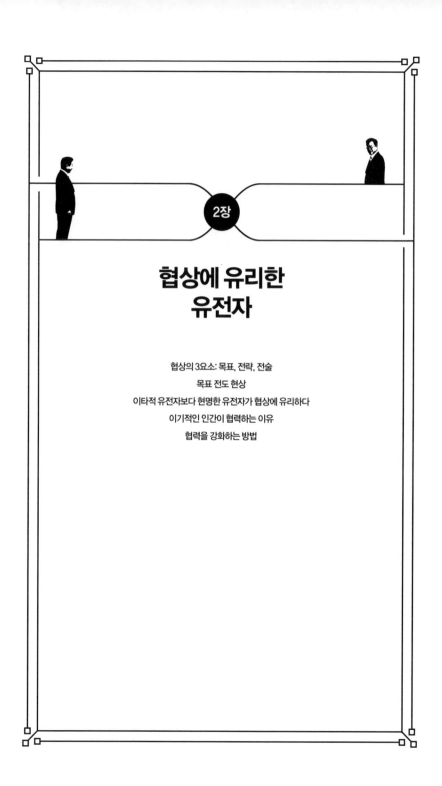

2장

협상에 유리한
유전자

협상의 3요소: 목표, 전략, 전술

〈에린 브로코비치〉는 실화를 바탕으로 한 영화로 줄리아 로버츠가 주연을 맡았다. 이 주인공은 법률사무소의 비서로, 법률 지식은 없었지만 기업의 환경오염 피해자들을 만나 이야기를 들어주고 공감해줌으로써 그들이 집단소송에 동참할 용기를 내게 했다. 이처럼 태어날 때부터 공감 능력이 뛰어나 남을 잘 설득하고 협상을 잘하는 사람이 있다. 노무현 대통령도 타고난 협상 전략가였으며, 문재인 대통령 역시 진정성 있고 공감 능력이 탁월해 상대를 설득하는 데 뛰어나다. 하지만 대부분 사람은 학습을 통해 협상력을 향상시켜야 한다. 협상을 배우기 위해서는 협상을 구성하는 요소들을 개념적으로 구분할 필요가 있다.

나는 이를 목표, 전략, 전술로 구분한다.

첫째, 원칙 중심의 협상에서 원칙을 지키면서 목적을 달성하기 위해서는 목표를 분명하게 설정해야 한다. 목표가 불분명하면 당연히 협상에 성공하기 어렵다. 의외로 인간은 실생활에서 이성적이기보다는 감정적으로 되는 경우가 많아 돌이킬 수 없는 행동을 하고 후회하기도 한다. 따라서 협상 과정에서는 목표가 무엇인지를 끊임없이 되뇔 필요가 있다. 협상에 임하는 사람들은 대개 자신의 목표가 뚜렷하다고 자신한다. 하지만 막상 협상을 진행하다 보면 도중에 목표를 완전히 상실하고 엉뚱한 것을 좇는 목표 전도 현상이 자주 발생한다.

예를 들어 교통사고가 났을 때의 협상을 생각해보자. 나의 목표는 사고를 빨리 해결하고 목적지로 이동하는 것이다. 그런데 목표를 상실한 채 잘잘못을 따지며 감정싸움을 하는 경우가 종종 발생한다. 급기야는 감정이 격해져 "아줌마, 밥이나 하지 차는 왜 몰고 다녀!", "얻다 대고 반말이야?" 하면서 엉뚱한 싸움으로 번지기도 한다. 협상이 샛길로 빠지는 것 같은 느낌이 들면 내 목표가 무엇이었는지를 점검하는 훈련이 필요하다.

둘째, 전략은 목표를 달성하는 최적의 경로라고 할 수 있다. 즉, 목표가 분명해야 전략도 세울 수 있다. 전략에는 여러 가지가 있다. 예를 들어 산에 간다고 할 때 걸어서 가거나 산악자전거를 타고 갈 수도 있고, 헬리콥터를 타고 단번에 갈 수도 있다. 같은 목표를 가졌어도 선택하는 전략에 따라 결과가 매우 달라질 수 있다. 수많은 전략 가운데 어떤 전략을 택할 것인가 하는 결정은 협상 당사자들의 목표와 그들이 처한 상황의 구조적 특성을 어떻게 파악하느냐에 달려 있다. 예를 들어 각각이 택할 수 있는 선택지가 무엇인지, 상대와 내가 각각의 선택지를 택했을 때 얻을 수 있는 보상payoff은 무엇인지를 파악하는 게 전략이다. 이러한 구조를 파악하는 데 유용하게 쓰이는 수단이 게임 이론이다. 한쪽이 얻으면 상대는 반드시 잃어야 하는 제로섬 게임, 서로가 협력하면 상호 윈윈할 수 있는 죄수의 딜레마 게임, 상대와 교대로 자신이 원하는 걸 한 번씩 함께 하는 성 대결battles of sexes 게임, 핵 대결에 비유되는 치킨게임 등 게임 이론을 이용해 구조를 파악하면 최대의 이익을 주는 전략을 쉽게 택할 수 있다.

협상의 마지막 요소는 전술이다. 전술은 전략을 보다 효과적으로 실천하는 소통의 방법일 수도 있고, 남을 설득하거나 위협하는 데 사용되는 작은 수단이나 기술을 의미할 수도 있다. 전략과 달리 전술은 이론화하기가 쉽지 않다. 매 사건의 맥락에 따라 또는 사람의 성격에 따라 조금씩 다를 수 있기 때문이다. 그러나 전술도 여러 번 경험이 축적되다 보면 각각을 이론화하는 게 불가능하지는 않다. 예를 들어 협상에서 가장 중요한 것 중 하나가 의사소통의 태도와 방법인데, 사람마다 타고난 성격과 습관이 있어서 아무리 훈련해도 쉽게 고쳐지지 않는다. 그런데 이를 끊임없이 훈련하고 지속적으로 성찰하고 복기함으로써 맥락에 맞는 자기 나름의 이론을 세울 수 있다.

가령, 권위주의와 민주주의 문화권에서는 소통 기법이 달라야 한다. 독일의 식당에서는 '손님이 왕'이라는 개념 자체가 존재하지 않는다. 종업원이 음식을 식탁에 던지듯이 주는 불친절한 곳도 있지만 그렇다고 종업원에게 큰 소리를 치거나 갑질을 하면 인권 침해로 당장 곤경에 처할 수 있다. 반면 러시아나 중국, 미국의 출입국관리소처럼 매우 권위적인 문화가 만연한 곳에서는 '강자에게 약하고 약자에게 강한' 문화를 역으로 활용할 수 있다.

10여 년 전 미국에서 연구년을 보내던 중 모스크바에서 개최되는 학회에 참석했다가 미국으로 돌아오기 위해 게이트 앞에서 비행기를 기다리고 있었다. 비행기가 연착되면서 화장실을 가야 했는데 러시아는 우리처럼 모든 게이트가 통하지 않고 몇 개의 게이트가 별도로 있어서 화장실에 가려면 보안검색대를 나왔다가 다시 통과해야 했다. 번거로운 절차를 줄이기 위해 미국 교포인 지인에게 짐을 맡기고 화장실을 다녀왔는데, 검색대 입구에서 출입을 제지당했다. 알아듣기 어려운 그들의 영어를 해석해본 결과 그사이 우리 비행기의 게이트가 다른 곳으로 바뀌어 내 비행기 표로는 그곳을 통과할 수 없으니 변경된 게이트로 가라는 것이다. 저 안에서 친구가 내 짐을 가지고 있어서 내가 들어가 함께 짐을 옮겨야 한다고 사정했지만 그들은 막무가내로 나더러 비키라고만 했다. 비행기 출발 시각은 임박했고, 그들을 설득하는 게 불가능함을 깨달았다. 그때 각 나라의 문화 차이를 공부한 기억이 나면서 권위주의 국가에서는 내가 더 강하게 나가야 한다는 결론을 내렸다.[14] 나는 온 힘을 다해 빠른 영어로 소리를 지르기 시작했다. 당신들 보스 데리고 오라고 소리소리 질렀더니 얼른 들어가라며 보내줬다. 이렇게 쉬운 일을 15분 가까이 설득하려고 노력한 내가 한심해 보일 지경이었다. 들어가 보니 지인은 게이트가 바뀐 것도 모른 채 나를 기다리고 있었다. 게이트 변경을 방송으로만 안내했을 뿐, 이전 게이트에 와서 설명해주지는 않은 것이다. 서둘러 그곳을 빠져나온 우리는 간신히 비행기를 탈 수 있었다.

심지어는 미국 출입국관리소에서도 비슷한 경험을 했다. 연구년 도중 청와대에서 근무하느라 연구 교수에게 발급되는 1년짜리 J비자를 중도해지하고 한국에 돌아왔다. 1년 후 청와대 근무를 마치고 다시 미국에 입국하면서 새로 J비자를 발급받았는데, 과거에 중단된 J비자가 문제가 되면서 공항에서 한 시간 넘게 기다려야 했다. 문제는 그 후 비행기 환승을 위해 미국 공항에 도착할 때마다 출입국관리소에서 억류당했다는 것이다. 밴쿠버에서 학회를 마치고 시애틀에서 비행기를 갈아타고 다시 LA로 갔다가, 그곳에서 우리 국적기를 타야 하는데 시애틀에서 또 억류되는 상황이 벌어졌다. 여기에서 LA행 비행기를 놓치면 계획한 날짜에 귀국할 수 없었다. 환승 시간이 촉박하다며 이유를 설명하려 했지만, 출입국관리소 직원은 무조건 앉아서 기다리라며 부를 때까지 카운터 앞에 다가오지도 못하게 했다. 30분 넘게 기다리는 사람은 오직 나뿐이었음에도 의도적으로 나를 골탕 먹이는 게 눈에 보였다. 그는 내가 다가오면 소지한 권총이라도 쏠 기세로 위협적이었다.

나는 러시아에서의 경험을 되살려 이렇게 오만한 관리에게는 미국의 수평적 문화와는 달리 권위주의 문화가 맞겠다는 생각을 했다. 그래서 다시 고성을 내기 시작했다. "나의 J비자에 문제가 생긴 건 한국의 고위 공직자가 되기 위해 중간에 미국을 떠났기에 일어난 일이고 다시 돌아와 6개월간 계약을 마쳤다. 과거 두 번이나 나를 억류하고도 아직도 시스템을 수정하지 않은 거냐? 내가 비행기를 놓치면 본국에 돌아가서 외교적으로 당신들의 오만과 무능을 따질 건데 당신이 외교적 갈등을 책임질 거냐? 당신 상관 나오라고 해라" 등 속사포로 쏘아붙였다. 근처에 있던 '우리가 미국의 얼굴입니다'라는 플래카드를 가리키며 "당신이 미국의 얼굴을 잘도 망치고 있다"라고 소리쳤다. 그는 두말없이 나를 보내주었고, 원래 탔어야 하는 비행기는 놓쳤지만 한 시간 후에 출발하는 비행기가 있어서 간신히 탈 수 있었다. LA에서 여유 있게 환승하며 옛친구와 환담을 나눌 기회는 날려버렸지만 제날짜에 귀국해 다행히 수업에 지장을 주는 일은 없었다. 재미있는 건 이후 다시는 내가 미국 공항에 억류되는 일이 없었다는 점이다.

중국 회사와 거래하던 동생도 같은 경험을 했다고 털어놓았다. 가격 흥정 후 중국 회사로부터 물건을 사기로 했는데 갑자기 가격을 올려 부르더라는 것이다. 그때 중국 문화에 대해 강의를 들었던 기억이 나서 강자에게 약한 문화를 이용하기 위해 강하게 나가라고 직원에게 지시했단다. 이에 직원이 중국 회사 측에 "당신이 얼마라고 하지 않았느냐. 그 가격이 아니면 안 된다"라고 강경하게 말했다. 그러자 중국 측이 "앞으로도 우리와 장기적으로 거래하길 기대한다"라며 그렇게 해주었다고 한다. 동생은 바트나도 없는 상황에서 무슨 배짱으로 그렇게 단호했는지 의문이지만, 중국 문화에 대한 이해가 보답을 해준 셈이다. 이처럼 전술에 대한 이론화도 불가능하지 않다.

이번 장에서는 협상의 3요소 중 목표와 전략을 게임 이론을 통해 살펴보고자 한다. 앞서 소개한 피셔 이론과 결국 같은 결론에 도달한다는 점을 깨닫게 될 것이다. 이어지는 3장에서는 전술에 해당하는 소통의 기술을 집중적으로 살펴보겠다.

목표 전도 현상

협상 중에 가장 범하기 쉬운 실수가 원래 목표는 깜박 잊은 채 엉뚱한 목표를 추구하는 것이다. 바로 목표 전도 현상이다. 내게 협상 강의를 들은 제자 한 명도 이런 현상을 경험했다. 여름방학 때 이탈리아로 여행을 간 그 제자는 날이 더워 슈퍼마켓에서 캔 여섯 개가 들어 있는 음료수 한 팩을 샀고 그중 하나를 따서 마셨다고 한다. 한 개가 아니라 한 팩을 선택한 이유는 대량으로 구매하면 개당 가격이 저렴할 것으로 생각했기 때문이다. 그런데 음료수를 마시고 나서 가격을 비교해보니 한 팩을 사나 낱개로 여섯 개를 사나 가격이 마찬가지였다. 그녀는 음료수 다섯 개를 들고 다니는 불편함을 덜기 위해 나머지를 환불하려고 상점으로 되돌아갔다. 가게 점원은 환불을 거절했고 제자는 영어가 서툰 종업원과 손짓, 발짓을 하며 말다툼을 벌였다고 한다.

급기야 그녀는 경찰서에 가서 신고를 했다. 경찰을 대동하고 왔지만 가게 점원은 여전히 환불을 거부했고 경찰도 같은 나라 사람이라 그런지 가게 점원 편을 드는 것 같았단다. 그렇게 반나절을 보내다 너무 피곤해진 그녀는 결국 환불하지 못한 음료수를 들고 숙

소로 돌아가 잠을 잤다고 한다. 그렇게 하루를 허탕 치고 나니 자신이 너무 한심하다는 생각이 들었다고 했다.

나는 우선 제자를 위로했다.

"세상에나……, 정말 속상했겠네요."

제자는 당시를 다시 생각하니 억울했던지 눈물까지 쏟을 판이었다. 그녀의 넋두리를 한참 들어준 후에 내가 하고 싶은 말을 꺼냈다.

"그래도 그렇지, 비행기 표에 호텔비에 모처럼 큰돈 들여 이탈리아에 간 건데 그 아까운 시간을 음료수 몇 푼에 사용했어요? 협상 시간에 배운 '목표를 잊지 마라' 생각 안 났어요?"

"그러게 말이에요, 교수님. 배울 때와 적용할 때가 완전히 다르더라고요."

"그래도 좋은 경험 했네요. 앞으로는 같은 실수를 반복하지 않을 테니까. 나도 작은 것에 목숨 거는 경향이 종종 있는데 그럴 때마다 순간적으로 '내가 지금 여기 온 목표가 뭐지?' 하고 다시 한번 생각해보게 되더라고요."

제자가 슈퍼마켓 점원과의 협상에서 집착했던 건 돈 몇 푼이 아닐지도 모른다. 어쩌면 환불이 안 되는 이유를 이해할 수 없었던 것 아닐까? 보통 음식과 달리 캔에 들어 있는 음료수는 상하는 것도 아니고 며칠이 지난 것도 아닌데, 바로 몇 분 전 구매한 것을 음식이라는 이유만으로 환불을 거부하는 게 부당하다고 느꼈을 것이다. 자신의 정당한 권리를 침해당했다는 생각에 더 화가 났을 것이다.

그러나 그녀가 경찰서에까지 달려가 경찰을 불러다 싸움을 계속한 건 이해가 안 되는 일이었다. 지고는 못 사는 성격 때문이었나? 아니면 그대로 물러서기에는 면이 안 선다고 생각했을까? 누가 이기나 끝까지 해보자는 오기였을까? 어떤 이유에서든 소중한 여행에서 내가 추구하는 목표가 무엇인지를 다시 한번 생각했다면 그 싸움은 중간에 멈췄어야 했다. 그러나 그런 경험이 꼭 나쁘지만은 않다고 생각한다. 그 학생은 나에게까지 와서 그 일을 복기해보았으니 다음에는 그런 실수를 반복하지 않을 것이기 때문이다. 기왕에 할 실수라면 젊어서 하는 게 좋다.

목표를 설정할 때 가장 중요한 건 타인과 무관하게 나의 목표를 설정해야 한다는 점이다. 우리는 역사적으로 천연자원이 없으니 오로지 사람에 의지해 경제를 발전시켜왔다. 그러다 보니 교육이 출세의 지름길이 됐고, 우리 교육은 어려서부터 너무 경쟁적이어서 상대를 눌러야만 내가 이긴다고 생각하도록 만들었다. 앞에서 피셔가 강조했듯이 서로의 목표를 분명히 알면 함께 윈윈할 수 있는 수많은 창의적인 방법이 존재하는데도, 우리는 내가 잘되는 것보다는 남을 이기는 것을 목표로 삼았다. 이 때문에 목표 자체가 나와는 무관한 다른 사람들과 관련돼 설정되는 경우도 있다. 더 나아가 집단주의 문화에서는 내가 손해를 보더라도 남이 못되는 꼴을 보는 게 목표인 사람도 있다. 협상의 상대는 나와 경쟁 관계에 있는 게 아니라, 협력하면 상호 간에 더 큰 이익을 취할 수 있는 파트너라는 인식의 대전환이 필요하다.

협상의 목표는 협상의 3요소 중 가장 중요하다. 협상이 샛길로 빠질 때마다 끊임없이 자신의 목표로 되돌아오는 훈련이 필요하다. 그리고 그 목표 달성의 길이 꼭 상대를 이기는 것이 아님을 유념해야 한다. 상대와 협력해 공동의 목표를 달성함으로써 더 큰 이익을 얻기 위해서는 상대가 나의 목표 달성을 도와줄 파트너라는 인식이 필요하다.

이타적 유전자보다 현명한 유전자가 협상에 유리하다

남을 이기려고만 드는 이기적인 사람도 문제지만, 너무 이타적인 사람도 문제가 될 수 있다. 목표 자체가 분명치 않아 협상에 실패하기가 다반사다. 특히 우리나라 여성 중에는 자신의 이익을 추구하려는 목표 자체가 없는 사람이 많다. 상대를 배려하고 양보함으로써 상대가 좋아하는 걸 보는 데서 행복을 찾기 때문이다. 남을 이기려는 사람보다 몇 배 아름다운 모습임에는 분명하지만, 때로는 이타적인 사람이 오히려 더 큰 갈등의 불씨가 되기도 한다.

가족을 위해 희생하고 살다 보면 엄마들은 보통 자신이 뭘 좋아하는지 자신이 어떤 사람인지 잊어버리곤 한다. 그렇게 살면 가족이 자신의 희생과 헌신을 고마워하리라 생각하지만, 사실은 전혀 그렇지 않을 뿐만 아니라 엄마가 희생을 했다는 사실조차 모른다. 자신의 선호를 밝힌 적이 한 번도 없으니 가족은 평상시 엄마의 선택을 보고 엄마가 그것을 좋아한다고 여긴다. 그러다 보면 엄마들은 왜 나만 이렇게 희생하고 양보하고 살아야 하나 회의하게 되고, 자신의 희생을 알아주지 않는 가족과 주위 사람을 원망하게 된다. 다른 식구들은 엄마의 한탄과 불평을 점점 지겨워하게 되고, 급기야 그럴 거면 왜 희생했냐는 원망이 나오게 된다. 결국 엄마의 일방적 희생이 가족 간 불화의 씨앗이 되는 것이다. 자신이 원하는 게 뭔지, 어떤 목표를 가지고 있는지 분명히 밝히는 게 협상의 좋은 출발점임은 아무리 강조해도 지나치지 않다.

사실은 얼마 전까지만 해도 나 역시 이런 부류에 속했다. 타고난 천성 때문인지 교육의 영향인지는 모르겠지만, 나는 지금까지도 무엇이 되고 싶다거나 무엇을 하고 싶다는 생각을 해본 적이 없다. 남들이 좋은 걸 다 차지하고 나면 남는 것을 가졌고, 남들이 하기 싫어하는 일을 나서서 했다. 그것이 내 삶의 목표였기에 불만도 없었다. 남이 알아주지 않아도 내 양심을 지켰다며 마음이 편안했고 남이 알아주면 부끄러워 더 남모르게 선한 일을 하려고 노력했다. 그러다 어느 날 나의 이런 태도가 가족의 화목에 전혀 도움도 되지 않으면서 내 화병만 키우고 있다는 사실을 깨달았다. 어리석게도, 협상 이론을 배웠지만 그건 일에만 해당하는 것이고 가족 간에는 오로지 진심과 희생, 헌신만이 통한다고 생각해온 것이다.

나는 시어머니와 19년 동안 함께 살았다. 많은 이들이 깜짝 놀라며 어떻게 그 오랜 시간을 시어머니와 함께 사느냐고 묻곤 한다. 그때마다 나는 "어머님이 저를 '모시고(?)' 사시는데 제가 힘들 게 뭐가 있겠어요"라고 대답했다. 실제로 딱 한 가지를 제외하고는 크게 불편할 일이 없었다. 남편과 나는 외국 음식을 좋아하는 편으로 식성이 비슷했지만 시어머니와 시누이는 가리는 게 많아서 외식할 땐 늘 한식을 선호했다. 우리 식구들이 내가 조리하는 집밥을 좋아하기도 했고 젊을 때는 넉넉한 형편이 아니었으니 가족 생일이나 기념일 외에는 외식을 거의 하지 않았다. 한식을 싫어하지만 나만 희생해 시어머니와 시누이가 좋아하는 음식을 먹는다면 가족의 화목에 도움이 된다고 생각해서 내 생일 메뉴도 늘 한식으로 정했다. 그런데 언제부턴가 내 생일날조차 맛없는 외식을 하는 게 부담이 되고 싫어졌다. 그래서 학교에 바쁜 일이 있다며 생일을 기념하지 않고 건너뛰기도 했다.

어느 해 내 생일에 시어머니가 물었다.

"어멈은 한식이 싫다면서……. 오늘은 네가 좋아하는 일식집에 가지 왜 또 한식집이야?"

"일식집에 가면 어머니와 아가씨가 회를 못 드시잖아요. 저는 한식을 좋아하지는 않지만 먹을 수는 있고요."

"그래도 오늘은 어멈 생일이니 일식집에 가자. 우리가 회만 못 먹지 다른 반찬도 맛있고 매운탕도 좋아하니 괜찮아."

그날은 시어머니가 어찌나 단호하셨던지 몇 번의 승강이 끝에 일식집에 가기로 했다. 그러면서도 내 마음이 영 찜찜했다. 회를 못 먹는 사람이 두 명이나 있으니 말이다. 그런데 식사는 매우 유쾌했고 식구들 모두 배불리 잘 먹었다. 나는 시어머니와 시누이 몫까지 회를 먹어서 좋았고, 다른 식구들은 내가 잘 먹지 않는 매운탕과 반찬을 주로 먹었다. 무엇보다 시어머니의 표정이 가장 밝았다.

"어멈이 저렇게 회를 잘 먹는 걸 보니 기분이 정말 좋다. 오늘 내가 우겨서 일식집에 오기를 정말 잘했다."

그때 깨달은 게 있었다. 나만 남을 기쁘게 하는 걸 목표로 삼는 게 아니라 다른 사람도 남을 배려하는 걸 기뻐한다는 사실을 말이다. 어떻게 보면 나는 내 마음 편하자고 늘 시어머니를 이기적인 사람으로 만들어 시어머니의 마음을 불편하게 했던 것이다. 그 사건으로 무조건 양보만이 좋은 게 아니라 남에게도 희생하고 헌신하는 기쁨을 나눠야겠다는 생각을 하게 됐다. 가능하면 자신이 원하는 것이 무엇인지를 분명하게 밝히는 것이 서로 원원하는 협상을 위한 전제 조건이라는 점을 다시금 확인했다.

국가 간의 협상에서도 마찬가지다. 일부 야당 의원이나 언론은 미국이 남북 간의 교류마저도 제동을 걸고 제약을 가하는데 한미 동맹이 우선이니 미국의 입장을 북한에 전달해 북한이 완전히 무릎을 꿇게 해야 한다고 주장한다. 하지만 이는 협상 이론의 기본도 모르는 생각이다. 우리가 그렇게 한다고 해서 미국이 고마워하기는커녕 우리를 더 우습게 생각할 뿐이다. 미국은 그게 우리의 만족스러운 선택이라고 믿기 때문에 다음 협상에선 더 큰 것을 요구하게 된다. 북한의 자존심을 완전히 짓밟는 미국의 대안을 우리가 지지한다고 했을 때 과연 협상이 가능하겠는지를 생각해보면 된다. 우리의 목적이 무엇인지를 분명하게 밝혀야 협상이 원활히 이뤄지고 양자가 만족할 만한 결과를 얻게 된다. 협상의 세계에서는 이기적인 유전자도 이타적인 유전자도 도움이 되지 않는다. 현명한 유전자가 상호 원원을 가능케 한다.

실제로 생물학자의 연구에 따르면 이타적인 유전자의 생존 확률이 가장 낮고, 그다음이 이기적 유전자라고 한다.[15] 지구상에 가장 오래 살아남을 생물체는 팃포탯tit for tat(받은 만큼 주기, 눈에는 눈 이에는 이) 전략을 구사하는 현명한 유전자라고 한다. 이는 '상호주의' 라 불리는 전략으로, 장기적인 협상에서는 가장 우수한 결과를 가져오기에 최적의 전략이라고 할 수 있다. 이는 노무현 대통령이 즐겨 쓰던 전략이기도 하므로 뒤에서 자세히 설명하겠다.

이기적인 인간이 협력하는 이유

여섯 살 때 작은고모한테 다음과 같은 이야기를 들었다. 이 이야기는 어린 시절의 사고 형성은 물론 성인이 되어서도 내 생각과 행동에 직접적인 영향을 미쳤다.

어떤 남자가 죽어서 신 앞으로 갔다. 신이 남자에게 말했다. "내가 너에게 지옥의 모습을 보여주마." 신이 데려간 곳은 커다란 냄비에 맛있는 음식이 끓고 있는 어떤 방이었다. 그런데 어찌 된 일인지 그곳에 있는 사람들은 모두 굶주리고 절망에 빠진 모습이었다. 이유는 턱없이 긴 숟가락에 있었다. 팔 길이보다 긴 숟가락 때문에 사람들은 배가 고파도 음식을 먹을 수가 없었다. 음식을 입에 넣으려고 하면 모두 바닥으로 떨어져 버리기 때문이었다.

이번에는 신이 이렇게 말했다. "이제는 너에게 천국의 모습을 보여주마." 그런데 신이 데려간 곳은 지옥의 모습과 크게 다르지 않았다. 그곳 역시 커다란 냄비에 음식이 끓고 있고 긴 숟가락이 놓여 있었다. 하지만 사람들의 모습은 완전히 달랐다. 그들은 행복해 보였고 전혀 굶주려 보이지도 않았다. 남자가 신에게 그 이유를 물었다. 신은 미소를 지으며 이렇게 대답했다. "이유는 간단하다. 이곳 사람들은 서로 먹여주는 법을 배웠기 때문이지."

이 이야기 속 지옥의 모습은 바로 그 유명한 '죄수의 딜레마' 이론으로 묘사된다. 고모의 이야기에서 나는 해답을 찾았다. '천국도 지옥도 결국은 사람이 만드는 거구나. 어차피 한 번은 죽는 것이 사람의 인생이라면 내가 왔다 간 후에 나로 인해 세상이 조금쯤은 좋아진다면 삶이 의미가 있겠다.'

그때 나는 긴 숟가락을 사용해 남에게 먼저 먹여주는 이타적인 삶을 살겠다고 결심했다. 그런데 고등학교 시절 만원 버스 안에서 나의 존재 자체가 다른 사람에게 피해를 준다는 점을 깨달았다. 등굣길 버스가 이쪽저쪽으로 흔들릴 때마다 학생들은 비명을 질렀고 남에게 피해를 주지 않기 위해 똑바로 서 있으려고 힘을 줘도 상대를 누르며 옆으로 쓰러지게 됐다. 내가 지구에 태어난 것만으로도 상대에게 피해를 주는 존재라는 걸 그때 처음 깨달았다. 그냥 남을 돕는 정도가 아니라 나를 희생하는 적극적인 이타적 삶이 아니면 이 세상을 천국으로 만드는 게 불가능하다는 생각을 했다. 그래서 언제나 힘들고 궂은일은 내 차지였고 빛을 보는 명예는 남에게 양보했다. 내 주위에 좋은 사람이 많은 이유는 처음부터 이기적인 사람과는 깊은 관계를 맺지 않은 덕분일 것이다. 몇 번 일방적으로 희생해보니 이기적인 사람과는 저절로 관계가 멀어지게 됐다.

문제는 가족이나 직장 동료처럼 관계를 인위적으로 끊을 수 없는 경우에 발생했다. 대인관계에서 싫은 소리를 못 하니 어차피 지속돼야 할 관계에서는 결국 상대도 내 정성에 감복해 진심이 통할 것을 기대하며 끝없이 희생했다. 하지만 결국은 관계가 틀어져 나의 노력이 수포로 끝나는 경우가 많았다. 대학원 시절 게임 이론을 배운 후에도 내가 뭘 잘못하는지 정확히 몰랐다. 교수가 돼 피서 교수로부터 협상 이론을 배운 후에야 나의 문제를 직시하게 됐다.

자신의 이익을 추구하는 이기적인 인간이 협력을 하게 되는 건 선의가 아니라 공동의 이익 때문임을 알게 된 것이다. 어쩔 수 없이 유지해야 하는 관계일수록 상대와 좋은 관계를 유지하고 싶으면 무조건 잘해줄 것이 아니라, 상대가 나에게 한 이기적인 행동을 그대로 돌려줘 상대가 손해를 보도록 해야 한다. 그래야 상대도 손해를 만회하기 위해 나에게 협력하게 된다. 이를 게임 이론에서는 상호주의, 즉 팃포탯 전략이라고 한다. 관계를 지속하게 하는 건 협력이 가져다주는 공동의 이익이지 나의 일방적 희생이 아니라는 점을 뒤늦게 깨달았다.

협상이 필요한 상황을 가장 잘 묘사한 것이 죄수의 딜레마 게임이다. 로버트 액설로드는 자신의 이익을 극대화하려는 이기적인 인간이 어떻게 적대적인 상대와도 협력할 수 있는지를 소개한다. 불법 시위 현장에서 체포된 두 학생이 서로 소통할 수 없는 상태에서 각각 수사를 받는다. 이들이 시위를 주도했다는 직접적 증거가 없는 경찰은 두 사람을 처벌하기 위해 이런 제안을 한다. "당신이 먼저 시위를 공모했음을 고백하면 정상을 참작해 집시법 위반으로

1개월의 징역형에 처할 것이고, 상대는 시위 주도로 징역 3년에 처해질 것이다. 만일 상대가 먼저 고백하면 상대는 집시법 위반으로 1개월 형을 받을 것이고 당신은 3년 형을 받게 된다. 만약 둘이 동시에 고백한다면 정상을 참작해 징역 1년 형에 처해질 것이다" 그러나 둘 다 침묵을 지킨다면 경찰이 증거를 찾지 못해 결국 무죄로 풀려나게 된다.

이 게임이 일회성으로 끝난다면 최적의 전략은 둘 다 고백하는 것이다. 둘 다 침묵하는 것이 두 사람 모두에게 이익이 되지만, 이기적인 인간은 서로를 믿지 못해 죄를 고백하게 된다. 영화 〈뷰티풀 마인드〉에 나오는 노벨 경제학상 수상자 존 내시John Nash가 이를 수학적으로 증명했기에 이 전략을 '내시 균형'이라고도 부른다. 균형이란 말은 상대가 전략을 바꾸지 않는 한 다른 쪽도 전략을 바꿀 동기가 없어 양자가 이 전략을 택하게 된다는 의미다.

죄수의 딜레마 게임에서 양자가 서로 침묵으로 무죄를 받을 수 있음에도 서로 손해를 보면서 죄를 고백하는 가장 큰 이유는 소통의 단절 때문이다. 상대와 소통할 수 없으니 나는 침묵했지만 상대가 먼저 죄를 고백한다면 같이 고백했을 때보다 나는 더 큰 벌을 받게 된다. 둘째 이유는 상대에 대한 불신 때문이다. 아마 상대를 신뢰했다면 그리고 상대를 위해 헌신할 마음이 있었다면 더 큰 벌을 받게 되더라도 끝까지 침묵했을 것이다. 셋째는 강제력이 없기 때문이다. 만일 침묵하지 않으면 가족에게 해가 갈 것이라고 마피아에게 위협을 당했다면 게임의 구조가 변경돼 양자는 침묵하게 될 것이다. 넷째 이것이 일회성 게임이라 미래가 없다는 것도 하나의 이유다. 만일 이 게임이 반복된다는 것을 알았다면 미래에 얻을 이익을 고려해 이번엔 비록 손해를 보더라도 협력할 가능성이 열리기 때문이다.

이 게임은 양자 간에 일어날 수도 있고 다자간에 일어날 수도 있는데 우리 사회의 환경오염, 입시전쟁, 지역주의 선거 등이 다자간 게임의 상황과 유사하다. 개인적으로는 내게 이익이 되기 때문에 환경을 오염시키고, 죽으라고 공부해서 좋은 성적을 얻으려 하고, 우리 지역의 정당에 투표를 한다. 그렇지만 사회적으로는 환경이 훼손되고, 대다수 학생이 입시지옥의 고통에 빠지고, 국민 뜻은 무시하고 보스의 눈치나 보는 국회의원을 양산하는 지역 정당이 만들어진다. 죄수의 딜레마 게임은 이기적인 개인의 합리적인 선택이 집단적으로는 비합리적 결과를 가져오는 상황을 가장 잘 포착한다. 양자 간에 일어나는 죄수의 딜레마 게임은 남북 관계를 설명하는 데 가장 많이 사용된다. 남북이 적대적으로 군비 경쟁을 하면 서로 큰 비용을 치르게 되지만, 교류하고 협력하면 서로 평화와 경제적·심리적 이득을 얻을 수 있다.

그런데 실생활에서 인간은 이론이 예측하는 것보다 훨씬 더 자주 협력하는 걸 목격할 수 있다. 실제 내가 학생들을 대상으로 벌였던 일회성 죄수의 딜레마 게임 실험에서 30퍼센트 이상의 학생이 협력했다. 그런데 우리 인생은 죄수의 딜레마 게임이 무한대로 지속되는 상황으로 볼 수 있다. 반복성 게임에서는 손해로부터 교훈을 얻기 때문에 학습을 통해 협력이 진화한다. 이때 상호 협력을 가져오는 가장 효과적인 전략이 바로 팃포탯이다.

팃포탯은 말 그대로 '눈에는 눈, 이에는 이'인 상호주의 전략이다. 액설로드는 양자 간 죄수의 딜레마 게임 토너먼트 대회를 개최하기로 하고 참가자를 모집했다. 이 게임은 컴퓨터를 통해 반복적으로 이뤄졌는데, 여기에서 우승한 사람이 수학심리학자이자 수학생물학자인 아나톨 라포포트Anatol Rapoport 교수다. 그는 딱 네 줄의 프로그램으로 모든 상대를 이기고 우승했다. 처음에는 무조건 협력하고, 2회차부터는 상대가 앞 회차에서 구사한 전략을 그대로 따라가는 것이었다. 상대가 1회에서 협력하면 나는 2회에서 협력하고, 상대가 2회에서 배신하면 나도 3회에서 배신하는 전략이었다.

팃포탯 전략이 적대적인 상대로부터도 협력을 끌어내는 비결은 상대가 배신했을 때 보복의 가능성을 열어둔다는 데 있다. 내가 끊임없이 선의를 보이며 협력하면 상대도 감동해서 협력할 것이란 가정은 소수의 좋은 사람에게만 통한다. 대부분 사람은 보복의 두려움을 느낄 때 협력한다. 서로 배신하는 게 최적의 전략이었던 일회성 죄수의 딜레마 게임이 반복성 게임으로 변화하면 협력도 가능해진다. 즉, 협력을 가져오는 최적의 전략이 바로 팃포탯이라는 얘기다. 이 때문에 보수 정당은 북한을 길들이기 위해 상호주의로 맞서야 한다고 주장하는데, 이는 하나만 알고 둘은 모르는 주장이다.

컴퓨터 게임에서는 팃포탯이 최적의 전략인 게 맞다. 하지만 인간사는 그렇게 딱 떨어지지 않는다. 특히 의사소통에서 선의로 한 말을 오해해서 들을 수도 있고, 지도자의 의도와는 반대로 군부에서 무력시위를 벌이다 남북이 충돌할 수도 있다. 특히 신뢰 수준이 매우 낮은 낯선 관계에서 팃포탯을 쓰다가는 자칫 이스라엘과 팔레스타인처럼 끝없는 보복의 악순환을 반복할 가능성이 있다. 우리 민요 중에서 〈갑돌이와 갑순이〉가 이러한 상황을 잘 묘사하고 있다.

갑돌이와 갑순이는 한 마을에 살았더래요
둘이는 서로서로 사랑을 했더래요
그러나 둘이는 마음뿐이래요
겉으로는 음음음 모르는 척했더래요

그러다가 갑순이는 시집을 갔더래요
시집간 날 첫날밤에 한없이 울었더래요
갑순이 마음은 갑돌이뿐이래요
겉으로는 음음음 안그런 척했더래요

갑돌이도 화가 나서 장가를 갔더래요
장가간 날 첫날밤에 달 보고 울었더래요
갑돌이 마음은 갑순이뿐이래요
겉으로는 음음음 고까짓 것 했더래요

한 사람이 먼저 적극적으로 손만 내밀었어도 둘의 사랑이 이루어졌을 텐데 서로 눈치만 보다 맺어지지 못하고 상대를 그리워하는 상황이다. 마치 신뢰가 없는 반복성 죄수의 딜레마 게임에서 첫 단추를 협력으로 풀지 못하면 양자의 배신이 반복되는 것과 같다.

액셀로드는 팃포탯 전략의 핵심을 네 가지로 정리한다.

- 먼저 협력하라.
- 상대와 점수를 비교하지 마라.
- 상대의 선택을 되돌려줘라.
- 단순하게 생각하라.

이를 우리 삶에 적용해 재해석해보자.

첫째, 처음엔 무조건 협력하라. 많은 이들이 처음에는 무조건 협력하기보다는 탐색전을 펼치는데 조금 손해를 볼지언정 먼저 협력하는 게 장기적으로는 얻는 이익이 더 많다. 운 좋게 상대도 나처럼 처음부터 협력하면 신뢰가 형성돼 서로가 두고두고 많은 이익을 얻을 수 있다. 나는 처음부터 협력했는데 상대가 배신하는 경우라도 상대에 대한 정보를 얻을 수 있기에 학습 효과가 있다. 조심성이 많아 처음에 협력하지 않은 상대라도 나의 협력에 미안함을 느끼고 두 번째 게임에서는 협력하게 만들 수 있다. 처음부터 협력하는 건 상대에게 협력 의사의 신호를 강하게 보내는 것이라 장기적 관계에 도움이 된다.

둘째, 상대와 비교해서 상대가 나보다 더 큰 이익을 갖는 걸 두려워하지 마라. 내가 먼저 협력했는데 상대가 배신하면 나는 상대보다 손해를 보면서 관계를 시작할 수밖에 없다. 그러니 상대와 나의 이익을 상대적으로 비교한다면 처음부터 협력하는 게 쉽지 않다. 하지만 내가 처음부터 협력하면 처음에는 나를 경계해서 협력을 꺼렸던 상대도 내 진의를 확인하고는 다음번에 협력할 수 있으므로, 당연히 장기적으로 나는 잃는 것보다 얻는 게 많다. 그러나 반드시 상대를 이기겠다는 생각을 가지면 둘 다 손해를 볼 수밖에 없다. 이는 상대의 이익과 나의 이익을 비교하지 말고, 내가 협력하지 않았을 때 입게 될 손해와 협력했을 때 얻을 이익을 비교하라는 피셔의 주장과 동일하다.

셋째, 상대가 나를 배신하면 나도 배신해서 상대가 배신의 아픔으로부터 교훈을 얻게 해야 한다. 내가 상대의 배신에 대해 보복할 수도 있다는 가능성이 상대를 협력으로 이끄는 열쇠임을 기억해야 한다. 무조건적인 이타심은 관계를 망칠 뿐만 아니라 공동체의 복지를 훼손한다. 사회악을 반드시 처벌해야 하는 이유가 여기에 있다.

넷째, 복잡하게 머리 쓰지 말고 단순하게 생각하라. 상대로부터 한 번 불이익을 당했다고 해서 영원히 용서하지 못한 채 무한 배신하지 말고, 가장 단순한 팃포탯 전략을 사용하라는 것이다. 상대가 앞에서 했던 행동을 따라 하는 것이 단순한 전략이다. 배신했던 상대가 협력하면 자신도 상대를 용서하고 협력하면 된다.

협력을 강화하는 방법

우리 인생은 반복적 죄수의 딜레마 게임과 같다. 액설로드는 이런 상황에서 서로 협력함으로써 사회적 복지를 향상시킬 수 있는 다양한 방법을 다음과 같이 제안한다.

미래의 가치를 확대하라

미래 가치가 확대될수록 현재에 타결되기 어려운 협의가 이루어질 계기가 만들어진다. 당장은 조금 손해를 보더라도 나중에 얻게 될 이익이 크다면, 한쪽이 조금 손해를 보더라도 양보함으로써 교착 상태에서 빠져나오게 된다. 예를 들어 남북 관계에서 경제적으로 형편이 나은 남측이 북측의 철도나 인프라에 투자하는 게 미래 한반도의 운명을 생각하면 보다 나은 선택이 된다.

미래 가치에 기반하여 현재 협상을 타결할 때의 문제는 미래에는 불확실성이 존재한다는 점이다. 협력을 강화하기 위해서는 지속적·장기적으로 상호작용을 유지할 필요가 있다. 상호 간 접촉을 강화하는 것도 미래 가치를 확대하는 또 하나의 방법이다. 이산가족 상봉을 꾸준히 추진하는 것이 그래서 중요하다. 접촉의 빈도를 높이는 가장 좋은 방법은 조약이나 협약을 여러 개의 단계로 잘게 나누는 것이다. 빅딜보다는 스몰딜이 성공 가능성이 큰 이유는 접촉 빈도를 높여 일회성 게임을 반복성 게임으로 전환하기 때문이다.

2차 북미 회담이 결렬된 이유는 미국은 자신이 원하는 최대치인 빅딜을 원했고 북한은 단계적인 비핵화를 원했기 때문이다. 미국 측 안은 빅딜 자체도 문제였지만 리비아식 비핵화였기에 북측이 굴욕감을 느끼고 미국을 불신하게 돼 절대로 받아들일 수 없는 제안이었다고 할 수 있다. 리비아식이란 완전한 핵 포기를 선언하고 검증까지 마친 후에 제재 해제 등의 보상을 하는 '선 핵 폐기, 후 보상' 방안이다. 그러나 2011년 리비아의 지도자 무아마르 카다피 Muammar Gaddafi가 미국이 지원한 반군에게 살해되면서 '선 핵 폐기, 후 정권 교체' 모델로 인식되고 있기에 북한으로서는 거절할 수밖에 없다.

미국의 이런 제안에는 두 가지 목적이 있었다고 추측된다. 하나는 협상을 깨려고 의도적으로 북한이 받을 수 없는 카드를 내밀었을 가능성이다. 앞에서 설명했듯이 코언 청문회와 국내 정치적 목적이 주요 이유로 추정된다. 다른 하나는 협상의 본질이 아님에도 북한에 굴욕적인 조항을 넣어, 이걸 나중에 삭제하는 대신 북한으로부터 더 많은 양보를 얻어내고자 했을 가능성이다. 이는 원칙 중심의 협상이라기보다는 술수를 동원한 압박 협상의 대표적인 예라고 할 수 있다. 상대가 이렇게 나올 때 북한이 택할 수 있는 전략은 원칙 중심의 협상을 통해 북한이 미국보다 신뢰할 만하다는 이미

지를 제3국 지도자들에게 심어주는 일일 것이다. 북한에 대한 불신이 세계적으로 너무 광범위하기 때문이다.

2차 북미 회담은 양자가 서로 원하는 카드를 내보였다는 점에 의의가 있다. 미국은 자국이 원하는 최상의 카드를 내보였고, 북측은 핵시설의 중심이라고 할 수 있는 연변 핵시설을 폐기하는 대가로 비군사 부문의 유엔 제재 해제를 원하는 카드를 선보였다. 북한은 현재 원하는 걸 제시한 데 비해 미국은 최종적으로 원하는 걸 제시했다는 점에서 시간의 틀이 서로 다른 셈이다. 이 협상에서 미래 가치를 확대하기 위해서는 북한과 미국이 최종 지점end point에서 원하는 카드를 서로 내보일 필요가 있다. 지금처럼 현재적 가치에만 초점을 맞춘 협상안으로는 상대의 불신을 해소하기 어렵기 때문이다. 따라서 북한이 궁극적으로 무엇을 사찰받고 폐기할 것인지, 미국이 원하는 것에 준하는 최대치 카드를 먼저 제시할 필요가 있다.

북한은 연변이 핵시설의 70~80퍼센트를 차지하기 때문에 이것만 폐기하면 거의 모든 걸 폐기하는 것이라고 주장하지만, 미국은 바로 이 점을 신뢰하지 못하고 있다. 그동안 북한이 어디에 무엇을 감추고 있는지 아무도 모른다는 것이다. 북한이 최종 단계에서 무엇을 폐기할 것인지 카드를 먼저 내밀고 단계적 로드맵을 제시하지 않는다면, 스몰딜이건 빅딜이건 일체의 합의는 불가능할 것으로 보인다. 북한이 비핵화를 하겠다는 단계적 청사진을 보여주면서 미국에 대해서도 이에 상응하는 단계적 조치를 요구한다면 미래 가치를 확대할 수 있다고 본다.

3차 북미 회담은 종착점에 합의하고 거기에 이르는 로드맵을 먼저 확정할 필요가 있다. 단계마다 과제의 성취, 그에 대한 보상, 이행하지 않았을 경우에 대한 벌칙을 미리 정해두면 일회성 게임이 팃포탯 전략을 사용하는 반복성 게임으로 전환된다. 그만큼 미래 가치가 확대되면서 협력의 가능성이 커진다. 그것이 스몰딜이든 굿 이너프 딜이든, 종착지는 빅딜이 될 것이므로 양자가 원하는 바를 모두 만족시킬 수 있다. 그 과정에서 상호 접촉도 강화하고 지속적인 관계가 이어진다면 미래 가치는 더욱 확대될 것이며, 상호협력에 의한 이익도 극대화될 것이다. 북한이 미국을 믿지 못하는 상황이 협상의 걸림돌이라면 정전협정이든 평화협정이든 필요하면 초안에라도 먼저 합의할 필요가 있는데, 북한이 제재 해제에만 매달리면서 오히려 자신의 약점을 노출했다고 생각한다.

액설로드는 빅딜을 더 작은 스몰딜로 나눌수록 협력의 가능성이 커진다고 주장한다. 앞 단계에서 배신해서 얻는 이익보다는 뒤에 얻을 이익이 훨씬 크기 때문에 협력할 가능성이 그만큼 커진다는 것이다.

보상 구조를 변경하라

죄수의 딜레마 게임에서 서로 배신의 전략을 택하는 이유는 협력보다 배신이 더 나은 이익을 주는 보상 구조 때문이다. 이 딜레마에서 빠져나와 협력할 수 있게 하려면 국가와 같은 기구가 강제력을 발휘해 보상 구조를 변경하면 된다. 예를 들어 환경을 오염시키는 자에게 높은 벌금을 물린다면 환경법을 준수하는 것이 더 큰 이익이 될 것이다. 그런데 만일 배신했을 때 치러야 할 대가가 엄청나게 큰 보상 구조라면 더는 죄수의 딜레마 게임이라고 볼 수 없다. 음주운전으로 상해 사고를 냈을 때 엄벌에 처하는 최근의 법 개정은 이런 원리를 이용했다고 할 수 있다. 체포된 죄수가 마피아의 위협이 두려워 침묵을 지키는 것도 보상 구조가 변해 다른 게임이 됐기 때문이다.

또 하나의 방법은 단지 단기적으로 배신해서 얻을 이익보다는 장기적으로 얻을 보상을 크게 만드는 것이다. 신용카드 소득공제 제도가 그 예다. 홍우형 한성대 경제학과 교수팀의 연구 결과, 최근 정부가 신용카드 소득공제 혜택을 대폭 축소하자 고소득층의 카드 사용액이 연 276만 원 줄어든 것으로 밝혀졌다.[16] 정부는 신용카드 사용이 정착됐으니 더는 소득공제 혜택을 줄 필요가 없다고 하지만, 고소득층의 경우는 사정이 다르다. 예를 들어, 값비싼 물건을 구매하거나 비교적 가격이 비싼 필라테스 같은 체육관에 등록하려면 현금가와 카드 가격이 다른 경우가 많다. 현금가는 부가세 10퍼센트를 감면해주기 때문에 소비자 입장에서는 현금을 사용할 동기가 생긴다. 하지만 연말 소득공제를 계속 유지한다면 이 혜택을 위해 카드 사용액이 수입의 30퍼센트를 넘겨야 하기에 카드를 쓸 가능성이 커진다. 따라서 카드 소득공제 혜택이 폐지된다면 고가의 거래일수록 현금을 쓸 가능성이 크다. 장기적 보상이 사라지면 현재 배신의 열매가 크기 때문이다. 결국 당·정·청은 2019년 말 폐지하기로 했던 신용카드 소득공제 혜택을 3년간 연장하기로 합의했다. 이처럼 정부의 정책은 보상 구조의 디자인에 따라 사회적인 딜레마 상황을 극복하는 데 도움이 된다.

사람들이 서로 보살피도록 교육하라

사회에서 협력을 끌어내는 가장 훌륭한 방법은 사람들이 타인의 복지를 보살피도록 교육하는 것이라는 게 액설로드의 또 다른 제안이다. 그러려면 어릴 때부터 자신의 복지뿐만 아니라 타인의 복지를 보살피는 걸 선호하도록 가치관을 형성시키고자 노력해야 한다. 이런 사회에서는 반복성 죄수의 딜레마 게임 상황에서 구성원들의 협력을 끌어내기가 훨씬 쉬워질 것이다. 사회화 과정을 통해 아이들에게 이타심을 키워주는 것도 바람직하다고 주장한다.

요즘 나는 교육개혁 운동을 하고 있는데, 이에 대해 어떤 이들은 "어차피 사회 구조가 차별적이고 학벌 사회인 데다 빈부격차가 심한데 입시제도를 바꿔봐야 무슨 소용인가. 또 다른 부작용이 나타날 것이다. 사회경제 개혁이 더 시급하다"라는 주장을 한다. 그도 맞는 말이다. 하지만 그런 근거를 교육 혁신이 무의미하다는 주장을 하는 데 사용해서는 곤란하다. 가치관은 어린 시절 학교나 가정, 공동체에서 교육을 통해 형성된다. 현재 우리의 경쟁적 교육을 혁신하지 않으면 사회 구조의 변화도 더딜 수밖에 없다. 결국 닭이 먼저냐 달걀이 먼저냐인데, 이런 순환 논리를 가지고 논쟁하는 건 별 의미가 없다. 교육개혁 얘기에 찬물을 끼얹을 게 아니라, 교육이 보다 평등한 사회 구조를 선호하도록 만드는 데에도 중요하다는 사실을 깨달으면 좋겠다.

상호주의를 가르쳐라

도덕적으로 팃포탯 전략이 맞는 것일까? 기독교의 가르침은 '남이 너에게 베풀기를 원하는 것을 너도 베풀라'라는 것이다. 그렇다면 우리는 상호주의보다는 어떤 상황에서도 협력해야 옳다. 심지어 성경에서는 누가 한쪽 뺨을 때리면 다른 쪽 뺨도 내주라고 했다. 하지만 도덕주의가 상호주의보다 더 좋은 사회를 만들어내지는 못한다. 무조건적인 협력은 남을 착취하는 사람의 나쁜 버릇을 조장한다는 걸 게임 이론이 증명한다. 나쁜 사람을 개조할 부담을 공동체에 떠안기는 것이다. 팃포탯 전략이 도덕적이지 않다는 것은 확실하다. 하지만 이는 나 자신을 보호할 뿐만 아니라 적어도 남을 이용하는 사람이 생존하기 어렵게 만든다는 것이 액설로드의 주장이다.

상호주의를 사용하는 사람은 상대보다 절대로 더 나은 보상을 받지는 못한다. 맨 처음엔 무조건 협력해야 하기에 이용당할 가능성이 있으며, 전체적으로 볼 때 상대보다 배신할 횟수가 적기 때문이다. 하지만 상호주의를 통해 상대를 협력으로 이끌 수 있고 사회 전체의 복지를 향상시킬 수 있으므로 장기적으로는 내게 이익이 된다. 학교에서 상호주의를 가르친다면 이는 곧 학생과 공동체를 돕는 것이기에 간접적으로 교사를 돕는 일이기도 하다. 나는 먼저 협력하고 그 후 팃포탯을 쓰는 사람이 다른 사람의 협력을 끌어내는 리더라고 생각한다. 민주시민이 모두 리더가 되어야 하는 이유가 여기에 있다.

인식 능력을 향상시켜라

과거에 상대와 상호작용을 했던 기억과 이를 인식하는 능력이 협력을 지속시킨다. 일본 신뢰 연구의 대가 야마기시 도시오山岸俊男 교수는 이를 '사회적 지능social intelligence'이라고 부른다. 즉, 신뢰할 만한 사람과 그렇지 않은 사람을 구분하는 능력이 상대에게 손해 입을 확률을 줄여준다는 것이다. 예를 들어 어떤 여성이 과거에 사기를 한 번 당했는데 유사한 행동을 보이는 남성을 다시 만난다면, 과거의 경험에서 얻은 교훈에 기초해 이 남성으로부터 자신을 보호할 수 있을 것이다.

학생들과 저녁을 먹는데 타이완 출신의 예쁘고 똑똑한 제자 한 명이 여덟 살 연상의 한국 남성과 연애를 하고 있다고 고백했다. 그런데 그 남성이 바쁘다고 자주 만나주지 않는다며 애를 태웠다. 우리는 그 남자의 사진을 보여달라고 해서 돌려보았다. 나이가 들면 관상만 봐도 어느 정도 협력해야 할 사람인지 감이 오는 법이다. 2년이나 사귀었는데 술 취했을 때 몇 번 결혼하자고 한 것 외에는 진지하게 결혼 이야기를 해본 적도, 가족에게 그녀를 소개해준 적도 없다고 했다. 그 남자가 책임감이 없거나 그녀에 대한 사랑이 진실하지 않다는 데 좌중의 의견이 모였다.

우리는 그녀에게 마음이 아프겠지만 바트나를 만들라고 조언했다. 남녀 간의 관계에서도 팃포탯은 유효하다. 모든 걸 포용하고 헌신하는 쪽은 쉬운 상대로 보여 결국은 외면당하기 십상이다. 우리는 "그 남자와 관계를 지속하기를 원한다면 그 남자가 데이트를 하자고 할 때 적어도 한 번은 바쁘다며 거절해봐"라고 조언했다. 그리고 공부에 더 집중하면서 그 남자에게 의지하지 말고 홀로 시간을 즐기는 법을 터득하라고 말했다. 이쪽에서 바트나를 키워야 오히려 둘의 관계가 지속될 수 있다는 게 나의 조언이었다.

좋은 남자를 소개해주겠다며 그 남자를 잊으라는 학생들도 있었다. 나는 그런 대안은 신뢰를 먼저 저버리는 일이므로 바람직하지 않다고 말했다. 팃포탯 전략을 쓸 때는 내가 먼저 배신하지 말아야 한다. 그 대신 이 세상에 좋은 남자가 많다는 것을 경험하기 위해 여러 명의 남성과 여성이 함께 어울리는 모임에 이 학생을 초청해주라고 말했다. 자연스럽게 다른 사람과 상호작용을 하다 보면 이 학생도 남자 보는 눈이 더 키워질 것이다. 이처럼 상호주의는 연애나 결혼을 지속하는 데에도 도움이 된다.

며칠 전 이 학생을 거리에서 우연히 만났다. 이 학생은 내게 상담하러 오겠다며 내가 조언한 대로 했다가 남자 친구와 헤어졌다고 말했다. 어차피 이렇게 될 관계였는데 차라리 잘되었다며 밝은 미소를 지었다. 나는 이 학생이 아픔을 잘 극복하고 보다 성숙한 연애를 다시 하게 될 것이라 믿는다.

처음부터 절대로 이혼은 안 된다고 했던 사람은 이혼을 하고, 필요하면 이혼할 수도 있다고 생각한 사람은 오히려 원만한 결혼 생활을 지속하는 경우가 많다. 전자는 이혼이란 대안은 생각할 수 없으니 상대가 어떤 행동을 해도 참고 이용만 당하다가 결국은 파국을 맞게 된다. 반면, 언제든 떠날 준비가 돼 있는 사람은 경제적으로나 정신적으로 독립심을 키워두게 된다. 그럴 때 상대는 파트너가 자신을 떠날 것을 두려워해 결혼 생활을 유지하고자 더 노력하게 된다.

건강한 결혼 생활을 유지시켜주는 것도 헌신과 희생이 아니라 팃포탯이다. 언젠가 TV에서 한 주부가 남편의 나쁜 술버릇을 고친 얘기를 들려주는 걸 본 적이 있다. 그녀의 남편은 술만 먹으면 집 안의 물건을 집어 던져서 깨뜨리는 버릇이 있었다고 한다. 참다못한 이 부인은 남편이 귀하게 여기는 화병을 냅다 던졌다고 한다. 그리곤 남편에게 한 번만 더 물건을 던지면 당신이 더 소중하게 생각하는 것을 깨뜨리겠다고 협박했단다. 놀랍게도 남편의 나쁜 버릇이 그날로 사라졌다는 것이다. 이처럼 일상생활에서도 팃포탯을 잘 활용하는 현명한 사람들을 발견할 수 있다.

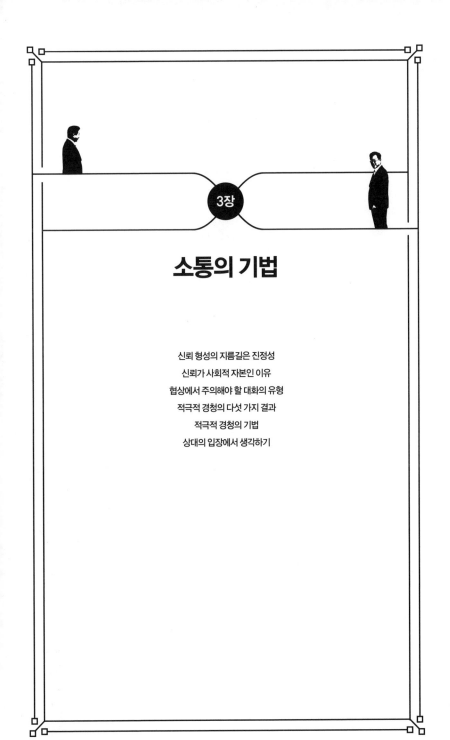

3장

소통의 기법

신뢰 형성의 지름길은 진정성

협상에서 소통은 목표나 전략 못지않게 중요한 전술이다. 전략이 목표를 달성하기 위한 내용이라면 전술은 포장에 해당한다고 할 수 있다. 겉으로 보이는 모습은 태도일 수도 있고 소통의 기술일 수도 있다. 말 한마디로 천 냥 빚을 갚는다는 우리 속담은 오늘날의 협상에서도 여전히 유효하다. 소통의 기법skill이라고 하니 몇 개의 테크닉을 배우면 소통을 잘하게 되는 것으로 생각할 수 있겠지만, 사실상 협상에서 제일 중요한 건 진정성이다. 진정성은 상대가 거의 본능적으로 느끼는 것이라 흑심을 감추고 상대를 속이기란 쉽지 않다.

세계리더십학회 부회장을 역임한 테드 바트만Ted Baartman은 네덜란드에서 소통 교육을 전문으로 하는 가까운 동료다. 바트만은 표정을 관찰하거나 3분간 말하는 걸 보는 것만으로도 상대의 직업이나 가정환경을 정확히 맞추고 성격까지 꿰뚫는 신통한 능력을 지니고 있다. 내가 어떻게 그럴 수 있느냐고 물었더니 사람은 누구나 그런 능력을 갖고 태어난다고 했다. 특히 어린아이는 기운만으로도 좋은 사람과 나쁜 사람을 구분할 수 있단다. 돌이켜보니 동물에게도 그런 능력이 있는 것 같다. 문재인 대통령이 후보 시절 어린 아이를 안으면 처음 보는 사람인데도 아이는 문 후보에게 눈을 맞추고 행복한 미소를 지었다. 반려견도 편안하게 눈을 감고 문 후보 품 안에서 자는 듯 휴식을 취했다. 반면 이명박 전 대통령이나 다른 후보에게 안겼던 아이는 울음을 터뜨렸고 동물도 불편한 듯 괴로운 표정을 지으며 빠져나오려 했다.

바트만은 사람에게도 동물적 본능이 있으며, 특히 자신을 외부의 위협으로부터 방어할 능력이 없는 어린아이는 자신에게 도움이 되는 사람과 해를 끼칠 사람을 본능적으로 파악하는 능력이 있다고 했다. 그런데 사람이 성인이 되어가면서 자신을 다른 사람에게 맞추려고 노력하거나 자신의 욕망을 추구하기 위해 나쁜 사람과도 손을 잡으면서 이 통찰력(야마기시의 표현에 따르면 '사회적 지능')이 서서히 저하된다고 한다. 성인 중에서도 처음 보는 사람을 한눈에 정확히 파악하는 이른바 '촉'이 발달한 사람이 있는데, 그런 사람은 순수한 마음을 지니고 살아왔기에 여전히 통찰력이 남아 있는 거라고 했다.

그는 "기숙, 너에게도 그런 순수함이 느껴지기 때문에 사람을 잘 보는 능력이 있을 거야. 내 눈은 정확하거든"이라고 말했다. 그 말에 "난 사람을 너무 과대평가해서 실망할 때가 더 많은걸" 하며 손사래를 치면서 "하지만 내가 나쁘게 본 극소수의 사람은 결국 파국으로 끝나더라고. 좋은 포장이 모든 사람을 영원히 속일 수는 없다는 걸 깨달을 때가 많지"라고 덧붙였다. 그러자 그가 말했다. "그것

봐. 네가 사람을 좋게 보려고 노력해서 너의 통찰력이 둔해지긴 했지만 결국은 네 판단이 맞잖아. 넌 사람을 있는 그대로 보는 것에 대해 죄책감을 느끼는 것 같아. '좋은 사람을 내가 혹시 나쁘게 바라보는 건 아닐까?' 하며 처음의 느낌을 부정하기 때문에 오판하게 되는 거야. 내 말을 믿고 처음 느낌 그대로 사람을 바라보도록 노력해봐." 돌이켜보면 그의 말이 맞는 듯하다. 처음 느낌이 나빴음에도 좋게 보려고 노력했는데 결국 첫 느낌이 맞았던 것으로 드러난 사람이 꽤 있었다.

이처럼 진정성은 학습이나 기술 이전의 원초적인 것이라 배워서 얻어지는 것이 아니며, 평생 살아온 태도와 자질의 총합이라고 할 수 있다. 우리 사회에도 요즘 소통 화법에 대한 교육이 많아져 부모들도 자녀와 대화를 잘하기 위해 교육을 많이 받는다. 그중 대표적인 내용이 자녀를 훈육하려 들지 말고 자녀의 고통과 감정에 공감해주라는 것이다. 예를 들어 자녀가 친구와 싸운 이야기를 부모에게 털어놓는다고 해보자. 과거에는 부모들이 "왜 싸우고 그래? 친구와는 서로 양보하면서 사이좋게 지내야 해" 같은 하나 마나 한 잔소리를 했을 텐데, 요즘엔 자녀의 분노와 속상함에 공감하기 위해 "네가 힘들었겠구나", "네가 화가 많이 났구나" 같은 공감 언어를 사용한다고 한다.

10대의 반항기 딸을 둔 탤런트가 딸과 함께 한 리얼리티 TV 프로그램에 출연했다. 엄마가 내용은 제대로 듣지도 않고 무슨 말에나 '~구나'를 연발하자, 딸이 "아우 지겨워. 그놈의 '구나' 좀 그만

해!"라며 히스테릭하게 반응했다. 아이는 엄마의 진정한 공감을 바랐던 거지 매사에 건성으로 '~구나'라고 해주길 바랐던 건 아닐 것이다. 진정성은 진정한 마음 자체에서 우러나고 전달되는 것이지 언어의 유희로 전달되는 게 아니다. 그 사실을 나도 생생하게 경험한 적이 있다.

작은아이를 미국에서 임신했을 때 박사후과정을 밟던 남편을 혼자 미국에 둔 채 나는 큰애와 함께 먼저 귀국했다. 미국에서 큰애를 낳으면서 산후조리도 못 하고 무척 고생했기에 작은애는 한국에서 편히 낳고 싶었다. 그때 한창 미국 시민권을 따기 위한 원정출산이 유행이었던 때라 나는 당당히 내 나라에서 작은아이를 낳고 싶었다. 출산 후 시어머니가 전적으로 육아를 도와주기로 하셨고, 그제야 나는 아이로부터 해방돼 공부에 전념하게 되었다. 다른 사람도 아닌 친할머니가 사랑으로 키우니 아이에게 전혀 문제가 없으리라 믿은 건 무지한 엄마의 희망 사항이었다. 아이가 초등학교 2학년 때부터 이상 징후를 보여 상담을 받았더니 애정결핍이라고 했다. 그때부터는 주말에라도 아이와 전적으로 시간을 보내려고 노력했는데, 아이는 내게 더 집착을 했다. 전에는 내가 집에 오든 나가든 관심이 없었는데 아침에 출근하려는 내게 "학교에 가지 말고 집에서 나와 있으면 안 돼?" 하며 애원하기도 했다.

지금 생각해보면 아이는 다양한 경로로 내게 SOS를 보냈다. 하지만 내가 아이에게 더 많은 시간을 쏟는 게 시어머니에 대한 불신으로 비칠까 조심스러워 나는 예전처럼 덤덤하게 지냈다. 아이도 더는 내게 집착하지 않아 모든 게 해결됐다고 생각했다. 그런데 아이는 학습 능력도 떨어졌고 일체의 타협이 안 될 만큼 고집이 세졌으며 어른 말은 절대 듣지 않았다. 나는 타고난 성향이려니 하며 크면 나아지겠지 생각했다.

어느 날 아이와 손잡고 건널목에서 신호등이 녹색으로 바뀌길 기다리는데, 아이가 "엄마, 나 친구 집에 놀러 갈 때 파란불에 길을 건너는데 어떤 차가 끽 하고 서서 하마터면 차에 치일 뻔했다" 하면서 무용담인 듯 말했다. 나는 길거리라는 것도 잊은 채 "횡단보도 안 건너고 학교에 갈 수 있게 하려고 지금 집으로 이사한 거잖아. 길 건너 사는 친구 집에도 가지 말라고 했어, 안 했어! 꼭 가야 하면 고모나 할머니한테 데려다 달라고 하랬지. 왜 혼자 길을 건넜어?"라고 나무랐다. 친한 선배의 큰아들이 횡단보도 보행자 신호등에 길을 건너다 교통사고를 당해 두 다리를 절단한 일이 있는데 지금까지도 내겐 매우 고통스러운 트라우마다. 그 장면을 상상하니 간담이 서늘해 견딜 수가 없었다. 나는 결국 길거리에서 눈물을 펑펑 쏟으며 "너 없으면 엄마가 이 세상을 어떻게 살라고 그런 위험한 짓을 해!"라고 소리쳤다. 그렇게 으르고 달래도 고집불통이던 아이가 그때 처음으로 내 앞에서 눈물을 보였다.

그 후 아이와의 대화가 가능하다는 걸 느꼈다. 큰아이는 돌이 되기 전에도 말을 하면 알아들어서 대화가 됐는데 작은아이는 먹통이었고, 그게 아이의 타고난 성향 때문이라고 생각하고 가벼이 넘겨왔다. 엄마로서 참담하고 부끄러웠다. 그 후 아이는 내게 배신당하지 않을 거라는 확신이 들었는지 전과 달리 적극적으로 애정표현도 하고 애교도 부렸다. 내가 주말에도 바빠서 외출하는 경우엔 짜증을 내며 불만을 표출하기도 했다. 아이가 짜증을 내면 인내심에 한계가 왔구나 싶어 일요일은 온종일 시간을 함께 보냈다. 그때 한창 기업에 협상 교육을 다니느라 토요일을 교육장에서 보내는 경우가 많았는데, 진정성을 설명할 때 이보다 더 좋은 예가 없었다. 공감에서 중요한 건 '~구나'라는 스킬이 아니라 소리를 지르고 야단을 치는 한이 있어도 진정한 마음이 상대에게 전달되는 것이다. 진정으로 아이를 사랑하는 마음이 없었다면 진정성이 전달되지 않았을 테니 스킬로만 상대를 설득할 수 있다고는 믿지 않는 편이 낫다. 자신이 살아오면서 몸에 밴 습관, 태도, 나아가 철학이 자신도 모르게 상대에게 전달되는 게 진정성이라고 할 수 있다.

협상에서 진정성이 중요한 이유는 신뢰를 받아야 상대를 설득할 수 있고 나와 상대가 서로 윈윈하는 협상 결과를 가져올 수 있기 때문이다. 진정성만 집중적으로 훈련하는 리더십 프로그램도 있기는 하다. 하지만 진정성이 중요하다는 사실을 가르칠 뿐 진정성을 키워주기는 어렵다. 진정성은 평생의 가치관과 살아온 삶의 결과로 나타나는 것이지 훈련으로 터득할 수 있는 게 아니기 때문이다.

신뢰가 사회적 자본인 이유

국제 협상, 리더십, 국제 홍보, 공공외교 등 서로 달라 보이는 네 과목을 내가 동시에 가르치고 연구할 수 있는 건 모두 사람 간의 소통을 대상으로 한다는 공통점이 있기 때문이다. 신뢰 없이는 이 중 어느 것도 성공할 수 없다는 점에서 신뢰가 이 주제를 관통하는 공통 요인이라고 할 수 있다.

오늘날 신뢰가 중요한 이유는 국가의 개입 없이도 사람이 자발적으로 협력하는 중요한 요인이기 때문이다. 신뢰에는 두 가지가 있다. 특수 신뢰와 일반 신뢰가 그것이다. 특수 신뢰란 나와 특별한 관계에 있기 때문에 협력하는 경우를 말한다. 예를 들어 결혼식이나 장례식 때 부조를 하는 이유는 상대의 대사를 돕는다는 의미도 있지만 언젠가는 나에게도 비슷한 일이 생겼을 때 도움을 받으리라는 기대가 있기 때문이다. 따라서 특수 신뢰는 배타적인 사회에서도 상당히 높은 수준으로 발견된다. 우리는 혈연, 학연, 지연에서의 특수 신뢰가 높은 편인데 이는 오히려 일반 신뢰를 저해하는 원인이 되기도 한다.

사람 간의 관계에서는 물론이고 민주주의, 자본주의 혹은 사회적 경제를 작동시키는 윤활유와 같은 존재는 특수 신뢰가 아니라 일반 신뢰다. 사적으로 인연이 없는 불특정 다수에 대한 신뢰가 그 사회의 신뢰 수준을 결정한다고 할 수 있다. 사람 사이의 관계에서 형성되는 소중한 자산이라는 의미에서 일반 신뢰는 '사회적 자본'으로 불린다.

나는 한 나라 국민의 의식 수준을 측정하는 지표로서 운전 행태만큼 좋은 게 없다고 생각한다. 경찰이 없어도 운전자들이 보행자에게 먼저 양보하고 신호를 잘 지키는 모습은 성숙한 시민의식을 보여주는 한편 사회적 신뢰의 수준도 보여준다. 대체로 선진국일수록 사회적 신뢰가 높은 이유는 제도화의 수준이 높기 때문이다. 즉, 내가 협력하면 나도 불특정한 상대로부터 협력을 받으리라는 기대가 높다는 뜻이다. 일반 신뢰가 높은 사회에서는 시민단체에 가입하는 사람들도 많고 자선단체에 기부하는 사람도 많다.

정치 신뢰에 대해선 대학원 시절에 공부했지만, 사회학이나 심리학의 연구 대상인 사회적 자본으로서의 신뢰를 본격적으로 연구하게 된 건 엘리너 오스트롬Elinor Ostrom 교수의 방한이 계기가 되었다. 그녀는 차기 미국정치학회장으로서 한국에서 개최되는 세계정치학회에 참석하기 위해 1997년 한국에 왔다. 오스트롬은 최초의 비경제학자로 2009년 노벨경제학상을 받았는데 이 부문에서 최초의 여성 수상자이기도 하다. 국가에 의한 법적 강제 없이도 이기적인 유전자 간에 자발적인 협력이 일어나는 조건에 대한 연구로 신제도주의 학파의 이론을 정립한 공로를 인정받아 수상하게 되었다. 이기적인 인간의 협력을 가능하게 하는 조건 중 한 가지 핵심이 바로 신뢰다. 오스트롬은 앞에서 설명한 죄수의 딜레마 게임을 일회성·반복성, 양자 간·다자간 게임으로 설계해 사람 사이에서 자발적으로 신뢰가 어떻게 형성되고 그것이 협력에 어떻게 도움이 되는지 연구했다.

죄수의 딜레마 게임에서 두 명의 죄수가 서로 신뢰했다면 침묵을 지킴으로써 둘 다 무죄로 풀려날 수 있었을 것이다. 하지만 소통이 없는 가운데 상대를 불신하다 보면 결국 둘 다 높은 형을 받게 된다. 오스트롬은 야마기시와의 공동 연구에서 미국인과 일본인이 죄수의 딜레마 게임 변형 실험에서 다르게 행동한다는 사실을 발견했다. 오스트롬은 연구비를 보내주겠다며 한국에서 같은 연구를 재현해달라고 부탁했다. 대학원 시절 터무니없이 높은 기대가 부담되었던 나는 오스트롬의 조교를 중간에 그만두었고 "너는 이제 찍혔으니 다시는 오스트롬과 인연이 이어지리라고 기대하지 말라"라는 경고를 여러 사람에게서 들었다. 그러나 한국에서 다시 만난 오스트롬은 나에 대한 신뢰를 거두지 않고 당신과 함께 연구를 계속하자고 제안했다. 그 후 모교인 미국 인디애나대학교를 방문해 오스트롬으로부터 이론적 배경에 대해 설명을 들었고, 야마기시는 세세한 실험장비까지 들고 한국으로 날아와 내가 신뢰 연구의 세계로 발을 내딛는 걸 도와주었다.

나는 두 분의 기대에 제대로 부응하지 못했다. 다양한 분야의 연구를 동시에 했을 뿐만 아니라 주요 연구가 '선거'이다 보니 그것만

연구하기도 바빴다. 게다가 실험에는 손이 많이 갔고 시간이 걸렸다. 더욱이 현실정치 논평을 하느라 칼럼을 쓰고 TV 출연, 기업 강의까지 하려니 늘 시간이 부족했다. 그러나 두 분은 한 번도 내게 싫은 내색을 하거나 책망한 적 없이 무조건 믿고 기다려주었다. 내가 지금까지 신뢰 연구를 계속하고 있는 건 전적으로 두 분의 무조건적인 신뢰와 지지 덕분이라고 할 수 있다. 두 분이 도대체 뭘 믿고 그렇게 신뢰를 보여줬는지 미안하기만 하다. 아마도 나와의 인연이 학생과 교수로 시작되었다는 게 가장 큰 이유가 아닐까.

옆길로 새는 이야기지만, 미국 대학은 성적장학금은 10퍼센트이내에 불과하고 90퍼센트 이상의 장학금이 가정 형편에 따라 지급된다. 이 생활장학금을 받기 위해서는 최저 성적이 4점 만점에 2.6점 이상 정도면 된다. 물론 학교에 따라 약간 차이는 있다. 아주 우수하지 않은 학생도 최저 학점만 넘으면 4년 내내 장학금이 중단될 거란 불안감 없이 학업을 마칠 수 있다. 반면 국가가 재학생 전원에게 장학금을 지급하게 되어 있는 우리나라 카이스트에서는 서남표 총장 당시 학생을 세 집단으로 나눠서 맨 위 집단은 전액 장학금을 주고 중간은 절반, 맨 아래 집단은 장학금을 지급하지 않은 적이 있다. 이 때문에 로봇 천재였던 한 학생은 영어 수업을 따라가지 못해 장학금이 중단될 위험 앞에서 스스로 목숨을 끊었다. 사람은 타인으로부터 신뢰받을 때 모험도 하고 깜짝 놀랄 창조적인 결과를 낼 수 있다. 학창 시절은 두려워하지 않고 모험할 최적의 시기다. 매 학기 성적에 따라 장학금 지급 여부를 결정함으로써 학생을 위협하는 대학은 교육기관으로서의 본분을 저버렸다고 할 수 있다. 한번 신뢰를 보냈으면 진득하게 믿고 기다려주는 문화가 아쉬울 따름이다.

다시 실험으로 돌아와, 내시 균형에서 살펴봤듯이 경제학자들은 양자 간 일회성 죄수의 게임에서는 협력이 0퍼센트 일어날 것으로 예측한다. 그런데 실제 실험에서는 30퍼센트 이상의 사람이 전혀 누구인지 모르는 상대와 협력하는 것으로 나타난다. 물론 이 협력의 비율은 나라에 따라, 성별에 따라 다르다. 복지 제도가 잘 갖춰져 사회적 신뢰가 높은 나라에서는 협력 비율이 높고, 그렇지 않은 나라에서는 낮다. 하지만 적어도 0퍼센트보다는 높다. 오스트롬은 인간은 이기적이지도 이타적이지도 않은 존재라며, 결국은 처한 환경과 조건이 협력을 가능케 한다고 생각했다. 이 복잡한 조건을 이론화하여 노벨상을 받은 것이다.

한국에서의 실험 결과, 협력 비율이 미국보다는 약간 낮았지만 일본보다는 약간 높게 나타났다. 한국의 사회적 자본 수준이 그동안 대다수 학자가 주장한 것처럼 낮지 않다는 사실이 새롭게 밝혀졌다. 신뢰 연구로 유명한 프랜시스 후쿠야마Francis Fukuyama 교수는 미국·독일·일본을 고신뢰 사회로, 한국·프랑스·중국·이탈리아를 저신뢰 사회로 구분한 바 있다.[17] 대다수 한국 학자도 우리 민주주의의 발전이 늦은 건 저신뢰 사회이기 때문이라고 주장했다. 이화여대에서 여학생뿐만 아니라 타 대학 남학생을 모집하여 도출된 실험 결과는 여학생 중 이대생이 과다하게 대표되었기에 오류가 있을 수도 있다고 생각한 우리는 서강대, 연세대, 중앙대에서 지속적으로 실험을 했다. 그 결과, 35퍼센트가량의 사람이 불특정 타인과 협력하는 것으로 일관된 결과가 나왔다. 선진국에 비해서는 약간 낮지만, 평균을 웃도는 수치였다.

추가 연구를 통해 그동안 잘못된 설문조사 문항 탓에 우리 사회의 신뢰 수준이 저평가되었다는 사실을 밝혀냈다. 이전의 많은 연구가 조심성을 묻는 항목을 불신의 증거로 사용한 것이다.[18] 야마기시는 조심성과 불신은 다른 거라며 조심해서 나쁠 것은 없다고 주장한다. 오히려 조심스러운 사람이 타인을 무조건 믿지 않기에 이용당할 확률도 낮고, 결과적으로 높은 신뢰를 보인다고 했다. 실제로 야마기시가 만든 신뢰 문항을 사용한 실험에서는 협력하는 사람들이 배신하는 사람들에 비해 신뢰도가 높게 나타났고, 더 나아가 사회적 지능도 높았다.

한 가지 흥미로웠던 건 일본에서 관찰한 야마기시의 새로운 실험이다. 그는 실험을 마친 후 참가자들에게 동의를 얻어 각자의 증명사진을 찍었다. 그리고 후속 실험에서 사진에 나타난 사람이 이전 실험에서 협력했는지 배신했는지를 맞히는 것으로 실험 참가자들의 사회적 지능을 측정했다. 당시 박사과정 조교로서 나와 함께 일본에 갔던 박혜윤 교수도 이 실험에 참가했는데 우리 둘의 정답률은 일본 학생들에 비해 현저히 낮았다. 그 이유는 우리가 외국인이기 때문에 일본 사람의 협력 정도를 가늠하는 사회적 지능이 낮기 때문이란다. 한마디로 사람 보는 눈이 외국인에 대해서는 훨씬 떨어진다고 할 수 있다.

우리가 정답률을 높일 방법이 있는지 물었더니 야마기시는 얼굴이 대칭인 사람이 협력할 가능성이 크다는 힌트를 줬다. 우리는 얼굴이 대칭인지 아닌지를 살피면서 열심히 컴퓨터 키를 눌렀고, 그 결과 정답률이 50퍼센트 이상 뛰었다. 사진의 주인공들은 모두 나이 어린 학생이었는데, 마흔 살도 되기 전에 이미 얼굴에서 믿을 만한 사람인지 아닌지를 드러낸다는 게 놀라웠다. 왜 얼굴이 대칭인 사람이 믿을 만한지를 물었더니 야마기시도 이유는 모르고 경험적 관찰의 결과일 뿐이라고 말했다. 어려서 나도 한쪽 눈에만 쌍꺼풀이 있거나 두 눈이 짝짝이인 남자는 플레이보이일 확률이 높으니 조심하라는 말을 어른들에게 들은 적이 있다. 나는 그게 여성에게는 더 매력적으로 보이나 보다 생각했는데, 야마기시의 실험을 보니 짝눈을 한 사람은 배신할 가능성이 커서 여성 편력이 심하고 약속을 저버리는 게 아닌가 하는 생각이 들었다.

결정적인 힌트는 어느 날 우연히 내셔널지오그래픽 채널에서 인간의 '미美'에 대한 다큐멘터리를 보다가 찾았다. 시대와 나라에 따라 미의 기준이 달랐는데, 예를 들어 과거 동양에서는 통통한 얼굴이 미인이었다면 서양에서는 갸름한 얼굴에 높은 코가 미인의 상징이었다. 하지만 시대와 장소를 뛰어넘어 변치 않는 미의 원칙이 있는데 그 첫 번째가 얼굴의 대칭이라고 했다. 그다음이 비율ratio, 즉 신체 대비 얼굴의 크기 혹은 얼굴 전체에서 눈, 코, 입 등이 차지하는 비율이 될 것이다. 그다음은 피부의 선명성clarity으로, 피부가 밝거나 어두운 게 문제가 아니라 피부색이 깨끗하고 투명해야 한다는 것이다. 왜 균형이 첫 번째 원칙일까? 얼굴이 균형적인 사람은 미인이니 다른 사람으로부터 호감과 신뢰를 얻었을 것이고, 그 호감에 힘입어 타인에게 협력했을 가능성이 크지 않았을까. 오랜 시간을 거치면서 협력의 유전자가 얼굴이 대칭적인 사람에게 남아 있을 가능성이 컸으리라 나름대로 추측해봤다.

오스트롬과 야마기시가 미국과 일본의 비교 연구에서 발견한 차이는 미국은 일반 신뢰가 높은 데 비해, 일본은 일반 신뢰는 높지 않았고 안심에 의한 보장이 높다는 것이었다.[19] 즉, 일본인은 다시 보지 않을 관계에서는 배신 비율이 높았지만, 지속적인 관계여서 타인이 나의 행동을 통제할 가능성이 있다면 협력하는 경향이 높았다. 반면 한국은 일반 신뢰가 낮지 않았고, 안심assurance에 의한 보장이 발견되지 않았다. '안심'이란 자발적 협력이 아니라 지속적 관계에서 타의에 의해 어쩔 수 없이 협력하는 경우를 말한다. 즉, 장기적인 관계를 맺을 것으로 예상되는 공동체에서 미래의 상호주의를 예상해 협력하는 걸 의미한다. 서로 아는 특수 관계와는 달리 지속적인 관계가 기대되는 집단주의 문화에서 협력을 가능케 하는 조건이 안심이라고 할 수 있다. 우리나라에서는 도시로의 집중화와 잦은 이주로 안심이 전혀 발견되지 않았다고 잠정 결론을 내렸는데, 한마디로 전통적인 공동체가 해체된 게 가장 큰 이유가 아닐까 싶다.[20]

후쿠야마는 일본이 미국처럼 고신뢰 사회라고 주장했지만, 야마기시의 연구에 따르면 집단주의적 공동체가 보장하는 안심 사회라고 하는 게 더 정확하다. 〈매일경제〉의 세계지식포럼에서 두 분을 '신뢰' 패널로 초청했을 때 내가 사회를 본 적이 있는데, 나는 논쟁을 촉발할 생각으로 두 사람의 주장이 다르다는 걸 지적했다. 그런데 점잖은 야마기시 교수가 우리 생각이 크게 다르지 않다며 슬쩍 넘어가는 바람에 논쟁이 일어나진 않았다. 후쿠시마 원자력발전소 폭발이라는 대형 사고 앞에서도 침착하게 줄을 서던 일본인의 모습에 전 세계인이 감명받았는데 그 근거가 일반 신뢰에 의한 것인지, 집단주의가 주는 안심 보장 때문인지는 좀더 논의할 여지가 있다고 생각한다.

이 모든 경험을 통해 한국인의 사회적 자본이 결코 적지 않음을 발견한 건 뜻밖의 수확이었다. 청와대 수석보좌관회의에서 노무현 대통령이 사회적 신뢰를 얘기한 적이 있다. 김병준 당시 정책실장이 우리는 사회적 신뢰가 매우 낮다는 말씀을 드렸고, 나는 그렇지 않다고 반박했다. 노 대통령은 내게 우리가 사회적 자본이 높다는 증거가 있냐며 반기듯 물었는데 아마도 노 대통령은 노사모를 경험한 분으로서 우리의 사회적 신뢰가 낮다는 걸 믿기 어려웠으리라 짐작한다. 퇴임 후에 이 대화를 계속 이어가지 못한 건 매우 애석한 일이다. 사회적 자본은 문화나 제도화의 결과로 장기간에 걸쳐 형성된다고 일반적으로 생각하지만, 박근혜 대통령 시절 일반 신뢰 수준이 28.9퍼센트로 하락했던 건 의미 있는 징표라고 생각된다.[21] 지금까지 내가 연구한 바로는 일반 신뢰와 정부 신뢰는 상호 영향을 주고받는 관계라고 할 수 있다.

한국인의 일반 신뢰가 높았기에 수차례의 촛불집회가 성공적이었으며, 한 번은 대통령을 탄핵으로부터 구했고 또 한 번은 대통령을 탄핵하는 데 결정적으로 기여했다. '집단행동의 딜레마'를 이론화한 것으로 유명한 맨서 올슨Mancur Olson 교수는 다자간 죄수의 딜레마 게임에서 협력이 일어나지 않는 이유는 이기적인 인간은 자신이 시위나 파업에 참여하지 않아도 다른 사람이 참여해 얻은 열매를 공유할 수 있기에 무임승차free riding를 택하기 때문이라고 주장했다. 실제로 마르크스가 예측했던 계급혁명이 고도의 자본주의 사회에서 일어나지 않은 이유를 설명하는 데 이 이론이 많이 사용된다. 그런데 이런 이론의 예측에도 불구하고 시위가 성공하는 경우가 많은데, 시위 참여자들의 일반 신뢰가 높은 것이 하나의 이유라고 한다.[22] 즉, '내가 참여하면 남도 참여하겠지' 하는 신뢰 혹은 '내가 시간과 비용을 손해 보더라도 우리의 미래를 위해 참여해야겠다'라는 시민의식으로 참여하고 기부도 하기에 촛불집회가 성공했던 것이다.

협상에서도 제일 중요한 건 신뢰다. 눈빛만으로 남의 신뢰를 얻을 수 있는 사람은 사실 소통의 기술을 배울 필요가 없다. 그러나 로저 피셔의 주장처럼 인간은 이성과 감성을 모두 가진 존재다. '양자에게 좋은 바트나가 없으니 이 협상은 성공할 것'이라고 예측해도 감정이 개입돼 신뢰가 깨진다면 협상안 도출에 실패할 수 있다. 따라서 신뢰를 형성하고 유지하기 위한 소통의 기술은 매우 중요하다. 이번 장에서 소통의 기술을 다루기 전에 신뢰의 중요성을 먼저 강조하는 이유이기도 하다.

　노무현 대통령 퇴임 후 봉하에서 매달 만나《진보의 미래》출간 작업을 함께할 때 노 대통령은 '자율과 분권' 그리고 여기에 꼭 필요한 '사회적 자본'의 중요성을 역설하곤 했는데, 그때마다 오스트롬이 생각났다. 실제로 노 대통령은 해수부 장관 시절, 어부들이 서로 합의하여 어획량을 자율적으로 조정하고 관리하게 하는 정책을 지원한 사례가 있다. 마을 공동체의 자발적인 어장 관리가 국가의 개입보다 더 효율적이라고 주장한 오스트롬의 이론을 직접 실천한 것이다. 내가 "대통령님과 똑같은 주장을 하는 학자가 계십니다"라고 말씀드렸더니, 노 대통령도 정말 그런 학자가 있냐며 놀라워했다. 나는 두 분이 꼭 만나셔야 한다고 말했다. 오스트롬은 2009년 말 노벨상 수상 후, 오래전에 계획된 세계산림과학학회에서 기조연설을 하기 위해 2010년 여름 한국을 다시 방문했다. 나는 그때 오스트롬 교수를 포함해 노벨상을 받았거나 받을 뻔했던 여성 과학자를 연구해《여성 과학자의 글로벌 리더십》이라는 책을 집필 중이었기에 그녀를 인터뷰하기 위해 다시 만났다. 그때 이미 노 대통령은 이 세상 분이 아니었다. 내가 가장 존경했던 두 분의 은사는 서로 만나지 못하고 인연이 엇갈렸다.

　지금쯤 두 분은 천국에서 만나 열띤 토론을 하고 계시지 않을까. 두 분 모두 토론을 즐겼고, 사람의 자율 의지와 자발적 협력을 신뢰했기에 만나서 좋은 친구가 되었으리라 믿는다.

협상에서 주의해야 할 대화의 유형[23]

피셔의 제자이자 동료인 하버드 협상팀은 수많은 '어려운 대화'를 관찰한 후 다음과 같은 세 가지 특징을 찾아냈다.

- 과거에 일어난 사건에 대한 견해차
- 감정 관련 대화: 나의 감정은 물론 상대의 감정에 대한 것
- 정체성 관련 대화

한마디로, 어려운 대화는 우리가 바꿀 수 없는 것을 대상으로 한다. 과거에 일어났던 일, 나와 상대의 감정, 정체성은 우리가 노력한다고 해서 바꿀 수 있는 게 아니다. 내가 옳다고 주장해봐야 문제가 해결되지 않는다. 그렇다면 어떻게 해야 대화를 통해 서로에 대한 신뢰를 확인하고 더 나은 해결책을 찾을 수 있을까?

과거에 일어난 사건에 대한 견해차

하버드 협상팀은 먼저 '과거에 일어난 사건'에 대한 대화에서 세 가지 잘못된 전제를 바로잡아야 한다고 말한다.

첫째, 내가 아는 것이 진실이다.

기존의 대화법은 '나는 진실을 안다'라는 가정에 기반하고 있다. 이런 입장은 상대는 틀리고 나만 맞는다는 생각을 내포하기에 상대는 이 대화로 인해 위협감을 느낄 수 있다. 우리는 보통 내 기억은 완벽하다고 가정한다. 나는 특히 기억력이 좋은 편이라는 말을 많이 들었기에 이런 확신이 남들보다 강한 편이었다. 그런데 나이가 들수록 인간의 기억력에는 정말로 큰 한계가 있다는 걸 자주 경험하게 된다. 상대도 마찬가지로 자신만 옳다는 생각을 가질 수 있다. 왜냐하면 과거에 일어난 사건에 대한 대화에서는 사실fact이 아니라 인식, 해석, 가치가 갈등을 일으키기 때문이다. 따라서 진실을 찾는 데 집착하는 건 의미가 없다. 사람은 누구나 정파적 견해를 가지고 있다. 따라서 상대도 나도 정파적 편견 탓에 사실에 대한 기억이 다를 수 있음을 인정해야 한다. 그런 전제하에 인식, 해석, 가치 등에서 어떤 차이가 있는지를 함께 탐구하는 자세를 갖는다면 순조로운 대화가 가능할 것이다.

협상 훈련 참가자들에게 이 세상에 진실이 하나만 존재하는 건 아니라는 점을 깨우치고자 할 때 다음과 같은 퀴즈가 유용하다.

옥수수는 다음 중 어디에 속하는가?
① 야채
② 과일
③ 풀

참가자들은 저마다 확신을 갖고 '야채다', '아니다. 과일이다'라며 싸운다. 옥수수 알을 샐러드에 넣어 먹으니 야채라는 것이고, 옥수수를 찌거나 구워서 따로 먹으니 과일이라는 것이다. 하지만 농촌 출신의 몇몇 참가자는 옥수수가 풀이라고 확신하기도 한다. 미국 FDA의 분류에 따르면 옥수수는 야채이기도 하고, 과일이기도 하며, 풀이기도 하다. 즉 세 가지가 모두 정답이다.

고전물리학에서는 물체의 성격이 입자나 파동의 하나로 고정되었다고 믿었다. 하지만 현대물리학에서는 물체의 성질이 고정된 것이 아니라 어떤 때는 파장처럼 운동하고 어떤 때는 입자처럼 운동한다고 생각한다. 과학적으로 가장 발전했다는 물리학에서도 같은 물질이 맥락에 따라 파장이 되기도 하고 입자가 되기도 하는 마당에 사회 현상에서 진실이 존재한다고 믿는 건 너무 무모할지 모른다. 진실은 애초에 존재하지 않을 수도 있고, 여러 형태로 존재할 수도 있다. 늘 새로운 진실에 열린 자세로 궁금해하고 탐구해야 하는 이유다.

둘째, 나는 상대의 의도를 알고 있다.

우리는 어떤 사람의 행동이나 말 때문에 상처를 입거나 손해를 볼 경우, 그 결과로부터 상대의 의도를 최악으로 추론하는 경향이 있다. 즉, '나를 상처 입히기 위해 상대가 그런 말 또는 행동을 했을 것'이라고 가정한다. 하지만 상대는 무의식중에 했을 수도 있고, 역으로 나에게 잘 해주려는 의도로 그랬을 수도 있다. 우리 사회엔 이른바 관심법이 너무 큰 위세를 떨친다. 그럴 때마다 나는 '왜 궁금해하지 않지?' 하는 의문이 든다. 상대에게 어떤 의도로 했는지 물어보면 쉽게 알 수 있는데 왜 최악의 가정을 할까 하는 의문이다. 심지어는 '이러저러한 의도로 했다'라고 해명해도 믿어주지 않고 계속 공격하는 사람들도 있다. 물론 정치적인 경쟁 상대의 경우엔 의도적으로 그럴 수도 있고, 또 상대의 해명이 너무도 아전인수격인 경우('주어가 없다'라거나 '반민특위가 아니라 반문특위 얘기였다' 같은 나경원 대표의 해명이 대표적이다)는 예외다. 같은 편, 심지어 같은 곳을 바라보는 사람들 중에도 상대의 선의를 무조건 거짓으로만 몰아붙이는 경우도 있다. 그런 모습을 볼 때면 우리 사회 엘리트들이 그동안 얼마나 대중에게 신뢰를 잃었는지 체감할 수 있다. 대중이 공직자의 의도에 호기심을 갖도록 궤변은 이제 그만 늘어놓으면 좋겠다.

상대의 의도를 추정하기보다는 상대의 행동이나 말이 나에게 어떤 영향을 미쳤는지를 이야기하면 어려운 대화도 비교적 쉽게 풀어나갈 수 있다. 이런 대화를 할 때는 언제, 어디서, 어떤 맥락에서 내가 어떤 영향을 받았는지를 정확히 밝혀주는 게 좋다. 그리고 상대가 왜 그런 말을 하게 되었는지를 함께 탐구하며 학습하려는 열린 자세가 필요하다. 대화를 하다 보면 놀랍게도 상대의 발언이 나의 발언에 화가 나서 불쑥 나온 반응이었다는 걸 알게 될 수도 있다. 대화를 할 때는 상대에 대해 어떤 것도 일방적으로 가정하지 말고 질문을 통해 학습하려는 자세가 필요하다. 협상에서 더 유리한 위치를 차지하는 사람은 상대에 대해 더 많은 정보를 가지고 있는 사람이다. 질문하는 걸 두려워하지 말자.

셋째, 누가 잘못했는지를 따져야 한다.

과거에 일어난 사건에 관한 대화를 하다 보면 누구 때문에 일이 잘못되었는지 책임 소재를 찾는 데 대화가 집중될 가능성이 크다. 누구의 잘못인지를 따지는 건 진실을 밝히려고 집착하는 태도와 다르지 않다. 누구의 잘못인지 따지기 시작하면, 상대는 비난받을 것이 두려워 자신이 잘못했음을 인지한 후에도 오히려 거짓말을 하거나 대화 자체를 회피하려고 한다. 중요한 건 앞으로 어떻게 재발을 막을지, 미래가 대화의 초점이 되어야 한다는 점이다. 그러기 위해서는 남을 비난하기에 앞서 일이 잘못되는 데 나의 기여는 없는지를 살피고 나의 책임을 먼저 인정해야 한다. 그러면 상대도 자신의 책임을 일부 인정하면서 미래지향적으로 재발을 방지하는 해결책에 역량을 모을 수 있다.

한 대기업에 아침 일찍 강의를 가야 해서 조교에게 파워포인트 파일 편집을 부탁했는데, 전날이 되어도 도착하지 않았다. 조교에게 전화해보니 아직 시간이 많이 남은 것으로 착각했다며 준비가 되지 않았다고 했다. 나는 내일 아침에 받을 수 있겠느냐고 물었고, 조교는 밤늦게까지 해보겠다고 말했다. 다음 날 아침 일찍 조교와 만난 나는 '수고했다. 고맙다'라는 말 외에는 군말 없이 파일을 받아서 떠났다. 강의를 다녀온 후 조교와의 정기 약속 시간에 만나 이 일을 함께 복기했다. 조교는 미안해하며 쭈뼛거리는 태도로 소파에 앉았다. 내가 먼저 대화를 시작했다.

"○○ 씨, 너무 놀랐지요? 밤늦게까지 작업하느라 정말 고생 많았어요. 덕분에 강의 분위기도 아주 좋았고 마치 스타 강사가 온 것처럼 젊은 간부들이 환호성을 질러서 즐거운 강의였어요. ○○ 씨가 편집 마감일을 잊은 걸 보니 아마도 내가 언제까지 꼭 해달라고 강조하지 않은 것 같아요. 중간에 한 번 체크를 했어야 했는데 전날까지 대책 없이 기다린 나의 잘못이 큰 것 같아요. 우선 이번 일은 내 책임이 크니 잘잘못을 따지기보다는 하마터면 일어날 뻔했던 대형 사고를 막기 위해 앞으로 무엇을 어떻게 변화시키면 좋을지 한번 의논해봐요."

조교의 표정이 처음의 겁먹은 태도에서 많이 밝아졌다.

"선생님, 사실은 그 일을 기억하고 있었어요. 그런데 요즘 수업을 네 과목이나 들으면서 선생님 조교에, 외부 업체 아르바이트에서 요청받은 파워포인트 작업이 밀려 있어서 깜빡했습니다. 제가 이번 학기에 감당하지 못할 일정을 만든 게 이번 사건의 가장 큰 원인인 것 같습니다."

"나도 사실 중간에 전화하기를 꺼렸던 이유는 ○○ 씨가 요즘 너무 바빠 보여서 방해가 되지 않을까 생각해서였어요. 그렇다면 앞으로 이런 일이 또 생기지 말라는 법이 없겠네요. 어떻게 하면 좋을까요?"

조교의 바쁜 일정이 가장 큰 이유로 밝혀진 이상 나로서는 그녀의 결정을 존중하는 수밖에 없다고 생각했다.

"제가 교수님 조교를 학기 중에 그만둘 수도 없고, 외부 업체는

급여가 높기도 하지만 일이 밀려 있어서 제가 중간에 그만두면 신뢰도에 문제가 생길 것 같아요. 수업 네 개 중 하나가 연세대학교 것이라 오가는 시간도 많이 드니 그것을 빼고 다음 학기에 들을까 생각 중이에요. 교수님 생각은 어떠세요?"

내가 생각해도 그녀의 진단과 해결책이 합리적으로 보였다. 만일 연대 수업을 뺄 경우 얻게 될 불이익은 없는지 함께 검토한 후 우리는 기분 좋게 미팅을 마무리했다. 그녀는 자기 잘못으로 놀라게 해서 미안하다고 사과했고, 나는 앞으로 업무지시를 할 때 더 정확히 하고 중간에 점검을 다시 하겠다고 약속했다.

모든 어려운 대화가 이렇게만 풀린다면 얼마나 좋겠는가. 대부분 직장이나 정치에서는 내 사례와 달리 엄청나게 큰 이해관계가 얽혀 있어서 이런 대화 태도를 기대하는 것 자체가 지나치게 이상적일지 모른다.

노무현 대통령은 영면하시기 전까지 비정규직 문제를 해결하지 못한 것, 복지를 좀더 과감하게 하지 못한 걸 후회하며 《노동운동사》를 읽고 또 읽었다. 인터넷이나 유작에도 이에 대한 생각을 남겼다. 그랬더니 노동 측을 대변하는 한 교수는 지난 대선 전 '노무현도 노동 정책을 잘못했던 걸 반성했으니 이에 대한 책임을 지고 문재인은 후보를 사퇴하라'라는 트윗을 했다. 나는 노 대통령이 먼저 사과했으니 과거 민노당 측에서도 비정규직보호법을 막아선 걸 반성할 것으로 기대했다. 그런데 오히려 '사과했으니 책임지라'며 공격의 빌미로 활용하다니 어이가 없었다. 정치판은 영원히 합리성을 기대할 수 없는 곳일까?

감정 관련 대화

어려운 대화는 항상 감정을 내포한다. 하지만 서양에서도 남성에게는 감정에 대한 대화가 그리 쉬운 일이 아니듯, 동양의 유교 문화권에서는 감정에 대한 대화가 불편하거나 부적절하게 받아들여지는 경향이 있다. 감정을 억제하는 능력이 좋게 평가되기 때문이다. 늘 남성 사이에서 정치학을 공부했던 나도 감정에 대해 대화하는 게 가장 어렵다. 하지만 이 감정은 이름을 불러주지naming 않으면 다스릴taming 수 없다. 감정은 원인을 파악하는 것만으로도 절반 이상 해결될 만큼 대화를 통해 감정의 정체를 밝히는 게 매우 중요하다.

외향적인 사람보다는 오히려 내향적인 사람이 감정을 폭발하는 경우가 있다. 아마도 자신을 드러내는 데 익숙하지 않은 내향형이 자신도 잘 알지 못하는 감정이 쌓여가다 어느 순간 전혀 관련이 없는 작은 사건에 자극을 받아 자제력을 잃기 때문이리라. 외향적인 사람은 대화 가운데 자신의 감정을 스스로 알아채기도 하고, 문제가 있으면 상대와 대화로 풀기도 한다. 폭발하기 전에 압력솥의 김을 빼는 기능이 제대로 작동하고 있다고 할 수 있다.

감정은 단지 어려운 대화에 내포될 뿐만 아니라 그것이 대화의 본질인 경우가 많다. 그래서 하버드 협상팀은 감정을 언급하지 않는 대화는 '음악이 없는 오페라'와 같다고 말한다. 감정이 상황의 핵심인데 매우 복잡하기 때문에 내 감정을 이해하기 위해서라도 그것을 끄집어 올릴 필요성을 인식하는 게 감정 대화의 첫걸음이다.

감정 대화를 할 때는 나의 감정뿐만 아니라 상대의 감정도 함께 표현되어야 한다. 내가 나의 감정을 먼저 밝히면 상대도 감정에 대한 언급을 더는 회피하지 않게 된다. 감정 대화에서 주의할 점 두 가지가 있다. 하나는 판단이나 책임 논쟁을 하지 말아야 한다는 것이고, 다른 하나는 문제 해결에 앞서 감정을 인정할 필요가 있다는 것이다. 첫째, 감정을 이야기하는데 어떻게 그런 감정을 가질 수 있냐고 비난한다면, 혹은 당신이 잘못돼서 그런 감정을 갖게 되었다고 책임을 논한다면 상대는 위축돼 감정 대화를 회피하게 될 것이다. 둘째, 누구든 다친 감정을 위로받고 인정받지 못하면 아무리 이성적으로 중요한 일이 앞에 놓여 있어도 대화를 지속할 수 없다. 미래지향적인 해결책을 찾기 위해서라도 다친 감정을 먼저 인정하고 위로할 필요가 있다. 이 과정에서 반드시 나의 책임을 인정할 필요는 없다. 그러다가 불필요하게 법적 책임까지 져야 하는 일이 발생할 수 있기 때문이다. 다만 상대의 다친 감정에 공감해주면 된다.

나 역시 내성적인 남편과의 대화에서 가장 어려운 게 감정 대화다. 특히 남성들은 자신의 기분이 왜 나쁜지를 스스로도 이해하지 못하는 경우가 많아서 가끔 벌컥 화를 내면서도 감정을 제대로 표현하지 못한다. 남편이 기분이 좋지 않은 표정일 때면 과거에는 그냥 회피하면서 그의 기분이 저절로 좋아지기를 기다렸다. 그러다 감정이 폭발해 아이들과 갈등이라도 빚는 날이면 난감해지기도 했다. "아빠가 엄마 때문에 기분이 나빠진 건데 너희에게 분풀이를 한 거니 이해해주렴"이라고 할 수는 없지 않은가. 그래서 평소에 남편이 적극적으로 감정을 표현하도록 도와주기로 마음먹었다. 기분이 좋아 보이지 않으면 나는 스무고개를 하듯 질문을 했다. "기분이 안 좋은 것 같아. 무슨 안 좋은 일이 있었어?"부터 시작해서 "기분 나쁜 사람을 만났어?", "나 때문에 기분 상한 일 있어?", "논문이 학술지에서 거절됐어?" 등 내가 생각할 수 있는 질문은 다 해보았다. 그러곤 잠시 생각할 시간을 주고 기다리면 남편도 서서히 입을 열기 시작했다. '나도 왜 기분이 나빴는지 몰랐는데 사실은 이런 일이 있었다'라며 자신의 감정을 들여다보고 원인을 파악하기 시작했다. 나는 그의 감정에 공감해주고 나라도 기분이 나빴을 것 같다며 맞장구쳤다.

1장에서 소개한 CMG의 협상 교육을 받기 전 나의 대화 태도는 이런 식이었다. "나는 그런 의도로 말한 게 아닌데 당신은 왜 화를 내? 내가 당신을 화나게 하려고 의도적으로 한 말이 아니라잖아. 아니라는데 왜 자꾸 기분 나빠해?" 그를 판단하고 나를 변호하면서 그런 감정을 가진 그가 잘못한 것처럼 몰아붙였다. 하지만 나의 의도가 좋았다고 해서 내가 상대에게 미친 영향이 무조건 좋으리라고 가정해서는 곤란하다. 이미 상대가 나의 발언으로 상처를 입었다면, 나쁜 결과를 초래한 책임이 내게 있음을 깨달아야 한다.

CMG 교육을 받고 나서는 남편 역시 어떤 감정도 가질 권리가 있음을 알게 됐다. 만일 그 원인이 내게 있음을 깨달았다면 나는 즉시 사과했다. "미안해. 나는 이런 의도로 말했는데 당신 입장에서는 기분이 나쁠 수 있을 것 같아. 앞으로는 더 조심할게." 그러면 남편의 기분도 금세 풀렸다. 그런 후 남편에게 무엇을 요구하는지 이야기했다. 남편은 "알았어. 나도 잘할게. 고마워"라고 답했다. 사람은 감정이 다치면 미래로 나아갈 수 없다. 과거에 갇혀 있어서 그곳에서 나올 생각을 하지 않기 때문이다.

정부가 4·3 사건에 대해 사과하고, 국정원이 과거사에 대해 사과하는 이유는 다친 국민의 마음을 진정한 사과로 어루만지지 않으면 미래를 향해 한 걸음도 나아갈 수 없기 때문이다. 이성적인 해결책에 대한 논의는 다친 감정이 치유된 후에야 가능하다.

정체성 관련 대화

하버드 협상팀은 세 가지 어려운 대화 중 정체성 관련 대화가 가장 미묘하다고 말한다. 정체성 대화는 다음의 세 가지를 포함한다.

- 나는 유능한가?
- 나는 좋은 사람인가?
- 나는 사랑받을 가치가 있는가?

사람은 대화 중에 자신의 정체성을 건드리는 말을 들으면 정신적 균형을 잃고 큰 충격에 빠질 수 있다. 요즘 말로 멘붕(멘탈 붕괴)을 경험하는 것이다. 따라서 타인의 정체성을 건드리는 대화를 하지 않도록 특히 조심해야 한다. 정체성이 훼손된 상대가 나와의 관계를 회복할 가능성은 매우 작기 때문이다. 정체성과 관련된 대화는 그 정도로 위험하다. 그럼에도 우리는 정체성과 관련된 대화를 자주 하고, 아무 생각 없이 일반화하기도 한다.

예를 들어, 자녀에게 "너는 어떻게 생겨 먹어서 매번 작심삼일이야? 날마다 학원 가겠다더니 또 빼먹었어?"라고 하면 반발심을 갖지 않을 아이가 없을 것이다. "내가 이렇게 생겨 먹은 건 엄마가 나를 그렇게 낳아서 그렇지!" 정체성 대화는 상대의 정체성을 자극하는 대화로 이어지기 쉽다. 예를 들어 "너는 왜 항상 엄마에게 말대꾸를 하니?"라고 했다면 "엄마는 왜 항상 나에게 잔소리를 해?"라는 말이 돌아오기 십상이다. 특정 행위나 말의 문제를 지적하는 게 아니라 과도한 일반화를 하면 상대의 정체성을 자극하게 되고, 그러면 서로 상처를 주는 악순환이 시작될 수 있다.

상대를 자극하려고 일부러 정체성을 건드리는 경우도 있다. 나는 미장원 원장과 1991년부터 인연을 맺었으니 거의 30년 지기다. 한때 정치적 생각이 달라서 싸우기도 했고 미장원을 옮길까 생각도 해봤다. 정치적으로 그렇게 생각이 다른데도 성격이 비슷해서 우리는 애써 정치 대화를 피하지 않았다. 한번은 정치 얘기를 한참 하던 중 자신의 논리가 밀린다고 생각했는지 내 정체성을 공격하기 시작했다.

"자기야 전라도 출신이니까 그렇게 생각하는 게 당연하지."

"내가 전라도 출신이라고요? 경기도에서 태어나 쭉 서울에서 살았는데?"

"자기 부모님이 호남이겠지. 그러니까 그렇게 생각하는 거 아 냐?"

"아버지는 대전분이고 엄마는 부산분이에요. 누가 호남이래요?"

"아, 몰라. 호남 출신이 아니면 어떻게 그런 생각을 할 수 있어?"

나는 정색을 하고 말했다.

"원장님, 내가 전라도 출신인지 아닌지는 중요하지 않아요. 그러면 어떻고 아니면 어때요? 하지만 자신이 선택할 수 없는 피부색, 인종, 고향 등을 가지고 공격하는 건 아주 나쁜 태도예요. 만일 원장님이 미국에서 흑인한테 '너는 흑인이라서 뭐가 나쁘다'라고 했다면 혐오 발언으로 당장 현행범으로 체포됐을 거예요. 우리나라가 아직 혐오 발언 처벌법이 없어서 다행인 줄 아세요. 그건 아주 비겁한 사람들이나 하는 짓이에요. 원장님이 얼마나 공정하고 통도 크고 좋은 사람인데 그런 협량들이나 하는 발언을 저에게 하실수 있어요?"

"그래, 내가 그건 잘못했어. 내가 자기 입장에 동의할 수 없는데 자꾸 우기니까 나도 모르게 말이 잘못 나왔네."

우리는 그래서 다시 친구가 되었다. 한때 열렬한 박사모였던 그녀와 정치적 견해차가 있음에도 우리는 오랫동안 좋은 친구로 지내고 있다. 서로에 대한 애정, 그리고 인간으로서의 신뢰가 있기 때문이다.

나도 남의 정체성을 건드리지 않기 위해 조심해야 하지만, 남에게 내 정체성을 공격받는 것도 상당히 힘든 일이다. 5장의 성격유형에서 자세히 살펴보겠지만, 노무현 대통령은 매우 유능한 유형이다. 실제로 매우 유능한 대통령이기도 했고 본인도 그 점에 자부심이 대단했다. 경제를 포기한 대통령이라는 '경포대', 노 대통령이 경제를 망쳤다고 쌍욕으로 모욕한 새누리당의 〈환생경제〉 연극, 고졸 대통령 등 노 대통령의 정체성에 대한 야당의 공격은 끝없이 이어졌다. 노 대통령은 이 모든 공격을 철인의 자세로 이겨냈고 무사히 임기를 마치고 국민 속으로 들어갔지만, 대부분의 사람은 정체성을 공격받으면 자신의 인생이 흔들리는 충격을 받게 된다. 만일 내가 이런 공격에 처한다면 어떻게 해야 할까?

이에 대해 협상팀은 다음과 같이 조언한다.

첫째, 상대방의 정체성도 연루됨을 기억하라.

자신의 정체성이 위협받을 때, 상대 역시 자신의 정체성 문제와 싸우고 있을 가능성이 크다는 걸 기억하자. 한나라당은 실력으로는 노무현 대통령을 이길 자신이 없었을지 모른다. 그래서 끊임없이 노 대통령의 정체성을 공격함으로써 자신들의 정체성과 싸우려 했던 것이다. 정부가 하는 일에 사사건건 반대하는 것 외에 그들은 대안을 제시할 능력이 없었다. 이럴 때 내가 할 수 있는 일은 상대가 흑백논리에 빠지지 않고 균형을 잡으면서 스스로 긍정적인 정체성을 찾을 수 있도록 돕는 것이다. 실제로 노 대통령은 새누리당이 처음엔 반대하다가 결국에는 법안의 통과에 협조해주었음에 감사했다. 자신의 정체성에 자신감이 있는 사람만이 할 수 있는 일이다.

둘째, 정체성 문제를 명시적으로 제기하라.

나의 정체성 문제가 상대에게는 별로 중요하지 않을 수 있다. 어쩌면 나만의 콤플렉스와 관련된 것일 수도 있기 때문이다. 하지만 그것이 나에게 매우 중요한 문제라면 상대에게 그 관련성을 명시적으로 알리는 게 관계에 도움이 된다. 노 대통령은 자신에 대한 언론과 야당의 비난에 별로 대응하지 않았다. 심지어 어떤 사람이 계란을 던졌을 때도 그렇게 해서 국민의 화가 풀린다면 얼마든지 맞아주겠다고 했을 정도다.

하지만 나의 경우 '호남 출신'의 문제는 매우 중요했다. 내가 한국 정치에 대해 호남인들과 같은 문제의식을 갖는 건 내가 호남 사람이라서가 아니라 그들의 생각이 정의롭고 이론적으로 맞기 때문이다. 나의 생각을 호남 사람의 생각으로 환원하는 원장에게 정면으로 반박했던 건 그것이 호남인에 대한 모욕일 뿐만 아니라 학문을 업으로 하는 나에 대한 모욕이라고 생각했기 때문이다. 나는 그런 식의 언급을 다시 들을 생각이 없었기에 명시적으로 이 문제를 짚고 넘어갔고, 다행히 원장의 발 빠른 사과로 마무리되었다. 정체성 문제는 상황에 따라 상대의 문제일 수도 있지만, 나의 문제로 생각되면 상대와 명시적으로 대화할 필요가 있다.

셋째, 도움을 청할 용기를 가져라.

만일 정말 호남 출신인 사람이 나와 같은 정체성 공격을 받았다면 기분이 어땠을까. 수십 년 지기 친구라고 믿었던 사람에게서 나와 같은 일을 당했다면 무시하고 지나갈 수도, 따질 수도 없는 입장이 되어 매우 괴로웠을 것 같다. 그럴 경우 자신이 느끼는 감정을 솔직히 표현하고 다른 사람의 도움을 청할 필요가 있다. 예를 들어 호남인으로 살아오면서 받은 차별과 박해에 대한 감정, 오랜 친구로부터 당한 정체성 공격이 자신에게 미치는 감정, 그리고 이런 공격을 우리가 방관해도 되는지에 대한 대화가 이어지면 좋을 것이다. 혼자서 분을 삭이지 말고 감정을 솔직히 표현하며 제삼자의 도움을 청한다면, 혼자의 문제가 아니라 우리 모두의 문제로 함께 해결할 수 있을 것이다.

적극적 경청의 다섯 가지 결과

소통을 잘하는 사람의 특징은 남의 말을 잘 듣는다는 것이다. 그냥 조용히 듣기만 해도 협상에 도움이 되지만 적극적으로 들으면 더 도움이 된다. 우리의 내면은 자신의 감정, 생각, 판단력으로 가득 차 있다. 따라서 타인의 말을 수용할 여지가 없다. 심지어는 요가나 명상을 하면서도 트레이너의 말이 들어오지 않을 만큼 나의 내면 은 수많은 생각으로 가득 차 있음을 매일 깨닫는다. 어떻게 해야 남 의 말을 잘 들을 수 있을까? 다른 사람들의 감정과 생각에 호기심 을 느낄 만한 공간을 만들도록 나 자신과 협상해야 한다.

적극적 경청은 왜 중요한가. 다음의 다섯 가지 결과를 초래하기 때문이다.

첫째, 상대방의 태도를 변화시킨다.

작은아이가 유치원에 다닐 때의 일이다. 한 학부모를 만났는데 우리 집이 이사하느냐고 물었다. 나는 아이와 그런 대화를 한 적이 없는데 어떻게 알았는지 궁금했다. 그 엄마는 우리 애가 집에서 있 었던 일을 미주알고주알 전해준다고 했다. 우선, 집에서는 말 한마 디 없는 아이가 나가서는 말을 많이 한다는 게 충격이었다. 게다가 내가 남편과만 나눈 이사 이야기를 어떻게 들었는지 밖에 나가 친구 엄마에게 전달했다는 것도 어이가 없었다.

나는 아이에게 물었다.

"엄마한테는 말을 잘 안 하면서 다혜 엄마한테는 그렇게 말을 많이 한다며?"

아이는 한마디로 답했다.

"엄마는 내 말을 안 듣잖아."

"내가 언제 안 들었어?"

"엄마는 내가 말하면 맨날 신문 보거나 컴퓨터를 하면서 답도 안 하잖아."

그 후부터 아이가 내게 와서 말을 걸면 모든 활동을 중지하고 아이에게 집중했다. 그랬더니 아이는 은근히 말이 많아졌다. 나의 듣는 태도가 아이의 태도를 변화시킨 것이다.

둘째, 상대방에 대한 정보를 얻는다.

협상에서 더 유리한 위치를 점하는 사람은 말하는 사람보다는 주로 듣는 사람이다. 상대에 대해 정보를 하나라도 더 알아낼 수 있기 때문이다. 협상에서는 더 많은 정보를 가진 사람이 더 좋은 바트나를 갖게 되고, 결과적으로 협상력도 커진다. 협상력이 커지면 당연히 더 유리한 위치에서 협상할 수 있고 협상의 결과도 유리하게 나온다.

셋째, 상대방의 핵심적 이해관계를 충족시킬 수 있다.

사람은 누구나 자신의 말을 들어주는 사람을 좋아한다. 이야기를 들어주는 것만으로도 상대의 핵심 이해를 만족시킬 수 있고 이는 좋은 관계로 이어진다. 나는 가능하면 처음 만나는 사람에게 질문을 많이 하려고 노력한다. 우선은 새로운 사람에 대한 궁금증이 많기 때문이기도 하다. 그렇게 하면 상대가 더 많은 말을 하게 되고, 들어주는 사람이 있다는 사실에 만족감을 느껴 좋은 관계로 발전되기도 한다. 상대에 대한 정보를 많이 파악하면 이 사람과 어느 정도 친분을 맺어야 할지, 나를 이 사람에게 어느 선까지 개방해야 할지도 가늠할 수 있다.

이화여대 국제대학원과 〈매일경제〉가 CMG 협상 교육을 하기 위해 이대 내에 최초의 남녀공학 최고지도자 과정을 개설했었다. 한 성형외과 의사가 강의를 듣다가 이런 고백을 했다.

수술에 앞서 의사가 고객을 상담하는 일은 매우 중요합니다. 상담 후에 고객이 수술을 할지 말지 결정하니까요. 내가 기운이 좋을 때는 열심히 이런 방법, 저런 방법 열정적으로 설명을 하는데 그럴 때는 오히려 성공률이 그렇게 높지 않아요. 그런데 피곤하거나 힘이 없어서 주로 고객의 말을 들어주고 질문에 답만 하면 십중팔구 수술을 하겠다고 서명을 합니다. 선생님 강의를 듣고 가만히 생각해보니 고객은 어떻게 수술할지 이미 많은 연구를 통해 결정하고 오는 것 같아요. 다만 의사에 대한 신뢰를 확인하려고 상담을 받는 거지요. 너무 약장수처럼 떠벌리는 의사보다는 자신의 질문에 필요한 답만 하고 자신의 결정을 지지해줄 의사를 신뢰하는 것 같아요.

적극적 경청이 의사와 환자 사이의 신뢰를 형성하는 데에도 정말 요긴한 방법임을 확인한 좋은 사례였다.

넷째, 거듭되는 논쟁을 멈출 수 있다.

적극적 경청은 서로 같은 말을 반복하면서 제자리를 맴돌 때 큰 힘을 발휘한다. 대화가 더는 나아가지 못한다고 생각되면, 논쟁을 멈추고 상대의 말을 적극적으로 들어줄 필요가 있다. 전교조, 민교협 등의 진보단체 임원들과 내가 제안한 '국민통합입시'[24]라는 교육혁신안에 대해 내부 토론을 할 때였다. 전교조 소속의 한 교사와 나는 같은 이야기를 두 번쯤 반복하고 있었다. 2차 선술집에서 그 교사의 이야기를 적극적으로 경청해야겠다고 생각했다. 나는 계속 들어주면서 질문만 했다. 결국 그 교사는 스스로의 논리에 허점을 드러냈고 결국 서서히 생각이 변하기 시작했다. 그는 처음엔 부정적인 입장이었지만 '국민통합입시'를 적극적으로 고려하겠다며 입장 변화를 보였고 그날의 토론이 극적으로 마무리되었다.

다섯째, 상대방도 나의 의견을 듣게 할 수 있다.

혼자서 따발총처럼 자기 할 말만 쏟아내고 도통 남의 말을 듣지 않아 나를 힘들게 하는 친척이 있었다. 그래서 여유 있게 그 사람의 말을 끝까지 들어줄 요량으로 귀를 기울였다. 30분쯤 떠들더니 나를 쳐다봤다. "이제 내가 얘기해도 되겠어요?" 했더니 고개를 끄덕였다. 내가 이야기를 시작하자마자 그녀가 다시 끼어들었다. "나도 그쪽이 이야기 끝날 때까지 들어주었으니 그쪽도 내 이야기 막지 말고 끝까지 들어보세요"라고 말했다. 상대도 할 수 없이 내 이야기를 들어주었다. 늘 결론 없이 일방적으로 분풀이만 당하다가 대화가 끝났었는데 이번에는 처음으로 서로 이야기를 주고받을 수 있었다. 상대방의 이야기를 적극적으로 들어주면 그쪽도 내 이야기를 듣게 할 수 있음을 경험했다.

적극적 경청의 기법

적극적 경청이라 해서 무조건 일방적으로 듣고만 있으라는 얘기는 아니다. 일방적으로 듣는 건 경청이고, 적극적 경청은 상대와 지속적으로 상호작용하면서 듣는 것이다. 그래야 진정한 의미의 쌍방향 소통이 이루어진다.

내향적인 남편과 전화 통화를 하다 보면 남편이 내 말을 듣고 있는지 다른 일을 하고 있는지 의심스러울 때가 있다. 조용히 듣기만 하기 때문이다. 나도 모르게 수시로 "듣고 있어?" 하며 점검하게 된다. 그건 적극적 경청이 아니다. 적극적 경청은 '내가 당신의 말에 귀를 기울이고 있다'라는 점을 다양한 방법으로 보여주는 것이다. 적극적 경청에 주로 사용하는 기법으로는 다음 세 가지가 있다.

- 질문한다: 적절한 질문을 통해 내가 상대의 말에 귀를 기울이고 있음을 알려줄 수 있다. 그리고 상대의 의도를 이해했는지도 점검할 수 있다.
- 말을 재구성해서 물어본다: 상대의 말이 무슨 의미인지 이해가 되지 않을 때는 상대의 말을 다른 각도로 재구성함으로써 의도

를 명확히 파악할 필요가 있다. 상대의 말에 반드시 동의할 필요는 없다. 다만 의사를 확인하고 이해하면 된다.

- 감정을 인정하고 공감한다: 감정에 대한 대화를 할 때 상대의 감정을 인정하고 공감을 표하면 상호 의존적인 대화가 가능하다.

남성들은 대체로 대화를 할 때 상대의 말을 인정하거나 공감하기보다는 문제의 해법을 제시하려 든다. 나도 남성 중심 문화에서 오래 생활하다 보니 그런 경향이 있다. 여성들은 반드시 해법을 원해서 대화하는 건 아니다. 한 중견회사의 임원진을 대상으로 협상 워크숍을 한 적이 있다. 의사소통 기법에 대한 강의를 하면서 공감하기의 중요성에 대해 설명했는데, 점심시간에 그 회사의 회장이 이런 이야기를 들려주었다.

아까 선생님이 강의한 '공감하기'를 며칠 전에 들었으면 좋았을 뻔했네요. 나도 며칠 전 여자와 남자가 대화하는 법이 다르다는 걸 경험했어요. 퇴근 후 피곤해서 자려고 누웠는데 아내가 낮에 자기가 얼마나 피곤했는지 한참 늘어놓는 거예요. 아침에 딸을 학교에 데려다주고 낮에는 어머니를 병원에 모시고 가고 저녁에는 또 누구를 공항에 데려다줘서 너무 힘들다는 거예요. "그렇게 힘들면 기사를 쓰든지 데려다주지 말든지 하지 왜 그렇게 모든 사람을 챙기고 나서는 힘들다고 나에게 불평을 해" 하며 핀잔을 줬어요. 그랬더니 아내가 돌아누워서는 며칠 동안 나랑 말을 안 하는 거예요. 말 한마디 잘못했다가 아주 혼났어요.

"사모님 반응에 난감하셨겠어요. 사모님은 그냥 내가 이렇게 많은 일을 했다는 걸 회장님께 알리고 싶었던 거예요. 회장님한테 애썼다는 칭찬 한마디, '당신 정말 힘들었겠네'라는 공감 한마디 들었으면 행복했을 텐데. 잘못하신 것 맞네요"라고 내가 말하자 테이블에서 함께 식사하던 사람들이 폭소를 터뜨리며 공감했다.

《화성에서 온 남자 금성에서 온 여자》라는 책에서도 나오듯이, 여성과 남성은 대화의 목적과 스타일이 다른 게 분명하다. 물론 여성보다 더 공감 능력이 뛰어난 문 대통령 같은 분이 있는가 하면, 나는 웬만한 남성보다 문제 해결 지향적이기도 하다. 하지만 남녀를 불문하고 학습을 통해 소통 스타일을 변화시킬 수 있고, 나의 변화를 통해 타인을 변화시킬 수도 있다. 예를 들어 가전제품이 고장 나서 A/S 신청을 하려고 전화를 하면 전문적인 훈련을 받은 상담원이 응대를 한다. "고객님, 냉장고가 고장 나서 정말 불편하셨겠어요" 하며 위로부터 건네는데, 그것이 교육으로 준비된 발언이라는 걸 뻔히 알면서도 내 마음을 알아주는 이가 있다는 사실에 새삼 뭉클해진다. 이런 친절한 상담원에게 갑질하는 고객이 있다는 사실이 믿기지 않는다. 평소에 무뚝뚝하던 남편이나 아들이 엄마에게 한마디 공감을 표해준다면 가족 관계가 얼마나 돈독해지겠는가.

서울 지하철 2호선의 당산역에서 술에 취해 고성을 지르던 남성이 제지하는 두 명의 경찰과 실랑이를 벌이는데, 한 청년이 다가와 아무 말 없이 취객을 안아주며 어깨를 다독이자 그 취객이 난동을 멈추고 조용히 안겨 있는 영상이 화제가 됐다.[25] 요즘 전 세계적으로 미래는 불확실하고 경쟁은 치열하고 먹고살기는 더 어려워지고 있다. 가까운 사람끼리라도 위로해주고 공감해주면 얼마나 힘이 나겠는가. SNS에서도 누가 힘들어하면 우린 '토닥토닥'하며 서로를 위로해준다. 누군가 화를 낼 때는 꼭 문제를 해결해달라는 게 아니다. 따뜻한 위로와 공감이 필요하다는 말이다.

상대의 입장에서 생각하기

적극적 경청은 한마디로 쌍방향 소통을 하는 것이다. 쌍방향 소통에서 가장 중요한 건 내 입장이 아니라 상대의 입장에서 문제를 바라보는 것이다. 상대를 설득하기보다는 내가 상대방이라면 무엇을 원할지 생각해보는 것이다.

나는 전문성을 키우는 데 몰두하는 동안 엄마로서의 역할에는 소홀할 수밖에 없었고, 그 때문에 작은아이와 많은 문제를 겪었다. 내가 아이와의 관계를 회복하는 데 가장 많은 노력을 기울인 부분은 아이의 입장에서 생각하는 것이었다. 작은아이가 고등학생이 되면서 우리는 분가를 했고 시어머니 눈치 보지 않고 아들을 챙기게 되었는데, 아이가 새벽에 나가고 밤늦게 들어오니 막상 서로 대화할 시간이 없었다. 게다가 입시 스트레스를 받을수록 아이는 엄마에 대한 원망이 커져 가는 듯했다. 엄마가 자신의 학업에 전혀 신경을 쓰지 않아 이렇게 고생한다고 생각하는 것 같았다. 대화를 할 수 없으니 감정을 풀어줄 수도 없었고, 말을 걸어도 아이는 신경질만 냈지 좀체 대화에 응하지 않았다.

아이가 무엇을 가장 중요하게 여기는지 일주일 동안 관찰했다.

아이의 얼굴에 막 여드름이 나기 시작한 때였고, 그게 최고의 관심사임이 확실했다. 나는 여드름에 좋다는 비누를 인터넷으로 주문해서 선물했고 피부과에도 데리고 갔다. 과일과 야채를 많이 먹으면 여드름이 덜 난다며 주말이면 챙겨 먹였다. 아이의 신경질이 눈에 띄게 줄었다. 평소 우리 가족은 TV를 볼 수 없는 곳에 두는데 아이가 당시 인기이던 〈나는 가수다〉를 보고 싶어 했다. 나는 TV 앞에 작은아들과 간신히 붙어 앉아 그 프로그램을 함께 봤다. 아이가 좋아하는 가수가 나오면 나도 좋아한다고 말했다. 그렇게 우리는 유전자가 같음을 확인하며 관계를 회복해갔다.

아이가 기숙사가 있는 지방 대학으로 진학하면서 서로 만날 시간이 없어지니 또 관계가 서먹해졌다. 우리 부부가 가끔 아이가 있는 도시에 가서 저녁을 함께 먹고 돌아오기도 했지만, 아이는 우리로부터 독립하려고 그랬는지 방학 때도 집에 오지 않고 학교에서 지내곤 했다. 대학 2학년이 되자 아이가 입대를 했다. 큰아이보다 작은아이를 먼저 군대에 보낸 후 일주일 동안 시도 때도 없이 눈물이 흘렀다. 또래 엄마와 대화를 안 하다 보니 논산 훈련소에 있는 아이에게 인터넷 편지를 쓸 수 있다는 사실조차 모르고 있었다. 일주일 후, 동료 교수들과 식사 자리에서 아이 이야기를 하다가 인터넷 편지를 쓸 수 있다는 사실을 알게 됐다. 그날부터 매일 아이에게 편지를 썼다. 다른 부모님이 보낸 편지도 읽을 수 있어서 쭉 훑어보았는데, 너무 뻔한 내용이 많았다. '잘 있느냐. 우리도 잘 있다. 건강하게 보내라'가 대부분이었고 분량도 짧았다.

나는 뭔가 특별한 편지를 보내고 싶었다. 그래서 아들 입장에서 가장 받고 싶은 내용이 무엇일지 생각해보았다. 지금까지 내가 알고 있지만 아들은 모르고 있는 히스토리를 쓰면 아이가 흥미를 갖겠다고 생각했다. 하루도 빠지지 않고 매일 최대 글자 수인 800자를 꽉 채워 편지를 썼다. 네가 태어나면서부터 아파서 엄마가 얼마나 애를 태웠는지, 살아줘서 고맙고, 건강해져서 더 고맙다고. 네가 어려서 얼마나 밝고 착했는지, 얼마나 특별한 아들이고 얼마나 소중한 선물인지, 얼마나 속이 깊고 의지가 강해 한번 시작한 일은 끝장을 보는 아이인지. 엄마가 바빠서 아들에게 못 해준 것에 대해 얼마나 미안하게 생각하는지를 매일 만리장성을 쌓듯 써나갔다. 아들이 프린트한 편지를 전달받는다는 이야기를 듣고는 엄마 편지를 휴가 때 가지고 나오라고 했더니 그대로 전부 가지고 왔다. 그만큼 그 편지가 훈련소에서 힘들었던 아들에게 위안이 되었음을 알 수 있었다.

　엄마와 딸은 서로 좋아하면서도 자주 싸우기도 한다는데, 내 생각에 딸은 나중에 아이를 낳는 순간 엄마에 대한 노여움도 풀고 엄마를 전적으로 이해하게 된다고 본다. 하지만 엄마와 아들의 관계가 틀어진 경우에는 회복할 방법이 전혀 없는 줄 알았다. 엇나간 우리의 관계를 회복하는 데 아들이 군대에서 보낸 기간보다 더 좋은 기회는 없었던 것 같다. 우리 부부는 아들이 훈련을 끝내고 한 달 동안 직무 훈련을 받을 때도 주말마다 면회를 갔다. 아들의 얼굴에서 웃음이 살아났고, 난생처음 우리에게 고맙다는 말을 했다. 군대에 있는 자신이 제일 힘들 텐데 우리의 안위를 먼저 걱정할 정도로 성장한 것이다.

보통 사람은 군대에 있을 때만 군기가 바짝 들고 제대하면 다시 예전으로 돌아가 버린다는데, 작은아이는 제대 후 성격이 매우 긍정적이고 적극적으로 변했다. 전에는 뭔가를 열심히 하려는 의욕이 없는 게 가장 큰 걱정이었는데 아이는 군대에서 만들어 온 위시리스트를 가지고 자전거로 제주도 일주하기부터 시작해서 중국 여행, 농구, 아르바이트까지 계획한 일을 차근차근 성취해나갔다. 그 후 작은아이는 내가 상상할 수 없는 수준만큼 발전했으며, 지금도 계속 발전하고 있다.

작은아이가 변하게 된 건 전적으로 내가 변한 모습을 보여줬기 때문이라고 생각한다. 일을 더 중시하던 엄마였지만 아이의 입장에서 생각해보고 아이가 좋아하는 것을 이해하고 공감하려고 노력하면서 소통에 성공한 덕분이다. 큰아들과 달리 부모를 절대 따라나서지 않던 작은아들이 몇 해 전부터 우리 부부의 국내 및 해외여행에 동반하게 되었다. 부모가 자식에게 물려줄 가장 큰 선물은 재산이 아니라 부모와 함께했던 좋은 기억과 충분한 사랑을 받았다는 행복감이 아닐까. 우리가 이 세상을 떠난 후에도 아이들은 가족과 행복했던 기억으로 어려움을 헤쳐나가고, 자신의 자녀에게도 같은 행복감을 물려주게 되기를 기대한다.

CMG 협상 교육을 통해 부족하게 타고난 공감 능력과 소통 능력을 개발하면서 나는 가족과의 관계는 물론 친구, 동료와도 좋은 관계를 유지하는 데 큰 도움을 받았다. 아무리 망가진 관계라 하더라도 상대의 입장에서 생각하면 소통에 성공할 수 있고, 관계도 개선할 수 있음을 깊이 깨달았다. 선진국 정치를 봐도 정치에서 여야가 상대의 입장을 배려하길 기대하기는 어렵다는 생각이 든다. 그래서 그런 기대는 하지도 않는다. 하지만 자신의 이익을 위해서라도 제삼자인 국민은 두려워하는 정치를 해야 하지 않을까. 오늘날 국민은 때 되면 표를 주던 예전의 국민이 아니다. 노무현 대통령처럼 국민 입장에서 소통하는 정치인이 더 많아지기를 기대한다.

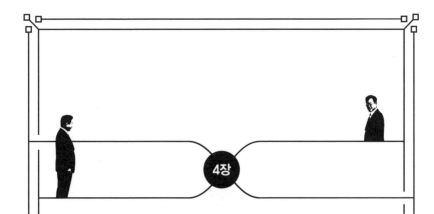

4장

노무현, 화합의 아이콘인가
갈등의 아이콘인가

노무현 대 박정희

노무현 전 대통령이 우리 곁을 떠난 지 10년이 됐지만 아직도 그분은 한국 정치의 한복판에 머물러 있다. 좋은 일이든 나쁜 일이든, 정치권은 걸핏하면 그분을 호출한다. 노 대통령에 대한 국민적 평가가 엇갈리다 보니 그분이 국민적 갈등을 부추겼다는 오해를 받기도 한다. 노 대통령과 가장 대척점에 있다고 생각되는 인물은 아마도 박정희 전 대통령일 것이다. 박 전 대통령이 세상을 등진 지는 40년이 지났지만 아직도 많은 국민이 그를 상반된 이미지로 기억하고 있다. 한쪽은 '경제 기적의 아버지', 다른 한쪽은 '민주주의를 말살시킨 독재자'로 부른다.

박 전 대통령이 20세기 물질주의와 산업화를 대표하는 인물이라면, 노 전 대통령은 21세기 정보화와 탈물질주의를 대표하는 인물이라고 생각된다. 노 대통령이 아직도 끊임없이 한국 정치에 소환되는 이유는 현직 대통령이 그의 친구 문재인이기 때문만은 아니다. 역대 이명박, 박근혜 대통령 시절에도 경쟁자인 문재인이 아니라 노무현이 더 자주 소환되곤 했다. 문재인 정부가 임기를 마친 후에도 노 대통령은 계속해서 한국 정치에 등장할 것이라고 나는 생각한다. 그분의 대표적 사상이 21세기의 시대정신과 일맥상통하기 때문이다.

박정희 대통령이 우리가 살아온 시대정신을 대표한다면, 노무현 대통령은 앞으로 우리가 살아갈 시대정신을 대표한다. 그러다 보니 두 대통령의 지지자도 연령, 가치, 성별, 이념, 정책적 선호에서 극명하게 대비된다. 나아가 양쪽 지지자들은 상대 쪽이 지지하는 대통령을 극도로 싫어하기도 한다. 이 때문에 박정희 대통령에 대한 국민적 평가 또한 극단적으로 나뉘지만, 누구도 그가 갈등을 부추겼다고 비난하지는 않는다. 반면 노 대통령은 우리 사회의 갈등을 부추겨 살기 힘들게 만들었다는 혐의를 수시로 받았다. 그 근본적인 이유가 갈등에 대한 우리의 부정적 인식에 있다고 생각한다.

21세기 우리 사회엔 여전히 조선 시대의 유교 문화가 뿌리를 내리고 있다. 문화는 매우 광범위한 개념이기도 한데, 서로 다른 차원이 혼란스럽게 사용되고 있다. 넓은 범위에서 문화란 '생활의 방식way of life'이라고 할 수 있으며, 협소하게는 예술적·정신적 산물로 정의되기도 한다. 이 글에서 말하는 문화란 인류가 진화하면서 이뤄낸 모든 역사를 담고 있는 것으로서 정치, 경제, 법, 제도, 도덕, 풍습 등을 포함한다.

한국 정치사상 분야의 대가인 박충석 교수는 한국 문화의 사상적 기조는 천天·생生·화化에 있으며, 이는 단군신화부터 시작해서 삼국 시대 건국신화에까지 이어진 우리의 내생적 사상이라고 주장한다. 이 사상이 고려 시대 이후 외래 사상이라 할 수 있는 유교와 본격적으로 접합되기는 하지만, 이미 신라 시대부터 유·불·도 3교 사상의 영향을 받아 천·생·화에 대한 언급이 있었다고 한다. 특히 유교는 우리의 내생적 사상과 접목돼 아주 오랫동안 우리 삶의 양식을 지배해왔다. 3교에서는 화를 매우 다양하게 해석한다. 하지만 우리 역사에서 가장 오랫동안 영향을 미쳤고 유가에서 가장 중시하는 화의 개념은 '(교)화'로서, 가족공동체 사회관계의 기본적인 도덕 규범인 효를 기조로 하는 (교)화에 따라 정치사회의 질서화를 추구하고 있다고 한다. 박 교수는 "유가의 이와 같은 '(교)화'라는 자체가 이미 작위적인 발상"이라고 주장한다.[26] 도교의 '화'는 인위적인 질서를 배제하고 자연적 질서의 연장선상에 있다는 점에서 유교와는 전혀 다르다.

우리 사회의 장년층에서 선호하는 이른바 '화합과 질서'는 겉으로는 마치 상호 협력하는 바람직한 관계처럼 보이지만 실제로는 상명하복上命下服이라는 위계적인 관계를 의미한다. 이런 관계는 자연 상태와는 동떨어진 작위적인 것이다. 이런 수직적인 사회에서는 협상 자체가 불필요하다. 윗사람은 정하고 아랫사람은 따르면 그만이기 때문이다. 권위주의 문화에선 명령과 통제만이 존재한다. 사농공상의 위계적 계급이 존재했던 조선 시대, 우리 국민을 2등 신민으로 구분했던 일제 강점기, 그리고 군부독재 시대를 거치면서 우리는 갈등을 사회적인 악으로 간주했다. 박정희 대통령은 일제 강점기의 상명하복 문화를 우리 학교에 정착시킨 대표적인 인물로 지목된다.[27] 그 영향으로 우리 국민 다수는 지금도 여전히 갈등이 없는 사회가 이상적이고 바람직하다는 편견을 은연중에 지니고 있다.

갈등 자체를 죄악시하다 보니 갈등의 소지를 원천적으로 차단하고 일부 국민의 반발을 공권력으로 억압하며 약자들의 일방적인 희생을 바탕으로 박정희 대통령은 산업화를 이룩했다. 따라서 박정희 시대에는 갈등이 수면 위로 떠오르지 않았다. 반면, 우리는 유난히 많은 갈등이 노무현 시대에 터져 나온 것으로 기억한다. 오죽하면 노 대통령이 '대통령 못 해 먹겠다는 위기감이 든다'고 했겠는가. 민주 정부는 1987년 대선으로 당선된 노태우 정부에서 시작됐고 이어 김영삼·김대중 두 분의 민주화 지도자가 대통령을 역임했는데, 왜 하필 모든 갈등이 노무현 정부에서 분출됐을까?

민주주의는 기본적으로 시민의 권리가 평등하다고 가정한다. 그리고 각 개인의 선호와 취향이 다르므로 단일한 의견으로 통일되는 게 불가능하다고 본다. 따라서 하나의 대안으로 잠정적인 합의를 이루기 위해 토론을 하지만, 합의가 불가능할 경우엔 투표를 통해 다수가 원하는 대안을 선택한다. 하지만 한번 선택된 대안이 영원히 군림하지 않도록 주기적인 선거를 통해 새로운 승자 연합이 탄생할 기회를 준다. 민주주의의 수준이 제도화의 수준과 동일시되는 이유도 갈등을 관리할 시스템이 정착되면 갈등이 생길 때마다 일일이 협상할 필요 없이 제도에 의해 자동으로 해결되기 때문이다.

한국 사회의 민주화가 노태우 정부에서부터 발전하기 시작한 건 사실이지만, 당시엔 그동안 억눌렸던 노동운동이 격렬하게 일어나면서 정부와 기업이 과거에 일방적으로 희생당했던 노동계의 요구를 전면적으로 받아들이는 선에서 합의가 됐기에 큰 갈등이 지속되지는 않았다. 김영삼·김대중 정부에서도 이전 독재 정부보다는 갈등이 많이 분출되긴 했지만 당의 총재를 역임했던 두 대통령은 당내 갈등이나 정치적 갈등을 권력기관이나 개인의 카리스마를 활용해 제압할 수 있었다. 두 대통령은 민주화 운동의 기수였지만 문화적으로는 권위적이었으며, 여전히 제왕적 대통령의 권력을 사용할 수 있었다.

역대 정부 중 노무현 정부 시기에 우리의 민주주의가 가장 만개했다. 외국에서 발간하는 각종 객관적 지표도 이를 증명한다. 언론의 자유는 아시아에서 1위, 세계적으로 31위를 차지했으며 미국이나 일본보다도 앞섰다. 보수 세력의 반발로 양심의 자유를 제약하는 국가보안법을 폐지하지 못했기에 정치 자유도가 1.5등급으로 평가됐지만, 박정희 시대가 최하위인 6등급으로 평가된 이후 받은 최고의 기록이었다. 1등급을 받은 북유럽, 서유럽 선진국에 견줄 정도로 민주주의가 진전을 이뤘다. 이러한 언론 자유도는 이명박 정부가 들어선 후인 2009년에 69위로 주저앉았다. 박근혜 정부 출범 첫해에는 50위였지만 2014년 57위, 2015년에는 60위로 계속 떨어지다가 2016년에는 70위까지 추락했다.

무엇보다 노 대통령이 문화적 민주주의를 추구했기에 우리 사회는 혁명적인 대통령 문화의 변화를 경험했다. 노 대통령의 적은 야당이 아니라 우리 사회 곳곳에 퍼져 있던 반민주적·권위주의적 문화였다. 시민의 자율성과 시민주권을 강조하다 보니 과거에는 경험하지 못했던 각종 갈등이 봇물처럼 터져 나왔다. 그런데 우리의 제도는 이러한 갈등을 감당할 준비가 되어 있지 않았다. 우리 사회 민주주의 제도화가 늦었던 이유는 과거엔 웬만한 갈등은 막강한 권력과 권위를 가졌던 대통령이 교통정리를 하면 됐기 때문이다. 특히 김대중 정부 때는 금융 위기로 인한 국난을 극복하느라 전 국민이 합심해서 대통령을 밀어주는 분위기였으므로 갈등이 터져 나오기보다는 지연되고 유예됐다.

노 대통령의 가장 큰 목표는 시스템 구축이었다고 할 수 있다. 노 대통령은 4대 권력기관을 대통령의 통제에서 풀어주고 '시민에 의한 권력의 통제'라는 민주적 제도화를 위해 진력했다. 하지만 아무리 좋은 제도를 수입해도 그에 걸맞은 문화가 동반되지 않으면 공염불에 불과하다. 대표적인 예로 독일 바이마르공화국의 실패를 들 수 있다. 높은 수준의 민주주의 제도를 도입했으나 히틀러라는 독재자에게 합법적인 권력을 부여함으로써 결국엔 역사 속으로 사라지고 말았다. 독일 사회 전반에 권위주의 문화가 팽배했던 탓이다. 우리 사회 역시 민주주의 문화와 제도는 아직 정착되지 못한 반면 국민은 표현의 자유와 권리를 높은 수준으로 누리게 되면서, 과거엔 경험하지 못했던 새로운 갈등이 터져 나오게 된 것이다. 제도화에는 시행착오의 시간이 필요하다. 이 때문에 최근에는 형식적인 제도뿐만 아니라 그 제도를 작동시키는 문화 자체를 제도로 정의하는 신제도주의가 주목을 받는다.

　독재 정부에서는 숨죽이며 비판의 예봉을 꺾었던 언론이 민주 정부에서는 언론의 자유를 만끽하면서 국정을 사사건건 왜곡하고 의도적 오보까지 내면서 저주의 굿판을 벌이니 국민에겐 많은 것이 혼란스러웠을 것이다. 유교 문화의 영향으로 갈등을 부정적으로 인식하는 데다 군부독재를 거치면서 일사불란한 집단주의에 익숙해진 우리 국민으로서는 노무현 정부하에서의 갈등이 힘들고 불편하다고 느끼는 게 당연할 수 있다. 이 때문에 박정희 대통령과 달리 노무현 대통령이 갈등을 부추겼다는 오해를 받았다고 생각한다.

　노무현 정부에서 갈등이 폭발했던 건 그만큼 노 대통령이 민주적인 대통령이었다는 증거다. 갈등은 민주주의에서만 피어나는 꽃과 같기 때문이다. 보수주의자들이 갈등 없이 한마음인 북한을 비난하는 것도 같은 이유 아니겠는가.

한국인은 왜 협상에 서툰가

《한국인은 왜 항상 협상에서 지는가》라는 책이 있다.[28] 이 제목에 거부감이 들지 않는 이유는 일견 저자의 주장에 공감하는 부분이 많기 때문일 것이다. 그나마 요즘엔 많이 달라졌지만, 과거에는 국제 관계에서도 우리 정부는 깨지고 돌아오는 경우가 많았다. 대화와 타협의 정치를 제대로 해본 적이 없으니 국내 정치나 노사 관계에서도 여전히 극한 대결이 지속되고 있을 뿐 협상은 찾아보기 어렵다.

이렇게 한국인이 협상에 약한 이유는 앞에서 설명했듯이 민주주의의 역사가 짧다는 것이 가장 큰 이유다. 대화와 타협의 정치가 이루어지기 위해서는 민주주의 문화가 필요하다. 상대의 생각이 틀린 것이 아니라 다르다고 인정하는 상호 존중의 문화 말이다. 언어는 문화를 가늠하는 가장 중요한 척도 중 하나다. 많은 이들이 '다르다' 대신 '틀리다'를 사용하는데, 이는 나와 다른 생각은 옳지 않다고 여기는 경향을 드러낸다. 이러한 사고는 '모 아니면 도'라는 흑백논리에서 비롯된다.

흑백논리는 나는 백이고 상대는 흑이며, 나는 옳고 상대는 틀리다는 생각이다. 그렇지만 어떤 진리도 절대적이지 않으므로, 논리적으로 내가 맞다 해도 상대도 맞을 수 있고 나와 상대가 모두 틀릴 수도 있다. 흑백논리가 있는 곳에서는 공존이 불가능하다. 주위 사람들까지 흑과 백 중 선택을 강요받게 된다. 그 중간은 회색 지대로, 이곳에 머무르는 사람을 과거엔 '사쿠라'로 불렀고 요즘엔 기회주의자로 매도된다.

흑백논리는 기본적으로 미성숙의 산물이라고 할 수 있다. 지적으로, 정서적으로, 또는 육체적으로 미성숙한 사람은 흑백논리를 선호한다. 그게 생각하기 편하고 선택하기도 단순하기 때문이다. 그래서 아이들은 영화를 보다 "누가 악당이야?" 하고 묻는다. 등장인물을 보고도 "좋은 놈이야, 나쁜 놈이야?"를 가장 먼저 묻는다. '예' 또는 '아니요'로 답해달라고, 복잡한 설명 필요 없고 어느 편인지만 얘기해달라고 한다.

성인들 사이에서도 이런 흑백논리가 당연시되던 시기가 있었다. 사회적으로 절대악에 대한 공감대가 어느 정도 형성됐던 시기에는 정의로운 사람일수록 흑백논리에 경도될 수밖에 없었다. 일제 강점기, 군부독재 시대에는 다수의 대중이 절대악으로 여기던 존재가 있었다. 그래서 적당히 타협하고 살아간 사람보다는 끝까지 타협을 거부하고 맞서 싸운 분들을 우리는 영웅이나 훌륭한 스승으로 기억한다.

대표적인 분이 단재 신채호 선생이다. 선생은 세수할 때도 일제에 고개를 숙일 수 없다며 고개를 빳빳하게 들었기에 옷을 온통 버리기 일쑤였다고 한다. '단재'란 호도 고려 말 충신 정몽주의 '일편 단심'에서 따왔다고 하니 선생의 한결같은 마음을 읽을 수 있다. 조선총독부에 체포되어 10년 형을 선고받고 뤼순감옥에 수감됐을 때, 건강이 악화되자 보호자가 있으면 출감시키겠다고 했단다. 하지만 선생은 친척 보증인이 친일파라는 이유로 가석방도 거절했다고 한다.[29] 나는 고등학교 때부터 그 많은 독립운동가 중에서도 단재 신채호 선생을 가장 존경했다. 어느 정도 수준에서는 타협도 할 법한데 일제와의 타협을 일절 거부하고 엄청난 불이익을 감수한 그 기개와 정신에 감명받았기 때문이다. 내가 만일 그 시대에 살았다면 수많은 독립운동가가 그러했던 것처럼 모진 고문을 당하면서도 독립을 위해 일어서고 의연히 죽어갈 수 있었을까 수없이 질문해보았고, 그분들의 정신이 옳다고 생각했다.

문제는 민주화 이후에도 우리 사회에는 이런 흑백논리가 여전히 지속되고 있다는 점이다. 민주주의에서는 내 인권이 중요한 만큼 상대의 인권을 존중해야 하고, 그래야 상호 존중 속에서 대화와 타협의 정치를 할 수 있다. 그런데 한국의 현대사를 아는 사람이라면 한국의 보수 정당이 과연 타협과 협력의 대상인지 의문을 가질 수밖에 없을 것이다. 보수 정당의 근원을 거슬러 올라가면 친일과 독재의 뿌리에 맞닿기 때문이다.

어느 시기 흑백논리가 정상으로 인정받던 비정상적인 역사를 지닌 나라는 한 번쯤은 역사의 단절을 경험해야 정상적인 사회에 진입할 수 있다. 역사 바로 세우기를 해야 진정한 대화와 타협의 정치를 할 수 있게 되는 것이다. 그러나 우리처럼 왜곡된 역사가 한 번도 바로잡히지 않은 나라에서는 대화와 타협의 정치를 기대하기 어렵다.

심지어 민주주의를 압살하고 인권을 탄압하던 독재자에 부역했던 세력이 민주주의가 만개하자 왜곡과 오보를 양산하며 민주 정부를 공격하니, 국민의 눈에는 그들이 대화와 타협의 대상이 아니라 타도 대상이라는 생각이 들 수밖에 없을 것이다. 더욱이 친일·독재의 잔존 세력이 대화와 타협을 거부하고 국회를 뛰쳐나와 장외투쟁을 밥 먹듯이 할 때는 도무지 해결책을 찾을 수 없어 보인다.

이 때문에 노무현 대통령이 임기 중 당시 제1 야당인 한나라당에 권력을 통째로 줄 테니 대연정을 하자며, 그 대신 선거제도를 바꾸자고 제안했던 것이다. 이러한 제안에는 크게 두 가지 목적이 있었던 것으로 추측된다.

첫째는 말 그대로 여야가 대연정을 통해서 대화와 타협의 정치를 제대로 해보자는 의미였다. 이러한 구상은 갑자기 튀어나온 게 아니라 우리 정치사에서 반복되는 여소야대의 상황에서 어떻게 하면 대화와 타협의 정치를 정착시킬 수 있을지 오랫동안 고민한 끝에 나온 제안이었다. 노 대통령은 후보 시절부터 일관되게 이 주장을 해왔다.[30] 사실 '거국내각 구성'은 김대중 정부하에서 한나라당이 야당일 때 정부가 작은 실수를 할 때마다 내각 총사퇴를 외치며 걸핏하면 내세우던 구호였다. 그런데 막상 자신들이 그토록 원하던 거국내각 구성이 가능하게 됐지만, 책임총리 자리를 야당에 주겠다는 노 대통령의 대연정 제안을 하루아침에 걷어차고 말았다.

노 대통령이 선거제도 개혁에 집착했던 이유는 소선거구제가 지역 정당을 만들어내 특정 지역에서는 막대기만 꽂아도 당선되기 때문이다. 물론 소선거구제가 지역주의의 원인은 아니다. 그렇지만 지역주의하에서 공천은 곧 당선이라는 공식이 성립되기 때문에 의원들은 공천권을 가진 보스의 눈치를 볼 뿐 유권자의 이익이나 의사는 안중에도 없다. 대화와 타협의 정치를 가로막는 제1의 원인이 지역 정당에 있다고 보았기에, 이를 완화할 선거제도를 도입하는 것은 대통령으로서 권력을 반 이상 줄 가치가 있다고 생각한 것이다. 즉 이런 제안을 통해 대화와 타협의 정치를 해보자는 것이 가장 큰 목적이었다.

둘째는 우리 사회에서 흑백논리가 더는 통하지 않도록 특단의 조치가 필요하다는 생각에서였다. 노 대통령은 혁명으로 우리 사회를 변화시키지 않는 한, 역사의 단절은 불가능하다고 보았다. 노 대통령은 "우리 사회에서 지금 혁명이 가능한가?"라고 내게 물었다. "그게 불가능하다면 지금 상황에서라도 여야가 서로를 인정해야 한다. 그런데 상대를 악으로 규정하고 투쟁해왔던 내가 대통령을 하면서 그들과 대화와 타협의 정치를 하자고 하니, 상대가 진정성을 의심하지 않겠는가. 그러니 내 권력을 내놓고라도 과거의 적대 관계를 청산하고 새롭게 시작해보자는 의미"라고 했다.

노 대통령은 진심으로 선거구제 변화를 원했고, 책임총리를 야당에 주는 것으로 흑백논리를 이 땅에서 떠나보내는 씻김굿을 하고 싶어 했다. 친일과 독재의 후손과는 타협할 수 없으며 그들이 정치권에서 사라질 때까지 용서할 수 없다는 사람도 있겠지만, 노 대통령은 그게 현실적으로 불가능하다고 판단했던 것이다. 역사를 단절시키는 게 어차피 불가능하다면 여야가 손잡고 역사의 한 장을 정리하고 넘어가자는 제안이었다. 그래서 앞으로는 국가의 미래를 위해 서로 협력하고 타협하는 정치를 해보자는 것이었다.

대화와 타협의 민주정치를 향한 노 대통령의 원대한 꿈은 여지없이 거절당했고, 아직도 미완의 꿈으로 남아 있다. 박근혜 전 대통령이 탄핵을 당해 보수 정당이 분열되고 지리멸렬한 상태가 됐고, 민주당과 진보적 야당을 합치면 과반의 의석을 차지하는데도 문재인 정부하의 국회는 여전히 폐업 중이다. 한국에서 대화와 타협의 정치는 그만큼 멀고도 긴 여정이다. 흑백논리, 그때는 맞고 지금은 틀렸다고 자신 있게 말할 수 있을까.

공자가 죽어야 협상이 된다

우리 사회에 대화와 타협이 부족한 이유는 단지 민주제도의 미발달과 왜곡된 역사의 잔재 탓에 여전히 힘을 발휘하는 흑백논리 때문만은 아니다. 협상 자체를 부정적으로 바라보는 유교와 전통문화의 유산 또한 뿌리가 깊다. "공자가 죽어야 나라가 산다"라는 말이 실감 나는 곳이 바로 협상 분야다. 유교와 전통문화는 협상을 다면적으로 억압하거나 제약하는 기능을 한다.

첫째, 위계질서가 존재하는 유교 문화에선 아랫사람이 윗사람과 동등한 입장에서 협상하는 것이 불가능하다. 협상을 시도했다가도 "당신 지금 나와 흥정하자는 거요?" 하며 윗사람이 눈을 한 번 부라리면 아랫사람은 고개를 숙이기 마련이다. 기본적으로 대다수 협상 이론은 파트너 간의 평등한 관계를 전제로 한다. 위계적 사회에서는 윗사람이 권위로 아랫사람을 누르면 되므로 협상 문화가 싹 틀 리 만무하다.

2011년 노무현시민학교에서 협상 강좌를 개설하던 당시, 민주당 내에도 이명박 정부와 대화와 타협의 정치를 해야 한다고 주장하는 사람들이 있었다. 원칙적으론 좋은 말이다. 하지만 이명박 정부가 반대자를 탄압하고 정치 보복까지 하는데 이쪽에서 타협하자고 하면 협상이 됐을까? 4대강 사업, 자원외교 등 이명박 정부의 부도덕한 국정에 면죄부를 주고 민주당은 공동책임을 지게 됐을 것이다. 정부가 야당을 적어도 대화의 상대로 대접해줄 때 협상이 가능하다. 민주당이 이명박 정부의 부당한 탄압에 맞서 싸움으로써 함부로 취급하면 안 되는 존재라는 점을 과시했다면 이 대통령도 야당을 대화 파트너로 인정했을 것이다. 노무현 대통령이 수구 언론과 싸운 것도 같은 이유에서였다. 거대한 권력을 가진 세력과는 죽기 살기로 싸워서 어느 정도 대등한 관계가 되어야 비로소 협상이 시작될 수 있다.

둘째, 명분을 중시하는 유교 문화의 전통 또한 협상 문화의 성숙을 저해한다. 명분은 가치를 중시하는 태도다. 유교는 검소한 삶을 강조하는 안빈낙도安貧樂道, 눈앞에 이익을 보면 그것을 취함이 의리에 합당한지를 생각하라는 견리사의見利思義의 정신을 강조해왔다. 유교가 이익을 무조건 죄악시했다고 보기는 어렵다. 하지만 남에게는 후하고 자신에게는 박한 박기후인薄己厚人의 선비정신을 체질화하여 청빈하고 검약한 생활을 바람직하게 여긴 것만은 분명하다.

협상은 서로 주고받을 이익이 있을 때 쉽게 타결된다. 이익이 꼭 물질적일 필요는 없다. 가치, 명분, 명예, 평판 등 비물질적인 것도 포함된다. 하지만 이利보다는 의義를 중시했던 유교 문화에서는 상호 이익을 위해 한 번 정한 최초의 입장을 바꾸는 것을 타협으로 여기고 체면을 구기는 일로 받아들이는 경향이 있다. 흔한 말로 '면이 서지 않는 것'이다. 흑백논리가 우세한 사회에서는 서로 타협하는 게 이익이 되는데도 이익을 위해 입장을 바꾸는 것이 변절이나 배신으로 비치고 불명예로 인식된다. 앞서 피셔의 협상 이론에서 살펴보았듯이 입장 중심의 협상은 서로 최초의 입장을 고집하다 협상을 교착상태에 빠뜨리게 된다.

셋째, 소통을 억압하는 유교 문화도 한국인의 협상 경쟁력을 떨어뜨린다. '침묵은 금이고 웅변은 은'이라는 말조차 있지 않은가. 나는 어렸을 때 밥상머리에서 이야기하면 밥알 튀어나온다고 부모님께 혼이 났다. 2000년 초 미국의 저명한 기관에서 리더십 훈련을 받았는데 참석 전에 리더십 평가를 받은 적이 있다. 놀랍게도 의사소통 부문의 평가가 가장 낮았다. 글 잘 쓰고 말 잘한다는 평을 듣는 내가 왜 이런 평가를 받게 됐는지 이유를 곰곰이 생각해보았다.

어려서부터 대화를 억압하는 분위기에서 자랐기 때문에 나도 모르게 대화를 통해 문제를 적극적으로 해결하기보다는 혼자서 남모르게 문제를 해결하는 습관이 몸에 배어 있음을 발견했다. 예를 들어 교학부장을 맡았을 때, 교육부에 제출해야 할 보고서가 있으면 교수들 간에 업무를 분담하지 않고 나 혼자 며칠 밤을 새워 해치우곤 했다. 공금이 부족하면 사비를 들여서 해결했다. 그러다 보니 누군가 내게 일을 잘못했다고 불평하면 도저히 용납할 수 없어 그 사람과 더는 대화를 하지 않으려 했다. 다른 교수들은 내가 얼마나 힘들게 자신들을 대신해 일을 했는지 알 수 없으니 내가 하는 일에 대해 부정적인 발언을 할 수도 있었을 것이다. 그런데 나로서는 혼자

일을 다 했는데 고맙다고는 하지 못할지언정 불평을 한다는 게 받아들이기 어려웠던 것이다.

나는 여전히 의사소통의 문제를 지닌 채 살아가고 있다. 집안의 유교 문화에 덧붙여 오른손이 하는 일을 왼손이 모르게 하라는 철학까지 몸에 배다 보니 여전히 자기표현에 서투르다. 그래서 뭔가 공적인 일을 할 때는 최소한 정보 공유를 위해 이메일로 소통하려고 노력한다. 소통을 억압하는 문화는 침묵을 높이 평가했던 전형적인 유교 문화의 잔재이기도 하다. 소통은 내 입장을 상대에게 알리고 내가 제안한 대안을 받아들이도록 설득하는 데 필수적인 과정이다. 세계적으로 성공한 리더들을 연구해보면 가장 중요한 게 어려서의 밥상머리 교육이었다. 우리는 어린 시절부터 교사에게 질문하는 것조차 눈치를 보고 야단을 맞으며 컸다. 한마디로 소통을 적대시하는 문화에서 살았으니 우리 국민이 협상을 잘하지 못하는 게 당연하지 않겠는가.

넷째, 결과를 상대평가하는 우리의 집단주의 문화도 협상력 저하의 원인이라고 본다. 집단주의 문화에서는 내 생각보다 남들이 나를 어떻게 생각하는지가 더 중요하다. 그래서 내가 원하는 대학과 학과에 진학하기보다는 남들이 부러워하는 대학과 인기 학과에 진학하려고 한다. '친구 따라 강남 간다'라는 말 역시 집단주의 문화의 산물이다. 내가 누구인가보다는 남이 나를 어떻게 평가하는지가 더 중요하다. 부모들은 남에게 과시하기 위해 자녀에게 남들이 우러러 보는 직업을 선택하길 강요한다. 집단주의 문화에서는 내가 이 상황에서 협상을 하지 않았을 때와 비교해 협상을 통해 어떤 이익을 얻었는지 계산하기보다 상대가 나보다 얼마나 더 이익을 봤는지 비교한다. '사촌이 땅을 사면 배가 아프다'라는 속담도 집단주의 문화의 유산이다. 사촌이 땅을 사면 내게도 뭔가 이익이 돌아올 수 있다는 즐거운 기대가 생기는 게 현실적인데, 남이 나보다 더 많이 가진다는 것에 일단 배가 아픈 것이다.

끝으로, 유교의 권위주의 문화에서는 협상이 필요 없었다. 위에서 명령하면 아래에선 따르면 됐고, 약자들이 저항하면 힘으로 누르면 그만이었다. 위계적인 사회 구조와 문화에서는 사람을 계층과 계급으로 구분하면서 아랫사람이 윗사람과, 권력이 없는 사람이 있는 사람과 대등하게 토론하고 타협하는 것 자체가 불가능하다. 사실상 협상이 무의미했고 필요도 없었다. 협상을 필요로 하는 사회적 갈등이 폭발하기 시작한 건 민주화 이후의 일이다.

노무현, 불의에 맞서 싸웠던 실용주의자

노무현 대통령은 늘 대화와 타협의 정치를 강조했는데 왜 일부 엘리트는 그분을 갈등의 원인으로 지목했을까. 단적인 예로 YTN은 한나라당의 김형오 사무총장이 "노 대통령이 강연 자리에서 김혁규 전 경남지사의 총리 지명을 강행하겠다는 의사를 내비친 것은 겉으로는 상생의 정치를 말하면서 야당을 무시하고 밀어붙이기식 정치를 하겠다는 뜻이라고 비난"했다고 보도했다.[31] 심지어 최근 〈동아일보〉에는 "장·노년기 국민에게 물어보라. 노무현 정권이 국민을 위해 남겨준 것이 무엇인가. 정치적 갈등과 혼란의 연속으로 사회질서까지 퇴락시켰다고 보는 기성세대가 적지 않다"라는 내용의 칼럼이 실리기도 했다.[32]

반대편에 섰던 한나라당으로부터 이런 비난을 받는 것이야 그러려니 하겠지만 같은 편이라 생각했던 진보 진영의 학자들도 노 대통령이 불필요한 갈등을 조장했다고 비난했다. 예를 들면 〈서울경제〉는 전문가들이 "노무현 정부가 출범한 지 2년이 다 돼가지만 시스템 개혁을 통한 새로운 질서가 자리 잡기는커녕 시간이 흐를수록 정파 간·계층 간·지역 간·세대 간 갈등이 심화하는 데 대해 강한 불안감을 감추지 못하고 있다"[33]라고 주장한다는 기사를 실었다. 이 기사는 이어서 몇몇 중도·진보 학자를 인터뷰했는데 손호철 교수도 "'대통령이 나서 국보법 폐지 발언을 하면서 이념 논쟁을 일으킬 필요는 전혀 없었다'라며 '리더십 스타일 때문에 불필요한 갈등이 빚어지는 측면이 있다'고 꼬집었다"라고 보도했다.

왜 그랬을까? 노 대통령이 갈등을 부추겼다고 주장하는 사람들은 대화와 타협이 필요한 곳과 그렇지 않은 곳을 구분하지 못한 것이 가장 큰 이유 아니었을까. 정치에는 사회정의를 위해 절대로 타협할 수 없는 선과 악의 문제도 있고 대화와 타협이 필요한 정책의 문제도 있다. 사실의 왜곡, 선동, 거짓말, 부정부패, 사법살인, 권력의 오남용은 악이므로 단호히 대응해야지 타협의 대상이 아니다. 이에 대한 관용은 악과 거래하는 것과 다름없다. 원칙과 신의를 중시했던 노 대통령은 '공공의 적'에 대해선 단호히 분노하고 항거했으며 싸움을 두려워하지 않았다. 왜곡과 거짓으로 선동을 일삼는 수구 언론과의 싸움은 그래서 멈추거나 타협할 수 없었다.

잘못된 것, 사회악에 저항하느라 일어나는 갈등은 반드시 필요한 용기다. 악에 분노하지 않으면 비정상의 정상화에 익숙해지기 때문이다. 2019년 초에 불거진 버닝썬 사건과 그로 인해 드러난 가수 승리와 정준영의 범죄 행위를 한 예로 들 수 있다. 이 일은 장자연 사건, 김학의 사건 연루자들이 권력을 이용해 면죄부를 받음으로써 젊은이들에게 어떤 교훈을 줬는지를 똑똑히 보여준다. 사회악을 징벌하지 않으면 그것이 사회에 만연할 수밖에 없다. 이 또한 협상 이론에서 도출되는 교훈이다.

　노 대통령의 언론 정책에 모두 찬성했던 건 아니지만, 적어도 정치생명을 걸고 왜곡·거짓 보도에 맞서 싸운 정치인 노무현의 용기는 다른 정치인도 본받아야 한다고 생각한다. 노 대통령과 언론의 싸움을 지켜본 많은 시민이 깨어났고, 그 결과 시민들이 언론의 문제를 속속들이 알게 됐다. 언론의 문제는 지속되고 있지만 언론에 속는 국민은 많지 않게 됐다.

　사회적 악과 달리 진보냐 보수냐, 좌냐 우냐 하는 이념이나 정책의 문제는 최선이냐 차선이냐의 차이는 있을지언정 선악의 문제는 아니다. 이념은 선호와 신념의 문제일 뿐 옳고 그름의 문제가 아니기 때문이다. 시대와 문제의 성격에 따라 진보 또는 좌파적 대안이 더 적합할 수도 있고, 보수 또는 우파적 대안이 더 나을 수도 있다. 예를 들어 구소련의 공산주의 기획경제의 문제를 해결하는 데에는 자유화라는 우파적 대안이 유용했다. 마찬가지로, 우리 사회의 양극화 문제를 해소하기 위해서는 복지와 분배라는 좌파적 대안이 더 유용할 수 있을 것이다.

　정책은 꼭 좌 또는 우, 진보 또는 보수라는 두 개의 대안 중에서만 선택할 수 있는 게 아니다. 더 진보적인 대안부터 더 보수적인 대안까지 양극단 사이에 존재하는 수천, 수백 가지의 대안 중에서 선택할 수 있다. 국민이 좌-우, 진보-보수로 양분돼 싸움이 격화될 때 대통령은 여론의 중간 정도에서 타협적인 정책을 추구할 수밖에 없다. 민주정치는 여론정치이기 때문이다. 지지자들이 좌파적인 정책을 지지한다 해도, 제대로 된 대통령이라면 자신을 선출하지 않은 국민도 포용해야 한다. 그 점에서 노 대통령은 진보 진영의 지지를 받고 당선됐지만 이념적으로는 중도실용주의적 정책을 택함으로써 여론을 존중했다.

노 대통령은 불의에는 맞서 싸웠지만 경제 정책에서는 매우 실용적이었다. '불의에 맞서 싸우는 것과 실용주의자'가 과연 양립 가능한지 의문을 품는 사람도 있을 것이다. 불의를 용납하지 않는 원칙주의자일수록 원칙을 제외한 그 밖의 의사 결정에서는 더 유연할 수 있다. 불의에 맞서 싸우지 않는 사람은 양심이 없을 뿐만 아니라 정치인으로서의 자격도 없다. 나아가 불의와 타협하는 건 인간성의 상실을 의미한다. 물론 불의에 대한 정의는 사회마다 시대마다 다를 수 있기에, 무엇이 불의인지는 결국 그 시대의 대중이 공론의 장에서 합의로 결정할 것이다. 실용주의적 접근은 협상과 타협의 정치에서 필수적인 태도다. 민주주의자 노무현 대통령에게 이는 너무도 자연스러운 일이었다.

그러나 민주노동당의 싱크탱크인 진보정치연구소는 한국 사회 10대 위기의 주범으로 열린우리당, 한나라당과 함께 노무현 대통령을 포함시켰다. 이 연구소의 장상환 소장은 "사회적 갈등을 정치적 수렴을 통해 해결하지 못하고 오히려 갈등의 심화를 조장한 소모적 정쟁의 근원지"라고 노 대통령을 선정한 이유를 밝혔다. "노 대통령은 신자유주의 세계화의 무비판적 수용 속에서 정책을 시행해 사회적 양극화를 심화시켰고, 국정 운영의 최고책임자로서 '개

혁의 자살'과 민생 파탄을 가져온 장본인"이라고 비판했다.[34]

노 대통령에게 표를 주었던 일부 지지자도 그가 "좌회전 깜빡이 켜고 우회전했다"라고 비난했다. 그러면서도 다른 한편으로는 보수 언론과 타협하지 않고 싸움으로써 불필요한 갈등을 만들었다고 소리를 높였다. 무엇보다 4대 권력기관을 놓아버림으로써 통치의 효율성을 스스로 포기했다고 비난했다. 나는 지나고 보니 비판자들보다는 노 대통령의 생각이 옳았다고 믿는다. 비판자들의 논리는 앞뒤가 전혀 맞지 않기 때문이다.

임기 초부터 비정규직보호법을 통과시키려던 참여정부의 노력은 국회에서 민노당의 의사진행 절차 방해로 좌절됐다. 결국 그 법안은 참여정부 임기 말인 2007년 초에야 통과됐다. 참여정부가 힘이 있었던 임기 초에 통과됐다면 어땠을까 하는 생각을 나는 요즘도 자주 한다. 2007년 통과된 비정규직보호법으로 인해 영화 〈카트〉에 등장하는 것과 같은 부당 해고가 일부 있었고, 극한 대결이 발생한 작업장도 분명히 존재했다. 이 때문에 큰아들도 내게 분개하며 참여정부를 비판한 적이 있다. 이에 대해 나는 다음과 같이 답했다.

〈카트〉에 나오는 직원들이 노조를 결성하고 하나가 되어 싸운 점은 분명히 훌륭해. 그렇지만 이명박 정부에서 그렇게 싸웠다면 그들이 승리했을까? 그나마 참여정부였으니까 노동청이나 노동중재위 등에서 노조의 손을 들어줘 가능했던 일일 거야. 일부 부작용이 무서워서 완벽하지 않은 법은 통과시키지 않는다면 더 많은 사람이 희생하게 돼. 적절한 선에서 타협해 앞으로 나아가고, 부작용이 발견되면 또 수정해서 한 사람이라도 더 나은 삶을 갖도록 하는 게 정치의 목적이야. 모가 아니면 도라는 생각이 정치에서는 제일 위험해.

〈한겨레21〉의 보도에 따르면 2009년부터 2010년 사이 소득양극화가 완화됐다고 한다.[35] 이 기사는 저소득층 가운데 정규직 노동자 비율이 늘어난 것을 가장 큰 이유로 꼽았다. 비정규직보호법에 따라 2009년 7월부터 비정규직 노동자들이 정규직으로 대거 전환됐기 때문이라는 것이다. 2009년 이명박 정부와 재계는 법이 집행되면 비정규직이 오히려 회사에서 대량 해고될 수 있다며 법 개정을 요구했지만, 오히려 비정규직보호법은 원래 기대했던 성과를 얻은 것으로 분석된다. 만일 이 법이 노 대통령 임기 초에 통과됐다면 어땠을까. 노 대통령에게 삿대질하고 비난만 했던 사람들에게 더 많은 성찰이 필요하다고 생각하는 이유가 여기에 있다.

대한민국은 진보만 사는 나라가 아니다. 분단과 산업화의 성공 신화 탓에 절반 이상의 국민이 경제 정책에선 아직도 성장 위주의 보수 정책이 더 낫다고 생각하는 경향이 있다. 촛불의 열기가 채 가시지 않았음에도 대통령선거에서 문재인 후보는 41.08퍼센트의 득표밖에 하지 못했다. 심상정 후보의 표와 합해도 50퍼센트가 채 되지 않는다. 두 보수 대통령의 구속으로 보수의 신화도 빛이 바래긴 했다. 그렇지만 보수적인 여론이 존재하는 한 한편으론 여론을 선도하고 설득하면서, 다른 한편으론 여론을 추종하면서 나아가야 하는 것이 민주정치다. 노 대통령이 자신의 신념과 맞는 정책만을 추구하거나 자신의 지지자만을 만족시키는 정책을 하지 못한 것은 이 때문이다.

이명박 대통령이 지지자들을 위해 '부자 감세'를 하고 반대자를 탄압한 걸 잘했다고 생각하지 않는다면, 다수 의석을 지닌 야당을 존중하는 정책을 펼친 노 대통령에 대해서 비현실적인 비판은 삼가야 했을 것이다. 그러나 현실은 그렇지 못했다. 지지자만을 만족시키는 정책을 하지 못했다는 이유로 아직도 참여정부가 실패한 정권이었다고 말하는 사람들을 보면 민주주의에 대한 이해가 더 절실하다는 생각이 든다.

실용적인 정책을 추구했던 노 대통령이 갈등을 만들어낸 것이 아니라 자신의 이념에 맞지 않는 일체의 정책을 '모 아니면 도'라며 거부한 집단이 갈등을 조장한 게 아닌가 반성해야 할 때다. 민주적인 대통령을 만만하게 보고 걸핏하면 폭력 시위도 마다치 않던 세력이 폭압적인 이명박, 박근혜 정부에서는 어디에서 무엇을 하느라 평화적인 시위도 제대로 못 했는지 궁금하다.

진정한 대화와 타협의 정치는 갈등의 당사자들 모두가 성찰할 때 가능하다. 노 대통령은 퇴임 후에도 돌아가시기 전까지 수없이 자신을 돌아봤다. 좌파 진영도 성찰을 통해 더 많은 국민의 지지를 얻기를 기대한다. 새도 좌우의 날개로 날듯이 국가 정책에도 좌우의 균형이 필요하다고 생각하기 때문이다.

노무현이 꿈꾼 '국민이 성공하는 나라'

문화가 권위주의에서 민주주의로 넘어가는 과도기에는 그에 맞는 실행 계획이 따로 필요하다는 게 신제도주의자들의 주장이다. 권위주의 문화에 익숙한 국민은 적절한 수준의 공권력 사용을 오히려 반기는 경향이 있다. 노 대통령도 높은 수준의 민주주의 대신 과도기적 리더십을 발휘했어야 하는 게 아닌지 의구심을 갖는 사람도 있을 것이다. 하지만 노 대통령은 대통령으로서 자신의 뚜렷한 목표와 원칙을 가지고 있었다.

공권력은 특수한 권력이기 때문에 매우 신중하게 사용돼야 합니다. 공권력이 잘못 사용되면 국민의 인권이 침해되고 되돌릴 수 없는 큰 잘못을 범하게 됩니다.

군부독재 시대에 수많은 민주주의 운동가가 빨갱이로 몰려 탄압받고 투옥되고, 심지어 사법살인까지 당하는 걸 목격하면서 갖게 된 강한 신념이다. 무엇보다 노 대통령의 목표는 대통령으로서 성공하는 것이 아니었으며, '적어도 민주주의 대한민국의 대통령이라면 이렇게 행동해야 한다'라는 이상적인 전형을 사표로 남기고 싶어 했다.

나는 대통령이 언론과 싸우면 자칫 언론이 탄압받는 것처럼 엄살을 부릴 수도 있다고 생각했다. 거기에 속아 넘어가는 국민도 많으리라는 걱정에 "대통령은 이 싸움에서 빠지셔야 합니다. 제가 대신 언론과 싸우겠습니다"라고 설득했다. 하지만 그분은 나의 만류를 뿌리치고 언론과의 싸움을 계속했다. 노 대통령은 "내가 비록 실패하더라도 그 교훈을 통해 국민이 성공하는 길로 나아갈 것"이라며, "내게 성공한 대통령이 되어야 한다고 강요하지 말라"라고 했다. 그분은 자신이 성공하는 것보다는 바람직한 대통령의 역할과 책무가 무엇인지를 국민에게 보여주고자 했다. 그리고 거기에 도달하지 못할지라도 국민이 실패를 통해 교훈을 얻기를 바랐다. 국민이 그곳에서 다시 시작하면 결국은 성공할 것으로 믿었다. 대통령이 꿈꾼 세상은 '국민이 성공하는 나라'였기 때문이다.

노 대통령은 정부가 보수 정당으로 넘어갔다가 다시 돌아올 것에 대비해야 한다는 생각을 강하게 가지고 있었다. 요즘엔 학자들도 10년 주기설을 공공연히 사용하는데 이 이론의 원조는 노 대통령이다. 노 대통령은 민주 국가에서는 아무리 성공적인 정부도 8년에서 10년 이상 집권하는 경우가 매우 드물다는 것을 경험적으로 터득했다. 국민이 느끼는 피로감도 있고 견제심리가 있어서 잘했든 못했든 반대 정당으로 바꾸는 경향이 있다는 것이다. 그래서 김대중 정부에 이은 노무현 대통령을 끝으로 권력이 민주 정부에서 다시 보수당으로 넘어갈 것임을 직감적으로 예상하고 있었다. 따라서 정권을 뺏기지 않기 위해 무리한 방법을 사용하기보다는 정권이 넘어갔을 때 이를 견제하고, 다시 돌아왔을 때 민주당이 더 잘할 방법에 대해 고민했다.

노 대통령은 국민이 학습하는 것 외에 더 좋은 방법이 없다고 믿었다. "나라는 국민이 생각하는 만큼 간다"라는 얘기를 자주 했다. 정부의 정책에 대해 온갖 수단을 동원해 시위하고 반대하던 사람들에 대해서도 공권력의 테두리 안에서 허용했고, 무리한 진압으로 시위대 중 한 분이 사망했을 때는 공권력의 책임자를 인책하고 대통령이 국민 앞에 깍듯이 사과했다. 노 대통령은 야당의 황당한 탄핵을 받아들여 직무를 정지하고 헌법재판소의 판결을 겸허히 기다리기도 했다. 이 모든 것으로부터 민주주의와 시민의 주권을 학습한 시민들이 거리로 나와 이명박 정부의 독주를 막았고, 박근혜 전 대통령을 탄핵했다. 이로써 노 대통령이 꿈꾸던 세상이 한 걸음 가까이 다가온 것이다.

노 대통령은 대통령으로서 매우 일을 잘했고 성공적이라고 자부했다. 다수의 국민이 가장 일 잘한 대통령, 가장 좋아하는 역대 대통령으로 노무현 대통령을 꼽는 걸 보면 성공했다고 할 수 있다. 대통령이 스스로 실패했다고 말한 것은 지역주의를 깨지 못했다는 것이다. 지역주의를 완화하는 데는 30년 이상 걸리기 때문에 그건 노 대통령의 잘못이 아니다. 남북전쟁을 경험한 미국에서 남북 지역주의를 극복하는 데 100년 이상의 시간이 걸렸다. 우리는 동서 갈등의 정도가 전쟁을 경험한 다른 나라의 지역주의에 비해 약하기도 하지만, 노 대통령의 희생과 헌신이 지역주의 해체에 걸리는 기간을 단축했다고 할 수 있다.

노 대통령이 재임 중 가장 역점을 두었던 건 원칙을 중시하며 대화와 타협을 통해 국정을 운영하는 것이었다. 그럼에도 재임 시 지지도가 낮았던 것은 명분을 중시하는 유교의 문화적 영향, 일제와 독재로 왜곡된 역사 속에서 타협하면 무조건 회색분자로 치부하던 원리주의자들의 득세, 여당마저도 기득권으로 포위됐던 국회가 주된 원인이었다. 여기에 대통령의 대화와 타협의 정치를 이해조차 하지 못했던 지지자들과 성숙하지 못한 시민사회도 한몫을 했다고 할 수 있다.

노 대통령의 궁극적인 목표는 정권을 다시 찾아왔을 때 정부가 성공할 기반을 만드는 것이었다. 야당과 언론의 끊임없는 흔들기와 비판에도 문재인 정부가 높은 지지도를 유지하는 이유 중 하나는 노무현 대통령의 준비 덕이라고 생각한다. 노 대통령은 당신이 가장 존경했던 친구가 대통령이 되리라는 사실도 알고 있었을까.

노무현이 화합의 아이콘인 다섯 가지 이유

세월이 흐르면 노무현 대통령은 국민들에게 화합의 아이콘으로 기억되리라고 믿는다. 여기엔 다섯 가지 정도의 근거가 있다.

첫째, 노 대통령은 분권과 자율, 민주주의 문화의 혁신을 추구한 진정한 민주주의자였다. 민주적 결정이 중요한 이유는 아래로부터의 자율적인 합의만이 그 결과를 지속 가능하게 하기 때문이다. 공권력으로 갈등을 해결하는 구조라면, 겉으로는 질서정연하고 효율적으로 보이지만 정부만 바뀌면 다시 갈등이 터져 나올 수밖에 없다. 그 정책으로 손해 보는 쪽에서 현 질서를 뒤집기 위해 부단히 노력하게 될 것이기 때문이다. 아래로부터의 의사 결정은 일방적으로 희생하거나 양보하는 사람 없이 서로가 만족할 만한 타협을 한 결과이기에 그 결정을 뒤집지 않고 오랫동안 존중할 가능성이 크다.

둘째, 갈등을 조정하는 가장 큰 힘은 제도화에서 비롯된다. 노 대통령의 가장 큰 업적을 하나만 들라면 나는 시스템 구축이라고 말하고 싶다. 한명숙 전 총리도 강조했듯이 노 대통령은 갈등을 조정할 수 있는 남녀차별개선위원회, 지속가능발전협의회 등 수많은 위원회와 시스템을 구축함으로써 갈등을 제도적으로 해결하고자 노력했다. 김병준 전 정책실장도 노 대통령이 우리 사회의 잘못된 인센티브 시스템을 바로잡기 위해 얼마나 노력했는지 협상 강의에서 수많은 예를 들었다.

친일파 자손들은 친일로 모은 재산을 지키며 지금도 승승장구하는 반면, 독립운동가 자손들은 배우지도 못하고 생활고에 시달리며 대를 이어 고생하고 있다. 그뿐인가. 우리 공무원 사회에는 역인센티브 제도가 있다. 나쁜 짓을 하면 오히려 승진하고 출세하고, 열심히 성실하게 일하는 사람은 보상을 받지 못하는 경우가 많았다. 노 대통령은 공무원의 복지부동을 질타하기보다는 그들이 열심히 일하도록 인센티브 구조를 개선하기 위해 노력했다. 국민의 고통을 외면하고 복지부동하는 공무원에게는 벌을 주되, 열심히 일하려다 실수한 공무원에 대해서는 관용해야 한다는 입장이었다. 잘하려다 실수한 것을 자꾸 처벌하니까 공무원이 아무것도 하지 않게 된다고 생각했다. 공무원의 복지부동은 그들의 속성이라기보다는 우리의 인센티브 시스템이 잘못됐기 때문이라고 믿었다.

셋째, 노 대통령은 지역주의 타파를 위해 자신의 모든 것을 던짐으로써 국민통합에 가장 크게 기여했다. 지역 갈등이야말로 정치권의 합리성을 모두 빨아들이는 블랙홀이었다. 부산에서 수없이 낙선하면서도 그는 도전을 멈추지 않았다. "광주에서 콩이면 부산에서도 콩이고 대구에서도 콩"이라는 그분의 명연설은 지금도 많은 이의 가슴을 때린다. 바보 소리를 들어가면서도 지역주의 타파에 도전했다.

그분은 유서에도 지역주의 타파를 위한 장치를 남겼다. 집 근처에 작은 비석 하나를 세우라는 유언은 결국 봉하를 국민 통합의 상징으로 만들었다. 봉하를 찾는 이들 중 아마 가장 많은 수가 호남 사람들일 것이다. 대통령 기일이 되면 광주에서 봉하까지 버스를 타고서도 오고, 수많은 참배객이 동서를 가로질러 걸어서도 온다. 보수 정당의 지도부가 교체될 때도 어김없이 봉하를 찾아 참배한다. 봉하에서만큼은 국민통합이 이미 다 이루어진 것 같다.

넷째, 투명한 국정 운영만큼 갈등을 해소하기에 좋은 방법은 없다고 생각한다. 대통령의 홍보수석으로 임명받아 첫 국무회의에 배석했을 때의 일이다. 외교부 안건이 올라왔는데 서류에 '2급 대외비'라는 빨간 도장이 찍혀 있었다. 노 대통령은 당시 반기문 외교부 장관에게 심각한 표정으로 말했다. "장관, 이 서류가 왜 2급 기밀입니까? 내가 보기엔 평범한 내용인데 국민이 알면 안 되는 이유가 있습니까? 외교부는 대부분의 서류를 1급 기밀, 2급 기밀로 분류하는데 정말로 국가 이익을 위해서입니까, 아니면 일하는 사람의 편의를 위해서 그렇게 하는 겁니까? 지금까지 국가기밀로 분류한 서류들 모두 재검토해서 국민에게 공개할 게 있으면 투명하게 공개하시기 바랍니다."

협상의 실패와 그로 인한 갈등의 분출은 대부분 상대에 대한 불신에서 비롯된다. 정확한 정보를 모르니 나만 손해 본다는 생각에 의심하고 타협을 꺼리는 것이다. 모든 자료가 상호 간에 투명하게 공개되면 노동자가 사업주를 신뢰하고, 국민이 정부를 신뢰하게 돼 불필요한 갈등을 줄일 수 있다. 요즘에는 실제로 대학에서도 정확한 정보를 학생과 학부모에게 공개하고 있고, 부동산 정보까지도 투명하게 전산화되어 세금을 매길 수 있게 됐다. 청와대의 이지원은 모든 정책 결정 과정을 투명하게 기록해 나중에 정책 실패에 대한 책임까지 물을 수 있도록 했다. 참여정부가 유엔의 이거번먼트egovernment에서 1위를 차지한 건 운이나 우연이 아니다. 임기 초에 급증했던 시위 규모나 건수가 차츰 감소한 이유[36]도 바로 투명한 행정 덕분이었다고 생각한다.

다섯째, 요즘은 보수 측 인사들도 노무현 대통령이 정파의 이익이 아니라 국가와 국민의 이익을 추구함으로써 전 국민의 통합을 위해 노력했던 대통령이라고 칭송한다. 물론 문재인 정부와 대비해 문재인 대통령을 비난하려는 의도일 수도 있겠지만, 노 대통령이 정파나 당파적 이익을 고려하지 않고 한미 FTA를 추진했던 것은 너무도 유명한 예다.

여의도연구소의 연구원 출신인 명지대 김형준 교수는 국익을 위해 어떤 비난도 감수하겠다는 용기와 신념으로 노 대통령이 한미 FTA를 추진했다며 다음과 같은 칼럼을 쓴 바 있다.[37]

노무현 전 대통령은 진보 세력이 극렬하게 반대하는 한·미 자유무역협정FTA을 추진했다. "좌파·우파 정책을 가릴 게 아니라, 우리 경제에 필요한 것을 하고 서로 모순된 것을 조화시켜가는 것이 중요한 것"이라고 그 이유를 설명했다.

　　결론적으로 노 대통령은 후손들로부터 타협의 아이콘으로 오래
오래 기억될 것이다. 링컨 대통령도 당대에는 남북전쟁을 촉발한
갈등의 아이콘이었다. 하지만 해를 거듭할수록 미국을 흑인과 백
인 모두의 나라로 만들었다고 칭송받고 있다. 이와 마찬가지로 노
대통령도 시간이 흐르면 흐를수록 국민 사이에 화합의 아이콘으로
기억될 것이다. 진정한 화합은 격한 갈등을 겪은 후에야 얻을 수 있
는 것인지도 모른다. 비 온 뒤에 땅이 굳는 것과 같은 이치 아니겠
는가.

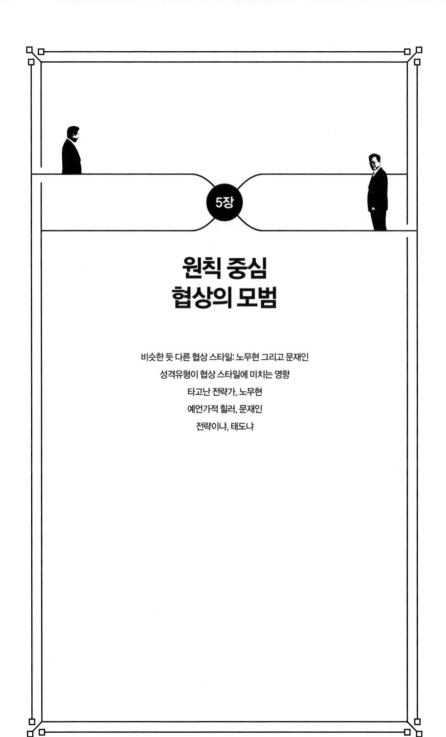

5장

원칙 중심
협상의 모범

비슷한 듯 다른 협상 스타일: 노무현 그리고 문재인

노무현 대통령과 문재인 대통령이 가장 가까운 친구였고, 지향하는 이념이나 원칙을 중시하는 태도도 닮았기 때문에 협상 스타일도 비슷하지 않을까 생각할 수 있을 것 같다. 하지만 두 분은 비슷해 보이면서도 협상 내용이나 스타일에서 다른 부분이 많이 관찰된다. 함께 일해본 경험을 바탕으로 이번 장에서는 두 분이 어떤 점에서 유사하고 어떤 점에서 다른지 분석해보고자 한다. 이런 분석을 통해 두 대통령을 더 깊이 이해하고 원칙 중심의 협상에 대해 나름의 기준을 세울 수 있으리라 생각한다. 분석을 위해선 기준이 필요한데 앞에서 제시한 목표, 전략, 전술의 3요소를 사용하고자 한다. 이 기준은 협상 이론을 배우고 실습하는 데에도 도움이 된다.

　노무현 대통령은 타고난 전략가이고 문재인 대통령은 바둑으로 다져진 후천적 전략가라고 생각된다. 언론 환경이 너무 나쁘다 보니 노무현 대통령이 국민과의 소통을 잘하지 못하는 것처럼 보였지만, 노 대통령만큼 소통에 탁월한 분도 드물다고 생각된다. 로저 피셔는 가장 좋은 소통은 상대의 입장에서 바라보는 것이라고 했다. 노무현 대통령은 상대를 배려하는 데 특히 뛰어났던 분이다. 의사소통 기법에서 가장 중요한 건 협상 당사자의 태도인데, 태도 중에서도 가장 중요한 것이 진정성이다. 협상뿐 아니라 모든 대인관계에서 필수 요인은 신뢰이며, 상대가 나를 믿도록 하는 힘은 진정성에서 나온다. 물론 모든 사람이 자신은 믿을 만한 사람이라고 말하지만, 상대가 나를 믿게 하려면 내 진정성이 상대에게 전달돼 마음을 움직여야 한다. 이 점에서 문재인 대통령만큼 진정성 있고, 그 진정성을 잘 전달하는 사람이 또 있을까 싶다.

성격유형이 협상 스타일에 미치는 영향

협상의 3요소에 모두 뛰어난 사람이 있다면 최선이겠지만 '케이크를 먹으면서 동시에 가질 수는 없다'라는 미국 속담처럼 정반대의 특성을 모두 갖추는 건 쉽지 않은 일이다. 같은 원칙주의자라 할지라도 전략에 뛰어난 사람은 전술에서 약할 수 있고, 전술에 뛰어나면 전략에 약할 수 있다. 누가 어디에 최적화되어 있는지는 타고난 성격personality의 영향을 강하게 받는 것 같다. 물론 협상 훈련을 받은 사람은 그렇지 않은 사람에 비해 둘 다 잘할 가능성이 크지만 대부분 사람은 어느 한쪽에 타고난 강점을 보인다.

전통적인 리더십 연구에서는 타고난 성격을 가장 중요시했다. 과거엔 리더는 타고난다며 리더십에 최적화된 특정 자질이나 성격이 있다고 믿었다. 리더십에 어울리는 성격과 특질을 주로 남성적 특성에서 찾았기에 여성은 리더에 적합하지 않다는 주장이 주를 이루기도 했다. 리더십 연구에서 여성이라는 용어가 최초로 등장한 건 미국에서 여성운동이 가열차게 전개된 1980년대에 이르러서였다. 요즘엔 리더가 타고난다는 이론은 거의 부정되고 리더는 훈련으로 만들어진다는 주장이 정설이 됐고, 모든 사람이 서로 다른 영역에서 리더로서의 강점을 보인다고 믿는다. 리더가 어느 분야에서 강점과 약점을 보이는지는 타고난 성격을 분석해보면 쉽게 알 수 있는데, 미국의 저명한 리더십 훈련기관은 성격 분석에 MBTI Myers-Briggs Type Indicator를 가장 많이 활용한다.

사람은 모두 다르지만, 그 안에서 공통점과 차이점도 발견되기에 역사적으로 사람의 성격을 체계적으로 이해하는 방식이 다양하게 발전해왔다. 별자리나 점성술, 기질temperament 등이 여기에 해당한다. MBTI는 캐서린 브릭스Katharine Cook Briggs라는 소설가가 스위스의 정신분석학자 카를 융Carl Jung이 개발한 여덟 가지 성격유형을 열여섯 가지로 발전시킨 데서 출발했다. 이후 그녀의 딸인 이사벨 마이어스Isabel Briggs Myers가 사람의 성격유형을 판단할 수 있는 검사 도구를 개발함으로써 대중적으로 사용되기 시작했다. 이 도구를 우리나라에 들여오면서 'personality'를 '심리'라고 번역했는데, 개성 또는 성격으로 번역하는 게 더 적합하다고 생각한다.

성격유형은 리더십 진단과 훈련에 적극적으로 활용되지만, 내가 아는 한 협상 연구에 적용된 사례는 아직 없다. 사실 협상 스킬은 리더십의 중요한 역량 중 하나다. 협상에서 성격에 대한 이해가 중요한 이유는 대부분의 갈등이 성격 차이에서 발생하기 때문이다. 특히 자주 부딪히게 되는 직장 동료나 가족, 친척의 경우 성격을 잘 이해하면 불필요한 갈등이 상당수 해소된다.

MBTI는 노무현 대통령과 문재인 대통령의 리더십 차이를 설명하는 데에도 유용하지만, 협상 스타일을 이해하는 데에도 도움이 된다. 두 대통령의 협상 스타일 차이가 MBTI로 측정할 수 있는 성격 차이에서 비롯된다는 점을 이 장에서 보여주고자 한다.

물론 두 분이 내게 이런 성격검사를 받은 적은 없다. 다만, 노무현 대통령은 내가 교수 시절 청와대에 초청받았을 때 면담을 통해 선호 경향을 진단했고 그 결과 ENTP 유형이라고 결론 내렸다. 준비해 간 책을 펼쳐 이 유형의 성격적 특징을 읽어드렸을 때, 권양숙 여사는 어쩜 그렇게 대통령의 성격을 정확히 꿰뚫느냐며 마치 '서양점' 같다고 무릎을 쳤다. 노 대통령도 웃음으로 동의를 표했다. 그리고 문재인 대통령에 대해서는 같이 일해본 경험에 비추어 INTJ라고 잠정적으로 진단했다. 하지만 정확히 이 유형이라고 하기엔 설명되지 않는 행동들이 많았다. 대통령으로서의 행보를 지켜본 후에야 나는 문 대통령의 성격유형이 INFJ에 가깝다고 결론 내렸다.

물론 이러한 진단은 순전히 나의 주관적 생각일 뿐이기에 다른 모든 지식과 마찬가지로 언제든 틀린 것으로 드러날 가능성에 마음을 열어두고 있다. 진단의 타당성은 두 분의 협상 스타일에 대한 나의 분석이 독자들에게 얼마나 설득력을 발휘하느냐에 의해 결정될 것이다.

MBTI는 사람들이 타고난 다음의 네 가지 선호 경향에서 성격의 체계성을 도출한다.

- 힘의 근원: 에너지를 어디에서, 어떻게 얻는가 – 외향성Extraversion

과 내향성Introversion

- 사물을 보는 관점: 정보를 수집할 때 어떤 것에 주의를 기울이는가 – 감각Sensing과 직관intuitioN
- 의사 결정의 근거: 결정을 내릴 때 어떠한 체계를 사용하는가 – 사고Thinking와 감성Feeling
- 생활양식에 대한 선호: 어떤 삶의 유형을 채택하는가 – 판단Judgement과 인식Perceiving

이 네 가지의 선호 차원에는 두 가지 선택지가 있어서 총 여덟 가지의 선호 경향으로 나눌 수 있다. 사람은 대체로 여덟 가지 모두를 사용하기도 하지만 일반적으로 네 가지 차원에서 각각 한 가지를 더 선호하는 경향이 있다. 이 조합이 열여섯 가지로 나타나며, 그중 하나가 사람의 성격유형을 결정한다.

노무현 대통령은 이야기를 하면서 생각을 정리하는 외향형이며(E), 직관을 통해 큰 그림과 미래를 꿰뚫는 통찰력이 뛰어나고(N), 매우 객관적이며 이성적인 의사 결정을 내리는 경향이 있으며(T), 옳고 그름을 판단하기보다는 모든 것에 열려 있는 편이며, 미리미리 준비하기보다는 직전에 더 창의적인 아이디어가 떠오르고 순간적인 임기응변에 능한 인식형(P)이라 ENTP로 진단했다. 그리고 문재인 대통령은 생각이 정리가 돼야 이야기를 하는 편이고 혼자 있을 때 에너지를 충전하는 내향형이며(I), 직관을 통해 큰 그림을 그리고 미래의 가치를 중시한다는 점에서 직관형이며(N), 사람에 대한 관심과 공감 능력이 뛰어난 감성형이며(F), 옳고 그름의 도덕적 판단에 민감하고 연설 같은 것도 미리미리 준비한다는 점에서 판단형(J)이라 INFJ로 파악했다.

두 분이 원칙주의자로 매우 비슷해 보였지만, 사실상 성격에서 공통점은 역사의식과 미래에 대한 통찰력을 보여주는 직관형이라는 점뿐이다. 감각형은 실용적인 성격이어서 현실의 가치를 중시하는 사업 같은 데에서 소질을 발휘할 수 있는데, 두 분은 직관형이라 미래지향적인 정치사회운동에 관심을 보였던 것 같다. 그 외의 차원에서는 선호 경향이 정반대로 나타난다. 노 대통령이 주로 사람과 있을 때 에너지를 충전하는 외향형이라면, 문 대통령은 주로 남의 말을 묵묵히 들어주는 내향형이다. 노 대통령이 많은 사람과 어울릴 때 가장 큰 에너지를 받는 데 비해 문 대통령은 혼자 등산을 하거나 사색할 때 가장 행복해 보인다. 노 대통령은 원칙에 어긋나면 미련하다 싶을 만큼 여론몰이에 맞서 정도를 걸었지만, 문 대통령은 여론의 흐름에 매우 민감해 여론 추종적인 성향마저도 보인다. 노 대통령은 준비해둔 연설문이 있어도 현장 분위기에 따라 즉석연설을 하기도 해 언론에 왜곡의 빌미를 제공하기도 했고, 같은 말을 반복하는 걸 싫어해 같은 내용도 장소와 청중에 따라 다르게 표현했다. 그에 비해 문 대통령은 연설문을 미리 준비해 읽기 때문에 좀처럼 실수가 없으며, 절제된 발언으로 언론의 화살을 미리 방지하는 편이다.

네 차원의 선호 경향이 합쳐져서 만드는 ENTP, INFJ는 각 선호의 특징뿐만 아니라 네 요소의 결합이 만들어내는 역동성에 의해 매우 독특한 특성을 보여준다. 예를 들어 두 대통령이 같은 직관형이라 해도 노 대통령은 기질상 NT 유형이라 합리주의자이면서도 실용적이고 이론과 실천에 뛰어난 경향이 있다. 문 대통령은 NF 유형이라 사람을 격려하고 키우는 데에는 탁월하지만 구름 위에 있는 것 같은 이상을 현실에 실천하는 데 어려움을 겪을 가능성이 있다.

노 대통령의 경제 정책이 중도 실용주의였고 좋은 결과를 가져왔다면, 문 대통령의 경제 정책이 의도는 선했지만 현실에서는 의도와 다른 부작용을 초래해 어려움을 겪는 이유도 성격적 차이로 설명할 수 있다. 정책의 집행에 앞서 철저한 준비와 시뮬레이션에 의한 정책 효과의 검증이 우선돼야 하는데 문재인 정부는 정책의 옳고 그름에 무게를 두는 경향이 보인다. 문재인 정부는 아직 집권 2년도 채 되지 않았기에 정책적 효과를 판단하기는 이르다. 현재의 어려움은 장기적으로 나아지기 위한 단기적 충격일 수도 있기 때문이다. 다만 두 대통령의 리더십이나 협상 스타일이 국정 운영에서의 차이를 설명하는 데 사용될 수 있다면, 문재인 정부가 앞으로 잘할 수 있는 강점과 범할 수 있는 실수를 미리 알아내 사전에 보다 철저한 준비를 하는 데 도움이 되리라 생각한다.

결론적으로 성격에 대한 진단으로 예측해보면 두 분 모두 원칙주의자적 성향이 강한데 노 대통령이 실용주의적이며 유연한 원칙주의자라면, 문 대통령은 원칙을 위해 죽음도 마다하지 않을 강골强骨형 원칙주의자다. 노 대통령은 역사와 미래를 꿰뚫어 보는 뛰어난 전략가이며, 문 대통령은 진정성으로 타인을 감동시키며 상대의 말을 귀담아듣는 소통의 귀재다. 협상의 3요소 중에서 노 대통령은 강온 전략을 적절히 구사하는 뛰어난 전략가이나 소통의 태도나 전술에는 상대적으로 약한 스타일이라 불필요한 오해나 갈등을 불러일으키기도 했다. 문 대통령은 전략은 상대적으로 약한 편이지만, 협상하는 태도가 훌륭해 눈빛만으로도 진정성을 전달해 상대를 감동시키고 말로 천 냥 빚을 갚는 분이다. 이러한 성격적 차이를 염두에 두고 두 분의 협상 사례를 살펴보도록 하겠다.

독자들도 이미 의식하고 있겠지만 한마디 사족을 곁들이자면 성격유형은 사람에 대한 이해를 돕기 위한 도구에 불과하다는 점이다. 같은 유형의 사람도 선호 강도에서는 수백만, 수천만 가지로 나뉘기 때문에 열여섯 가지 유형에 기초해 한 지도자의 협상 스타일을 파악한다는 건 무모한 일이다. 사람을 MBTI라는 박스 안에 가두기보다는 대통령이 왜 이런 결정을 내렸는지, 이 발언의 의미는 무엇인지를 이해하기 위해 MBTI를 하나의 도구로 사용해주기를 부탁한다.

타고난 전략가, 노무현

ENTP, 독창적인 혁신가형[38]

ENTP 유형은 외향적인 직관력의 소유자들로서 물질적, 기계적인 관계뿐만 아니라 사회적 관계를 창의적으로 처리하며 자신의 재능을 대인관계와 사물을 다루는 데 발휘한다. 이들은 분석, 특히 기능 분석에 능하고 복잡한 것을 기꺼이 수용한다. 통상 정열적이고 모든 것에 흥미를 가지고 있으므로 타인을 고무시키고, 타인들은 이들의 정열에 매혹된다. 여러 가지에 모두 즐거워하는 편이어서 이들을 기쁘게 하기 쉬우며, 종종 상대 유형인 NF형, 특히 ENFP형의 활기를 보이기도 한다. 모든 일이 통상적인 선례에 따라 평범하게 시행되는 것을 싫어하고 더 좋은 방법을 찾아내는 특별한 안목이 있으며 새로운 프로젝트, 새로운 활동, 새로운 절차를 찾아내려고 항상 노력한다.

추구하는 가치에 확신을 가지며 기준, 전통, 권위를 무시하는 성향이 있다. 이러한 활력 때문에 사업이나 생활에 참신하고 새로운 접근 방법을 잘 개발한다. 사회적 또는 구조적인 면에서 실용성을 포착하는 예리한 판단력이 있으며, 수단과 목적을 구분하는 데 전문가답다. 이들은 아이디어를 수단으로 보며, 그것을 실용화하는 발명품을 창출해내는 걸 목적으로 한다. 이들에게 착상은 실행 가능하거나 물건으로 만들 수 있을 때만 값어치를 지닌다. "그 일은 안 된다"라는 말은 이들에게는 도전이며 "나는 할 수 있다"라는 반응을 나타낸다. 그러나 INTJ형처럼 수많은 것을 기안하지는 않는다. 오히려 이들은 임기응변 특성이 두드러지며, 긴급한 상황에 대처하는 데 탁월한 능력을 보인다. 표면상 대담한 용기는 ESTP형을 닮았지만, ENTP형은 능력에 초점을 맞추고 이로 인해 힘을 얻는 반면 ESTP형은 행동의 자유에 초점을 둔다.

ENTP형은 매력이 넘치는 대화를 잘하며, 타인의 복잡한 언어 구사에도 이해가 빠르다. 상대방이 가까운 친지나 친구라 하더라도 상대에게 불리한 논쟁 기술을 곧잘 이용한다. 항상 타인보다 유리한 입장을 고수하는 유일한 유형이다. 남보다 몇 발 앞서며, 말이 많고, 동기 부여를 잘하는데 이런 특징은 조직에 생명감을 준다. 기업가답게 무엇이든지 또는 누구든지 손에 닿는 것은 교묘하게 잘 다루며, 사전에 자세한 청사진을 주의 깊게 설계하기보다는 문제가 발생했을 때 풀어가는 능력이 있다. 자기의 능력과 임시 대응 기술에 의존하는 경향 때문에 때로는 꼭 준비해야 하는 것을 소홀히 하는 실수를 범한다. 임시변통으로 통하지 않는 경우를 여러 번 경험하면 ENTP들은 완전한 준비의 대안을 개발한다. 직업이 너무 단조로운 것만 아니라면 여러 직종에서 성공할 수 있다. 이 점에서 이들은 지칠 줄 모른다.

가끔 규칙을 준수하지 않아 조직의 허를 찌르고, 조직의 규칙이나 규정을 걸고 내기를 즐겨 한다. 조직의 정책을 잘 이해하고 다루며, 사람을 판단하기에 앞서 이해하고, 주어진 정책을 활용한다. 일상의 단조로움만 없으면 혁신적인 프로젝트에 능하며 잘 관리해낸다. 이들은 사람들과 관계를 맺고 조직하는 데 탁월한 공학사들이다. 동료 간에 유머와 낙관적 성향으로 유명하며 모두가 이들과 사귀고 싶어 한다.

톰 소여가 폴리 아줌마의 울타리에 페인트칠을 하는 무료함을 해결하기 위해 페인트칠이 마치 아주 특별한 일인 양 친구들을 유혹해 해결하는 재능을 보여주었듯이, 이들과 같이 생활하면 대담한 모험을 하는 것처럼 느끼게 된다. 이들은 가족을 육체적·경제적인 곤경에 빠뜨릴 수 있다. 경제적으로 필수적인 것은 잘 조달하지만 직업에서는 자주 위기까지 몰린다.

때로 ENTP는 자신의 성공을 좌지우지하는 사람들에게 불필요한 도전을 한다. 이들의 도전에 상사들은 부정적인 반응을 보이며, 위험에 직면한 문제를 임시변통으로 풀어냄으로써 종종 성공한 경우가 많다. 다방면에 취미가 있고 예상치 않은 방면에 조예가 깊지만, 이러한 것을 배우자나 아이들과 함께 나누면서 가르치려고 하지는 않는다. 사실 ENTP형은 아이들에게 관심을 기울이는 일에 일관성이 없다. 관심이 지나치게 많거나 지나치게 부족하다. 이들은 대개는 유한 성격으로 비판하거나 잔소리를 하지 않는다. ENTP 유형으로서 최악의 상태는 변덕을 부리거나, 경솔해지거나, 쉽게 좌절하는 때다.

손익을 계산하지 않는 원칙주의자, 바보 노무현

노 대통령의 목표는 '사람 사는 세상'이었다. 우리가 어느 때보다 물질적인 부에 탐닉하고 있던 1980년대에 인본주의 철학을 첫 선거 구호로 내걸었다는 사실이 사뭇 놀랍다. 문재인 대통령의 구호도 '사람이 먼저다'였으니 목표에서는 두 분이 크게 다르지 않다고 할 수 있다. 직관형이라는 공통점이 있기에 목표와 목표를 달성하기 위한 원칙주의의 고수에서 유사성을 보인다고 생각된다.

어떤 사람이 원칙주의자인지 아닌지를 판가름할 때 나는 다음과 같은 세 가지 정도의 기준으로 평가한다.

- 가치판단: 자기 나름의 옳고 그름에 대한 기준이 있는가.
- 기소불욕물시어인己所不欲 勿施於人(내가 싫은 건 남에게도 권하지 않음): 남에게 적용하는 원칙을 자신에게도 일관되게 적용하는가.
- 표리일체表裏一體(겉과 속이 일관됨): 말만 앞세우지 않고 직접 실천하는가.

노무현 대통령은 지금까지 내가 아는 사람 중에 겉과 속, 말과 행동이 가장 일관된 최고의 원칙주의자였다. 무엇보다 참여정부의 목표와 과제를 성취하기 위해 정직하고 투명한 국정 운영에 노력을 기울였다. 이명박 정부처럼 성과를 홍보하기 위해 통계를 조작하거나 댓글 조작으로 여론을 호도하지 않았다. 자신에게 유리하다고 택하고 불리하다고 피하지 않았다. 국민과 효과적으로 소통하기 위해 이벤트를 하는 걸 쇼라고 치부할 만큼 전술적인 요령을 전혀 쓰지 않아 당대의 국민으로부터는 오해를 많이 받았지만 끝내 그 진실이 수많은 국민에게 통했다.

후보 시절 이회창 후보와 TV 토론을 앞두고 있을 때였다. 방송사에서 이 후보 측이 요청해서 미리 질문지를 주었으니 노 후보 측에도 질문지를 미리 드리는 게 도리일 것 같다며 보내왔다. 한 참모가 이를 노 대통령께 말씀드리며 질문지를 보여드리려 하자 벌컥 화를 내셨다고 한다. "아직까지 나를 그렇게 모릅니까? 생방송 TV 토론을 하는 이유는 후보의 준비된 답변이 아니라 평소의 철학이나 정책을 검증하려는 의도인데, 질문지를 미리 받으면 제대로 된 검증이 되겠습니까. 상대야 그쪽이 알아서 판단할 일이고, 우리는 질문지 없이 갑시다."

이회창 후보가 '옥탑방'이란 용어 자체를 몰라서 비웃음을 당하고 있을 때였다. 노무현 후보는 한 언론과의 인터뷰를 자처해서 이에 편승해 상대 후보를 비난하는 대신, "사실은 나도 옥탑방을 모르고 있었는데 부끄럽게 생각한다"라고 고백했다. 이처럼 굳이 하지 않아도 될 말을 손해를 감수하면서까지 했던 이유는 성품이 워낙 정직해서이기도 하지만, 공정함이란 투명성에서 비롯된다고 생각했기 때문일 것이다. 나에게 불리하다고 피하고, 남에게 불리하다고 편승하지 않았다.

심지어 어떤 이들은 대선 직전인 2002년 겨울 반미反美 분위기로 보이는 문화행사가 시청 앞에서 이어지자 노무현 후보가 이곳에 참석해 인기를 얻었고, 그것이 대선에 도움이 됐다고 주장하기도 했다. 내가 아는 한, 노 대통령은 한 번도 여론이나 인기에 편승한 적이 없다. 아니 너무 포퓰리즘에 맞서려 해서 나로서는 그것이 노 대통령의 국정을 홍보하는 데 가장 큰 장애물이었다. 노 대통령은 대선 국면에 책임 있는 정치 지도자가 국가적으로 중요한 쟁점이 걸린 시위 현장에 나타나 표를 구걸하는 것으로 보이는 건 바람직하지 않다며 참석을 거부했다. 그 자리엔 놀랍게도 보수 진영을 대표하는 이회창 후보가 참석했다가 참가자들로부터 야유를 받았다. 원칙주의자 노무현은 인기를 얻기 위해 포퓰리즘적 발언이나 행동을 하는 걸 가장 싫어했다.

이와 관련해 또 한 가지 많은 이들이 잘못 알고 있는 사실은 "사진 찍으러 미국에 가지 않겠다"라는 노 대통령의 발언이 반미감정에 편승하기 위한 것이었다는 주장이다. 심지어 미국 정부의 일부 인사는 당시에 있었던 각종 반미감정이나 시위가 노무현 정부의 반미적 기조 때문이라고 의심하기도 했다. 노 대통령은 협상의 기본은 "줄 것은 주고 받을 것은 받는 것"이라고 자주 말하곤 했다. 당시 한 주한미국 대사도 역대 양국이 미뤄두었던 수많은 난제가 미국이 만족할 만한 수준에서 모두 타결된 건 전적으로 노무현 대통령 덕분이었다고 감사의 뜻을 표한 바 있다.[39] 그렇다고 우리가 손해를 본 것도 아니었다.

노 대통령의 "사진 찍으러 미국에 가지 않겠다"라는 발언에는 두 가지 의미가 있다고 해석한다. 첫째, 말 그대로 실질적인 과제나 성과도 없이 단지 국민에게 보여주기 위한 쇼로 미국에 가지 않겠다는 것이다. 둘째, 정치인들이 사진 찍으러 미국에 가는 이유는 알맹이도 없이 형님 국가로부터 인준받았음을 과시하는 것으로 보았던 것 같다. 내가 이렇게 해석하는 이유는 "친미사대주의나 반미주의가 표면적으로는 정반대의 감정처럼 보이지만, 실상은 열등감이 상반되게 표출됐을 뿐 자존감의 결여라는 같은 뿌리에서 비롯된 것"이라는 말씀을 노 대통령이 사석에서 한 적이 있기 때문이다.

노 대통령은 동맹이란 공동의 이익이 존재해야 유지된다고 믿었다. 공동의 이익이 있어야 협상이 성사된다는 로저 피셔의 주장과 정확히 일치한다. 내 나라에 대한 자존감이 있는 사람이라면 동맹을 망치는 반미주의나 친미사대주의 대신 미국을 우리의 국익을 위해 잘 활용하는 '용미주의자'가 되어야 한다고 노 대통령은 믿었다. 따라서 사진 찍으러 미국에 가지 않는다는 말은 미국에 대한 사대주의가 없고, 보여주기 쇼를 싫어하는 두 가지 특성에서 자연스럽게 나온 발언이었을 뿐 미국에 저항하려는 의도가 아니었다. 사대주의자들 눈에 반미로 비쳤을 뿐이다. 노 대통령은 원칙주의자였기에 자신의 신념을 대중이 알아듣기 쉬운 언어로 표현했는데, 그 발언이 이익이 될지 손해를 볼지는 전혀 계산하지 않았다.

2002년 대선 정국에 시작된 미선과 효순 두 여중생의 죽음을 추모하며 부시 대통령의 사과를 요구하는 촛불문화제는 한국 보수 세력에게는 물론 미국 정부에도 믿을 수 없는 충격을 안겼다. 독재 시절 반미는커녕 미국에 대한 반대 의견만 나와도 빨갱이로 몰리며 탄압을 당했기에 미국에 대한 비판은 우리 사회의 금기 목록 중 가장 상위에 해당하는 것이었다. 촛불문화제에 가족의 손을 잡고 참여한 젊은 층은 자신들이 반미 시위를 한다고는 생각조차 하지 않았을 것이다. 다만 주권 국가의 국민으로서 미국의 대통령에게 사과를 요구하는 것이 정당하다는 생각에 참여했고, 그해 여름 뜨거웠던 월드컵의 기억을 되살리고 싶은 마음에 가족이 함께 손잡고 문화제에 나왔을 것이다. 실제로 촛불문화제 참가자에 대한 대면조사 결과에 기초한 한 연구에서도 집회 참가자의 의도를 이와 같이 해석했다.[40]

그런데 한미 양국의 지식인과 언론은 노무현 후보가 반미감정을 선거에 이용해 당선됐다거나, 반미감정이 노무현 정부의 지원으로 확산됐다고 의심했다. 그 증거로 참여정부 이후 반미감정이 사라진 것을 예로 들었다.[41] 우리나라에서 2003년에 심각했던 반미감정이 2004년 갑자기 약화된 후 점차 잠잠해진 것으로 조사되는데 부시 대통령의 사과가 직접적인 원인이었고(목적이 달성됐으니 비판적인 생각이 약화되는 게 당연하지 않겠는가), 보다 근본적인 원인은 2008년 미국의 정권 교체로 인한 오바마 행정부의 등장에 있다. 부시 정부 기간에 지구상에 유일하게 한국만 반미감정을 가졌다면 노무현 정부를 원망할 수도 있겠지만, 미국의 동맹국이라고 할 수 있는 영국이나 프랑스에서조차 미국에 대한 호감도가 최하를 기록했었다. 오바마 대통령의 당선으로 미국에 대한 호감이 전 세계적으로 급상승했고 한국은 그중에서도 미국을 가장 좋아하는 국가 중 하나로 나타났다.[42]

한국의 보수 지식인과 언론인이야 그렇다 쳐도 미국의 정부 인사나 싱크탱크에서조차 이렇게 터무니없는 가정을 한 이유는 사회 현상에 대한 체계적이고 과학적인 연구 없이 주관적인 신념이나 가정을 정설로 둔갑시켰기 때문이다. 오늘날 수많은 의학적 지식이 과거의 고정관념을 깨며 충격적인 사실을 새롭게 쏟아내고 있다. 과거에 철석같이 믿었던 지식이 뒤집히는 예는 수도 없이 많다. 마리 퀴리 부부와 딸 이렌 퀴리는 모두 많지 않은 나이에 암으로 사망했다. 퀴리 부부는 푸른빛을 발사하는 발암물질을 머리맡에 두고 매일 밤 그 빛의 아름다움에 감탄했다고 한다. 퀴리 모녀는 전장에서 부상한 군인을 엑스레이 촬영을 하면서 최소한의 차단 도구도 사용하지 않아 방사선에 과도하게 노출됨으로써 암으로 사망한 것으로 추정된다. 요즘엔 새로운 지식의 발견 속도가 어마어마하게 빠르다.

사회과학적 지식도 마찬가지다. 우리가 철석같이 믿었던 수많은 가설이 사실이 아닌 것으로 밝혀진 예는 수도 없이 많다. 특히 노무현 대통령에 대한 거의 모든 주장이 과학적 연구 결과와는 동떨어져 있다. 언론이 믿고 싶은 대로 주장하고, 그 주장을 합리화하는 진보·보수 학자들이 엉터리 지식을 양산하고, 이를 다시 언론이 받아쓰면 이른바 친노라는 정치인들조차 그것을 무비판적으로 수용하기 때문이다.

지병근 교수는 2002년 대선에서 노무현 후보의 반미처럼 보이는 입장이 대선에 어떤 영향을 미쳤는지 경험적으로 연구한 결과를 국제 저널에 실었다. 놀랍게도 이 연구는 국민이 노무현을 반미적인 정치인으로 인식하고 있었으며 그로 인해 선거에서 표를 잃었다는 결론을 내렸다.[43] 즉, 노무현 후보는 반미감정 덕분이 아니라 언론이 반미주의자로 채색하여 득표에서 손해를 봤음에도 불구하고 당선된 것이다.

노 대통령은 '바보'라는 별명을 가장 좋아했다. 손해를 보는 줄 뻔히 알면서도 철저하게 원칙을 지킴으로써 바보가 됐지만, 그 결과 대통령에 당선됐고 지금도 수많은 국민에게 사랑받고 있다. 노 대통령이 피셔 교수를 직접 만난 적은 없지만 원칙 중심의 협상을 할 수 있었던 이유는 사적으로는 의義를 위해 이利를 기꺼이 포기했기 때문이다. 그러나 공적 영역에서는 철저히 주고받는 이익 중심의 협상을 실천했다.

노무현의 팃포 스리탯 전략

지금 문재인 정부와 마찬가지로 노무현 대통령도 미국의 부시 대통령과 북한의 김정일 위원장, 그리고 중국과 러시아의 압력 속에서 외교적으로 힘든 시기를 보냈다. 취임 직후 북핵 위기를 맞이했을 뿐만 아니라 야당에서 처음으로 보낸 선물이 대북 송금 특검법이라 거부권을 행사하지 못했던 노 대통령은 일부 지지자들로부터

도 원망의 소리를 들어야 했다.

대북 송금의 내용이 밝혀지면서 이 일에 관여했던 김대중 정부의 주요 인사들이 감옥에 갔고, 북한 송금의 통로였던 정몽헌 회장은 검찰 조사 도중 스스로 목숨을 끊었다. 북한으로부터 냉대가 돌아왔지만 노 대통령은 북한에 정상회담을 구걸하지는 않겠다며 냉각기를 가졌다. 그런 한편, "동맹에게도 필요할 땐 쓴소리를 해야 한다"라며 부시 대통령에게 북폭은 절대 불가하다는 발언을 해 한미 동맹의 균열을 걱정하는 목소리가 여기저기서 터져 나왔다. 친미주의자가 다수인 외교부로부터 "아니 되옵니다"를 수도 없이 들은 터라 대통령은 많이 지쳐 있었다.

"대통령님, 협상 이론을 공부한 사람의 입장에서 볼 때 대통령님은 협상 교과서대로 하시는 것 같아요. 정말 잘하고 계십니다."

노무현 대통령의 외교 협상이 정도에서 벗어나지 않는다는 말씀을 드렸더니 대통령도 안심하며 기뻐했다. 돌아보면 마음 아플 정도로 쓴소리를 많이 했던 내가 노무현 대통령과 함께했던 시간 동안 거의 유일하게 해드린 칭찬인 것 같다. 타고난 협상가여서인지 독서의 결과인지는 몰라도 노 대통령은 정통 협상 이론에 도통한 분 같았다.

그러나 언론은 노 대통령의 외교 정책에 일관성이 없다며 매일 비난을 쏟아냈다. 비판의 근거는 2003년 5월 처음으로 미국을 방문했을 때는 "미국이 53년 전 도와주지 않았다면 나는 정치범 수용소에 있을지 모른다는 생각을 하고 있다"라고 말했는데, 2005년 한

미정상회담을 앞두고는 "동맹에게도 필요하면 쓴소리를 해야 한다"라고 하니 일관성이 없다는 거였다. 앞에서 이기적 유전자도, 이타적 유전자도 협상에는 도움이 되지 않는다고 말했다. 피셔도 훌륭한 협상가는 필요에 따라 강온 전략을 자유자재로 쓰는 사람이라고 주장했다. 때로는 같은 상대에 대해서도 부드러운 협상 스타일이 먹힐 때가 있고, 강한 협상 스타일이 먹힐 때가 있다는 의미다.

이런 비판의 소용돌이에서 나는 홍보수석으로서 기자실이 있는 춘추관을 방문해 노 대통령이 국익을 위해 협상을 한다는 목표와 원칙에 일관성이 있다고 설명한 적이 있다. 같은 대상에 대해서도 때에 따라 강온 전략을 적절히 구사하는 것이 더 좋은 협상 전략임을 설득하기 위해 팃포탯 전략의 유용성에 대해서 설명했다. 비보도를 전제로 한 학문적인 백브리핑마저도 언론의 왜곡 보도에 이용당했지만, 노 대통령은 원칙주의자로서 자신의 사적인 정치적 목적이 아니라 국익을 함양한다는 협상의 목표를 늘 뚜렷하게 인지하고 있었다. 이 목표를 달성하기 위해 필요에 따라 강온 전략을 번갈아 쓰고 있으며, 그게 오히려 최적의 전략임은 이미 팃포탯 전략에서 밝힌 바 있다.

한편 나는 노 대통령의 강온 전략에서도 일종의 규칙을 발견했다. 노 대통령은 어떤 사람이나 국가든 처음에는 무조건 협력한다. 그리고 상대가 배신을 하는 경우엔 두 번 정도 인내를 가지고 지켜본다. 예를 들어 북한이나 미국이 우리에게 불편한 발언을 한다고 하더라도 즉각 맞받아치지 않았다. 그러다가 뭔가 반전이 필요하다고 생각하면 쓴소리를 했다. 즉, 노 대통령은 두 번은 참고 세 번째에 맞받아치거나 강한 어조로 입장을 바꾸는 소위 '팃포 스리탯 tit for 3 tat'의 전략을 사용했다고 생각된다.

팃포 스리탯은 내가 인간관계에서 사용하려고 이름을 붙인 전략인데, 두 번은 상대의 배신과 이용을 참아주지만 세 번째에는 더 참지 않고 나도 비협력을 택하는 전략이라고 할 수 있다. 컴퓨터 시뮬레이션에서 최적의 전략인 팃포탯이 인간 사회에서도 최선의 협력을 가져올지에 대해서는 의문이 있다. 나쁜 결과만 보고 배신하려는 의도였다고 오해하기도 하고, 인간 사이의 의사소통에는 의도와 다르게 늘 오류 가능성이 존재하기 때문이다. 그래서 실제 생활에서는 팃포탯보다는 팃포 스리탯을 쓰는 것이 신뢰가 없는 양자가 상호 보복의 악순환에 빠지는 일을 막을 수 있다.

예를 들어 연인이 데이트를 약속했는데, 여자 측에서 남자가 회사 업무 때문에 늦을 수도 있으니 한두 번은 양해해줄 수 있다고 치자. 그러나 세 번째에도 늦는다면 그 사람은 불성실하거나 자신에게 호감이 없다고 간주하고 여자 측에서 관계를 중단해도 좋다는 말이다. 컴퓨터 시뮬레이션에서야 상대의 의도를 정확히 판단할 수 있지만 인간사에서는 피치 못할 일이 발생할 수도 있다. 그러니 한 번 늦은 걸 불성실한 사람으로 간주해 관계를 정리한다면 정말 좋은 사람을 만날 기회를 스스로 포기하게 된다. 그래서 팃포탯보다는 팃포 스리탯이 인간관계에서는 더 나은 전략이라고 생각한다.

남북 간의 협상이 대표적인 예다. 북한과 어떻게든지 대화와 타협을 하려는 진보 진영에 대해 보수 진영은 북한을 믿을 수 없으니 철저한 상호주의를 견지해야 한다고 주장한다. 앞서도 얘기했듯이, 상호주의는 상대가 협력하면 우리도 협력하고 상대가 배신하면 우리도 배신하는 전략이다. 그런데 보수 정권 시절 금강산 관광객 피격 사망 사건에서 보듯이 이러한 상호주의를 견지하다가 결국 남북 관계가 적대적으로 굳어지고 말았다. 신뢰가 전혀 없는 관계에서는 상호주의가 보복의 악순환을 가져온다는 점에서 최적의 전략이라고 말하기 어렵다.

김대중 대통령의 햇볕정책은 이 점에서 매우 훌륭한 전략이다. 남북은 전쟁을 겪었고, 그 후 수십 년간 교류도 없이 적대적 관계를 유지해왔다. 이런 관계에서는 어느 한쪽이 먼저 양보해 신뢰를 구축하는 게 우선이다. 그 한쪽은 경제적으로나 정치적으로 발전한 남측이 되는 게 자연스럽다. 민주 진영이 북한에 혜택을 주면서라도 협상 테이블로 초청하려는 이유는 남북 교류와 화해, 그리고 한반도 평화가 미래에 우리 민족에게 가져다줄 유무형의 이익이 워낙 크기 때문이다. 서독이 동독에 엄청난 지원을 했지만 이를 퍼주기라고 폄훼한 사람은 없었다. 그것이 통일의 기반이 됐고 통일 후에도 국민통합의 든든한 밑거름이 됐다. 미래 가치를 고려할 때 북한에 대한 지원은 수익률 높은 투자다. 신뢰가 없는 초기 관계에서의 엄격한 상호주의는 배신의 악순환을 초래할 것이므로 남북 관계에 사용해서는 곤란하다.

노 대통령은 인내심이 많으며 사람의 가능성을 신뢰하는 분이라

더 나은 미래를 위해 기꺼이 두 번은 이용당하는 위험을 감수했다. 그러나 아니다 싶을 때는 단호히 우리의 입장을 밝히고 가까운 사이에도 쓴소리를 하는 팃포 스리탯 전략을 사용했다. 그리고 마침내 김정일 위원장과 10·4 공동성명에 서명하는 성과를 얻었다.

가장 좋은 소통은 남의 입장에서 생각하는 것

전술에서 가장 중요한 요인은 소통의 기술이라고 할 수 있다. 노 대통령의 말과 글이 감동을 주는 건 그분의 철학, 살아온 삶, 말과 글이 일관되기 때문일 것이다. 진정성이야말로 성공적인 소통의 첫째 요인이다.

문재인 대통령은 눈만 봐도 진정성이 고스란히 전달된다. 품성이 부드럽고 눈으로 타인과 공감하는 능력이 뛰어나기 때문일 것이다. 이에 비해 노 대통령은 다수의 국민으로부터 진정성을 인정받는 데 어려움을 겪었다. 가장 큰 이유는 그분의 투쟁사적 기질 탓에 반대 측에서 두렵고 싸워야 할 대상으로 인식했기 때문일 것이다. 또 다른 이유는 고졸이라는 학벌 때문이라고 생각한다. 노 대통령이 학벌과 관련해 얼마나 많은 조롱과 무시를 당했던가. 다른 나라에서는 상상도 할 수 없는 야만의 모습이었다.

리더십 이론에서도 진정성이 가장 중요하다고 한다. 그런데 어떤 리더가 진정성이 있다 하더라도 그것이 반드시 모든 국민에게 전달되는 건 아니라고 한다. 진정성은 상대적 개념이라 사회의 권력 관계에서 주류가 아닌 사람은 팔로워로부터 진정성을 인정받기 어렵다는 이론이 있다.[44] 예를 들어 사회적 약자인 흑인이나 소수 이민자, 여성 등이 이에 해당한다. 우리 사회는 학벌 사회이니 고졸 대통령이라는 사실이 진정성을 전달하는 데 장애가 됐다고 생각한다.

소통을 잘하는 사람은 말을 잘하는 사람이 아니라 상대의 입장에서 생각하는 사람이다. 영어 표현으로는 'put one's feet in other's shoes'라고 하는데 '내 발로 남의 신을 신어봐야 그 사람의 입장을 이해할 수 있다'는 말이다. 이 점에서는 노 대통령도 뛰어난 소통가였다. 노 대통령은 김 대통령의 햇볕정책을 '평화와 번영 정책'으로 계승했는데, 어감까지 고려해 이름을 바꾼 이유는 북한의 의구심을 풀어주기 위해서였다. 햇볕으로 나그네의 두꺼운 코트를 벗기는 게 햇볕정책의 목적인데, 남측의 궁극적 목적은 북한 정권의 와해와 흡수통합이 아니냐는 의구심을 북한이 가질 수도 있다고 노 대통령은 판단했다. 정책의 이름 하나도 상대의 입장에서 배려한 좋은 소통의 예다.

이런 소통의 태도로 노무현 대통령의 협상이 빛을 발한 것이 10·4 공동성명이라고 생각한다. 북측에 정상회담을 하기 위해 갔는데 자꾸 아랫사람을 보내 같은 이야기(북한 체제 선전)를 반복하는 모습을 접하면서 노 대통령은 '북한 사람들이 개방에 대한 엄청난 두려움이 있구나' 하고 생각했단다. 남북 교류에 대해 남측이 시혜를 베풀고 북측이 도움을 받는 것으로 받아들여 북한 측이 자존심이 상했다는 것을 파악한 노 대통령은 북측의 자존심을 살려주면서 협상하는 쪽으로 방향을 선회했다고 한다.

우리는 지금 일본과 중국에 끼여 샌드위치 신세가 됐다. 우리가 남북 교류를 하려는 이유는 북측을 돕기 위한 것만은 아니다. 우리도 당신들의 도움이 없으면 도약하기 어려운 형편이다. 북한의 값싼 노동력과 남한의 기술력이 합쳐지면 우리 민족이 다 같이 번영하게 될 것이다. 우리를 도와달라.

이런 뜻이 전달된 이후 협상은 긍정적인 방향으로 급선회했고, 마침내 성공적으로 타결됐다. 상대의 입장에서 문제를 바라봤던 노무현 대통령의 협상은 협상 상대의 파트너십을 강조한 피셔의 이론을 적용한 전략일 뿐만 아니라 소통의 좋은 사례라고 할 수 있다.

예언가적 힐러, 문재인

INFJ, 예언가형 지도자

이 유형의 사람은 매우 드물다. 이들은 가능성에 초점을 두고, 가치관에 기초해 사고하며, 자연스럽게 결정한다. 타인의 복지에 기여하고, 동료를 돕는 일을 강하게 원하며, 순수한 기쁨을 느끼는 사람들로서 중후한 인격과 사고에 지대한 깊이를 지녔다. 스스로 갈등이 많으며, 복잡한 문제나 인간관계를 이해하고 다룰 수 있다. 대단한 공감 능력을 지니고 있으며, 타인의 정서나 의도를 당사자가 인식하기도 전에 파악할 수 있다. 그래서 타인의 고통이나 아픔을 스스로 느끼는 모습을 보이는데, 다른 유형에서는 찾기 어려운 점이다. 직감적으로 타인의 선악을 감지하는데 자신도 어떻게 알게 되는지 그 이유를 잘 모른다. 결과로써 직감력의 정확성을 증명할 뿐이다.

이 유형은 대개 우수한 학생들이며, 허세 부리지 않는 창조 활동을 하고, 일을 매우 진지하게 다루며 학구적인 활동을 좋아한다. 지나친 완벽주의 성향을 보여주며, 일 자체가 요구하는 것 이상으로 몰두해 영향력을 행사한다.

INFJ형의 속마음은 타인들이 알아내기 힘들다. 이들은 매우 풍부한 내적 생활을 소유하고 있으며 내향적이라 완전히 신임하는 사람이 아니면 자기의 속마음을 좀처럼 나누지 않으려는 경향이 있다. 강력한 내적 투사introjection의 능력과 공감 능력 때문에 타인에 의해 쉽게 상처받는다. 이러한 이유로 INFJ형은 사인private person으로 남고자 한다. 이들을 오랫동안 사귀어온 사람들은 때로는 이들이 놀라울 정도로 거리낌 없이 자신을 개방하는 점을 발견하게 된다. 뜻하지 않은 이러한 개방성은 이들이 일관성이 없어서는 아니다. 그들은 매우 일관성 있으며 가치관이 통합된 사람이다. 다만, 소용돌이처럼 너무 복잡한 내면을 지니고 있어 때로는 스스로도 혼란스러워한다.

타인을 기쁘게 해주기를 좋아하고 어떠한 경우에도 최선을 다한다. 갈등 상황을 싫어하고 파괴적이라 생각하며, 조화를 위해 타인과 동의하는 쪽을 택하기도 한다. 이 유형은 뛰어난 상상력을 보여주는데 종종 이들은 복잡하고 심리적인 예술작품, 즉 음악, 수학적 체계, 시, 희곡, 소설 등을 탄생시킨다. 어떤 의미로는 모든 유형 중에서 이 유형이 가장 지적이다. ENTJ형에서 리더십을 떼어놓고 생각할 수 없듯이 INFJ에게는 직관력이 핵심이며, 그래서 이 유형의 사람들 중에는 종교적인 인물이 많다.

전공으로는 인문계열 또는 사회과학 계열을 택하고, 직업으로는 사람과 상호 관련을 맺는 것, 그중에도 일대일의 관계를 가지는 일을 택한다. 이를테면 일반 의사, 정신과 의사, 심리학자 등이다. 모든 NF 유형과 마찬가지로, 성직이나 목회에 매력을 느낀다. 그럴 때 INFJ는 외향성을 개발해야 하며 그러기 위해선 대단한 노력이 요구된다. 집필에도 매력을 느껴 대단한 상상력을 요구하는 언어를 잘 사용한다. 이들은 비유법의 대가로, 고상하고 복잡한 말과 글을 사용해 사람들과 소통하고 묘사한다. 이 유형은 무슨 일을 택하든 다양한 방면에서 성공을 거두는데 개인적인 온정, 정력, 통찰력, 깊이와 집중력, 창의력, 조직 관리 기술 등에서 실효를 거둘 수 있기 때문이다.

일과 사회 활동에서 INFJ는 매우 지각이 깊어 타인을 잘 다루고, 조직에서도 역할을 잘 해내는 경향이 있다. 혼자 집중해야 하는 일이나 직업 분야에서도 잘 해내는 능력이 있으며, 동시에 사람들과 깊은 관계를 지니면서 그들을 접하는 일도 잘 해낸다. 이들은 기꺼이 문제의 매듭을 풀고자 하며, 문제를 이해하고 인간의 조직을 창의적·인본주의적으로 만든다. 고용인으로서나 사업주로서도 타인의 정서에 관심을 가지며, 집단 내에서의 개인적인 정서나 집단 정서의 척도를 적절하게 적용한다. 타인의 말에 귀를 기울이고 기꺼이 상의하고 협조하며, 일단 결정이 되면 완수하기 위해 움직인다.

홍보와 교섭에도 탁월하며, 동료와의 관계에서도 유대가 강하다. 조화를 염두에 두고 직업을 평가하고, 조직이 원활하고 유쾌하게 운용되도록 기여하는 데 최선을 다한다.

강단 있는 원칙주의자

나는 2017년 대선 전, 〈한겨레신문〉에서 운영하던 팟캐스트 〈김어준의 파파이스〉에 출연해 "문재인 후보는 노무현 대통령과 달리 싸우지도 않고 너무 착하고 부드러워 보여서 전혀 위협적으로 느껴지지 않는다. 그러나 노무현 대통령보다 더 원칙주의자라서 일의 결과는 훨씬 더 무서울 수 있다"라고 한 적이 있다. 그 장면이 캡처되어 '조기숙 교수의 예언'이란 제목으로 인터넷에 돌아다니기도 했다. 앞의 성격 분석에서도 잘 드러나듯이, 문재인 대통령의 원칙주의자적 면모는 적폐 청산에서 찾을 수 있다.

액설로드의 주장처럼, 사법 시스템을 농단하고 공권력으로 인권을 유린하고 특권층의 비리를 감싸는 데 동원됐던 비정상적인 과거를 단죄하지 않고서는 남을 착취했던 불의한 자들이 공동체의 복지를 지속적으로 훼손하게 될 것이다. 법과 정의를 바로 세우는 일은 비록 지난하고 시간이 걸리는 일이지만 문재인 대통령이기에 타협 없이 원칙대로, 인내심을 가지고 꾸준히 하나씩 해결해나가고 있다. 일부에서는 처리 과정이 너무 느리다며 빨리 쓸어버리라는 불만도 있고 언제까지 과거를 캐고 있을 거냐는 비난도 있지만, 문 대통령은 좌고우면하지 않고 법의 테두리 내에서 원칙대로 우직하게 해나가리라는 점을 나는 오래전부터 알고 있었다.

나의 예견이 현실로 드러나자 "소름! 예언 적중"이란 댓글도 보이는데 사실 예언자적 기질이 가장 강한 사람은 문 대통령이다. 그분이 그리는 북측의 비핵화, 남북을 연결한 철도를 타고 러시아를 지나 유럽까지 여행하는 새로운 한반도 체제는 언젠가 우리의 현실로 다가오게 될 것이다. 이러한 꿈을 현실로 만들고자 하는 문 대통령의 중재자로서의 협상 스타일도 여기에서 소개된 이론에 기초해 지켜보면 매우 흥미로울 것이다.

문 대통령은 노 대통령에 비해 훨씬 더 강단 있고 강직한 원칙주의자로 보인다. 원칙주의자는 융통성이 없다는 주장을 하는 이들이 많은데, 이는 원칙주의와 원리주의를 구분하지 못하는 무지의 소치라고 생각한다. 원칙주의자는 원칙 외에는 모두 타협할 수 있기 때문에 오히려 더 유연할 수 있다. 원칙주의자가 목표에 충실한 사람이라면, 원리주의자는 자신이 정한 입장에 매달리는 사람이다. 원칙주의자는 목표를 달성하기 위한 수단이나 전략은 얼마든지 변경할 만큼 유연하지만, 원리주의자는 자신이 정한 공약·입장·전략·전술에 집착하는 탓에 목표 달성에 어려움을 겪기도 한다. 결론적으로 원칙주의자와 원리주의자의 차이는 유연성에서 찾을 수 있다.

문 대통령도 노 대통령과 마찬가지로 원칙주의자이지 원리주의자는 아니다. 그러나 정치를 했던 노 대통령에 비해 주로 시민사회에서 활동했던 문 대통령은 옳은 일을 과감히 추진함으로써 보는 이의 마음을 시원하게 하지만 유연성에서는 덜 탄력적일 수 있다. 대표적인 예가 '최저임금 1만 원, 주 52시간 공약'이라고 할 수 있다. 나는 이 두 공약에 모두 찬성하고 문 대통령이 임기 중에 모두 실현하기를 바란다. 공약을 지키기 위해 일시적으로 경제가 어려움을 겪는 것도 얼마든지 참을 수 있고 국민을 설득할 수도 있다. 주 52시간 공약은 현장의 불만에도 불구하고 그럭저럭 정착돼가고 있지만, 최저임금은 여전히 논란 중이다.

첫해의 최저임금 인상 폭이 너무 커서 둘째 해에는 계획보다 많이 인상하지 못했을 때, 대통령이 직접 사과문을 내서 나는 깜짝 놀랐다. 지난 대선 때 모든 후보가 최저임금 1만 원을 공약으로 내세웠지만 사실 '1만 원'이라는 숫자 자체가 우리의 목표는 아니라고 생각했기 때문이다. 우리의 목표는 경제가 튼튼한 가운데 서민과 근로자의 삶이 윤택해지는 것이다. 최저임금 1만 원 자체는 목표에 도달하기 위한 하나의 수단일 뿐이지 그것 자체가 목표는 아니라고 생각한다. 문 대통령의 완벽주의자적 성향으로 인해 공약은 꼭 지켜야 한다는 생각은 갖지 않기를 바란다. 야당이나 언론, 시민단체도 마찬가지다. 공약을 지켰는지 안 지켰는지를 기준으로 비판하기보다는 경제의 활력에 미치는 수단으로 공약을 평가하면 좋을 것 같다. 북미 합의가 성공한 후 남북 교류가 본격적으로 시작되면 우리 경제가 최저임금의 인상 폭이 크더라도 버틸 힘을 갖게 될지 모른다. 임기 말까지 경제 사정을 봐가면서 단계적으로 최저임금을 인상하면 되기에 공약을 지키지 못했다고 판단하기는 아직 이르다고 생각한다.

앞에서 소개한 엘리너 오스트롬은 원칙, 규칙, 결정을 구분하라고 말한다. 원칙이 반드시 지켜야 할 불변의 가치라면, 규칙은 행위자들이 합의한 룰rule이므로 상황과 조건에 따라 합의에 의해 얼마든지 변경할 수 있으며, 결정은 협상 결과로 도출되는 것이라 매번 새로 결정될 수 있다. 우리 사회에서는 원칙과 규칙, 결정을 구분하지 못해 불필요한 갈등과 논란이 발생한다.

학교에서 교학부장을 맡고 있을 때, 국제대학원의 졸업생을 초청하는 홈커밍 행사를 처음으로 기획했다. 재학생, 졸업생, 교수가 모두 모이려면 우리가 사용하는 국제교육관의 로비에 뷔페를 차리고 그곳에서 행사를 하는 것이 가장 좋겠다고 생각했다. 졸업생이 한창 업무에 바쁜 주니어 전문가라는 점을 고려하면 시간은 금요일 저녁 퇴근 후가 좋을 듯했다. 총무과에 장소 사용 신청서를 냈더니 반려됐다. 담당자에게 전화를 했더니 총무과에서 일괄적으로 장소 사용을 허가하지 않기로 원칙을 정했다는 것이다. 매우 중요한 행사이니 예외적으로 허용해달라고 했더니, 행사를 허용하면 냄새와 소음에 대한 항의가 많아 어떤 것은 해주고 어떤 것은 안 해주기가 곤란해서 모두 불허하기로 결정했다고 했다. 우리는 주말 저녁 7시라 누구에게도 폐를 주지 않는다고 다시 한번 설득했지만, 예외를 만들기 시작하면 원칙이 무너진다며 전화를 끊었다.

나는 교수인 총무처장에게 직접 전화를 했다.

"총무처의 원칙은 학생과 교직원을 위해 봉사하는 것이어야 한다고 생각합니다. 로비 사용을 불허한다는 결정은 규칙 아닐까요? '예외 없는 규칙은 없다There is no rule without exception'라는 격언 기억하시죠? 모든 구성원의 이익을 보호하기 위해 로비 사용 불허라는 규칙을 만드셨겠지만, 저희는 주말 저녁이니 타인에게 전혀 피해를 주지 않습니다. 그렇다면 원칙을 훼손하지 않는 범위에선 규칙에 예외조항을 만드셔야 오히려 원칙을 지키는 일 아닐까요? 저희의 경우엔 '규칙의 예외조항이니 허용'이란 결정을 새롭게 내리시는 게 맞을 것 같습니다. 결정을 내려야 할 권한을 가진 총무처장님께서 매번 결정을 내리기 귀찮아 '모든 경우 불허 결정'을 원칙으로 만드신다면 오히려 이화 공동체의 이익에 봉사하지 않게 되며, 진짜 원칙을 훼손하는 결과를 가져온다고 생각합니다."

총무처장은 내 말이 끝나자 다른 말 일절 없이 딱 한 마디만 했다.

"원하시는 날 편하게 사용하십시오."

다음 날 담당 직원에게 전화가 왔다. 불만이 가득 섞인 목소리였다.

"이렇게 담당자를 패스해서 처장님께 직접 전화 걸어서 원칙을 훼손하고 허가를 받아내면 우리는 일하기가 매우 어렵습니다."

"내가 선생님을 설득하지 못하고 총무처장에게 직접 전화해서 속상하셨지요. 그 점은 나도 미안하게 생각합니다. 앞으로는 그런 일이 없도록 하겠습니다. 선생님을 설득하고 싶었지만 아무리 얘기해도 대화가 겉도니 어쩔 수 없이 처장님과 통화할 수밖에 없었습니다. 앞으로 다른 일을 하실 때도 결정과 원칙은 다르다는 점을 선생님도 이해해주시면 고맙겠습니다."

결국 우리는 1회 홈커밍 대회를 성공적으로 치렀다. 그리고 이일은 내가 협상이나 신제도주의 수업시간에 원칙, 규칙, 결정을 구분하는 데 예로 자주 사용하게 됐다.

최저임금 1만 원은 공약이기는 해도 원칙이나 규칙이 아니라 결정이다. 그것이 목표나 원칙인 양 논란의 핵심이 되어서는 곤란하다고 생각한다.

바둑으로 다져진 전략가

내가 문재인 대통령의 성향을 처음에 INTJ로 파악했던 이유는 대통령의 참모로서 민정수석 때의 모습을 주로 지켜봤기 때문이다. INTJ는 제갈공명과 같은 타고난 전략가형 참모다. 당시 그는 직진밖에 몰랐다. 문재인 민정수석은 인사 검증에서 조금이라도 문제가 있는 후보들을 단칼에 날려 노 대통령을 곤란에 처하게 만들었다. 호남 인사를 영남의 수석이 배제했다는 소문도 이 때문에 만들어진 헛소문이라고 생각된다. 그래서 나는 물론이고 문 대통령을 가까이서 오래 지켜본 MBTI 전문가도 INTJ로 잘못 판단했던 것 같다.

2005년, '행담도 사건'이 연일 언론에 보도되던 때였다. 다음 주에 국정원 과거사위원회에서 '김형욱 실종 살해 사건'의 조사 결과를 발표한다는 정보가 들어왔다. 당시 문 수석을 찾아가 이 발표를 한 주만 늦춰달라고 부탁했다. 문 수석은 어린아이같이 맑은 눈으로 나를 빤히 쳐다보며 웃음 띤 얼굴로 "왜요?" 하고 물었다. 문 수석의 표정과 미소는 그때나 대통령이 된 지금이나 변함이 없다.

"지금 행담도 게이트라며 연일 기사를 쏟아내는데 국정원이 큼지막한 사건의 조사 결과를 발표하면 행담도 물타기를 한다고 언론에 또 얻어맞을 것이 걱정됩니다."

문 수석은 그렇게 하려면 모든 것을 전략적으로 계획해야 하는데 그게 현실에서 가능하냐고 내게 물었다.

"그래도 너무 큰 사건은 최소한의 정무적 판단을 해야지요" 했더니 "우리는 전략이 없는 게 전략입니다"라는 답이 돌아왔다. 결국 문 수석을 설득하는 데 실패한 나는 '청와대가 행담도 물타기 하려고 국정원 과거사 조사 결과를 발표했다'라는 언론의 음모론에 흠씬 두들겨 맞았다.

대통령 취임 직후 문재인 대통령은 고구마에서 사이다로 불릴 만큼 국회를 통과할 필요 없이 대통령의 지시로 할 수 있는 각종 조치를 전광석화처럼 해치웠다. 전략가로서의 면모를 아낌없이 보여주자 언론은 문 대통령의 바둑 사랑을 집중 조명했다. 취임 100일간의 정책이 대국에 임하는 자세와 전략을 나타내는 '위기십결圍棋十訣'이라는 격언을 그대로 실행한 것으로 분석되곤 했다.[45] 다음은 한 언론이 선정한 일곱 가지 지시 사항이다.[46]

1. 일자리위원회 구성: 대선 공약 1번은 일자리 대통령이 되는 것이었기에 일자리위원회를 구성했다.

2. 국정 교과서 폐지: 문 대통령은 교육부에 국정 역사 교과서를 폐기하고 2018년부터 적용 예정인 국·검정 혼용 체제를 검정 체제로 전환할 것을 지시했다.

3. 5·18 기념식에서 〈임을 위한 행진곡〉 제창: 문 대통령은 취임 직후 〈임을 위한 행진곡〉 제창 반대에 앞장서온 박승춘 전 보훈처장의 사표를

수리했다. 그리고 5·18 기념식에서 〈임을 위한 행진곡〉을 힘차게 불렀다.

4. 노후 석탄화력발전소 폐쇄: 미세먼지 문제를 국가적인 의제로 설정하고 근본적인 해결 방안으로 30년 이상 된 노후 석탄화력발전소에 대한 '일시 가동 중단(셧다운)'을 지시했다.

5. 초등학교 미세먼지 측정기 설치.

6. 세월호 참사로 숨진 두 명의 기간제 교사 순직 처리: 인사혁신처는 순직한 교사들이 정교사가 아니라 비정규직 교사이므로 교육공무원이 아니며 '그들이 하는 일도 상시적 공무로 볼 수 없다'라는 입장을 밝혀왔다. 문 대통령은 스승의 날을 맞이하여 이들의 순직 처리를 결정하며 약속을 지켰다.

7. 돈봉투 만찬 감찰 지시: 문 대통령은 이영렬 서울중앙지검장과 안태근 법무부 검찰국장 간 이른바 '돈봉투 만찬 사건'에 대한 감찰을 법무부와 검찰청에 지시함으로써 정부의 '검찰 개혁 드라이브'를 본격화했다.

이러한 모습을 지켜보던 국민은 박수를 보냈고 문 대통령을 잘 아는 몇몇은 사석에 모여 대통령이 매우 전략적이라고 평가했다. 몇몇 언론의 보도처럼 바둑을 잘 두는 문 대통령은 몇 수 앞을 내다보는 전략가적 기질이 몸에 배 있다는 결론을 내렸다.

문재인 대통령의 원칙주의자적 면모와 전략적 마인드가 가장 잘 드러나는 분야는 대일본 외교와 독립유공자 우대 정책이다. 2017년 문재인 대통령은 아베 신조 일본 총리와의 정상회담 자리에서 "지난 2015년 박근혜 정부 때의 한일 일본군 위안부 합의 결과 만들어진 화해·치유재단을 해산할 수밖에 없다"라는 뜻을 전달했다. 그러나 "(기존의) 위안부 합의를 파기하거나 재협상을 요구하지는 않겠다"라고 함으로써 국제적 관례는 존중하면서도 우리 측의 이익을 관철한 매우 절묘한 협상안을 만들어냈다.

문 대통령은 지난 정부가 강제징용 관련 재판에 개입을 시도한 정황이 문제가 되고 있으며 강제징용 소송 건은 삼권분립의 정신에 비춰 사법부의 판단을 존중하는 것이 필요하다는 점도 미리 아베 총리에게 전했다. 다음 해 11월 대법원은 강제징용 피해자 4명이 신일철주금(옛 일본제철)을 상대로 낸 손해배상청구 소송의 재상고심 선고에서 신일철주금이 피해자에게 1억 원씩을 지급하라고 판결했다. 문 대통령은 우호적인 한일 관계는 과거사 처리와는 별도로 진행돼야 한다는 점도 분명히 했다.

또한 문 대통령은 독립유공자들을 청와대로 초청해 "독립유공자는 3대까지 예우하겠다"라고 말했다. 취임 첫해 광복절 경축사에서도 "독립운동을 하면 3대가 망한다는 말이 사라져야 한다"라며 "친일 부역자와 독립운동가의 처지가 해방 후에도 달라지지 않더라는 경험이 불의와의 타협을 정당화하는 왜곡된 가치관을 만들었다"라고 지적했다. 문 대통령은 참전명예수당을 인상하고 "독립운동가들을 모시는 국가의 자세를 완전히 새롭게 하겠다. 최고의 존경과 예의로 보답하겠다"라며 "독립운동가의 3대까지 예우하고 자녀와 손자녀 전원의 생활안정을 지원해서 국가에 헌신하면 3대까지 대접받는다는 인식을 심겠다"라고 말했다. 이는 게임의 보상 구조를 바꿈으로써 독립운동이 매국보다 더 큰 보상을 받는다는 인식을 국민에게 심어주겠다는 의지로 보인다.

너무나 감동적이고 가슴 뿌듯한 광복절 경축사를 들으며 왜 참여정부에서는 진즉 이런 조치를 취하지 않았는지 안타까운 마음이 들었다. 현실 정치를 했던 노무현 대통령은 야당이나 언론의 눈치를 보느라 당신의 의지를 필요 이상 절제해 퇴임 후 더 과감하게 개혁을 추진하지 못한 걸 후회했다. 그에 비해 시민사회 활동을 했던 문재인 대통령은 취임 전 이미 준비해두었을 것으로 보이는 우선순위의 정책을 거침없이 밀고나가 보는 이의 마음을 통쾌하게 했다.

태도가 본질인 부드러운 촉진자

문재인 대통령 취임 후, 기념일마다 대통령의 기념식사를 듣고 서로 감동을 주고받는 게 SNS의 새로운 유행이 됐다. 대선 때 문재인 후보에게 표를 주지 않았다는 교수들조차 5·18 기념식에서 연설을 마친 유족을 뒤따라가 안아주는 대통령의 모습을 보며 감동의 눈물을 흘렸다고 고백했다. 문 대통령은 다른 사람의 마음을 공감하는 타고난 기질을 지니고 있는 것 같다. "살다 살다 기념식을 기다려본 건 처음이다. 문재인 대통령의 다음 기념식사가 기다려진다"라고 나는 페이스북에 썼고 수많은 이의 공감을 얻었다.

문재인 대통령은 2018년 6월 18일 지방선거가 끝나고 가진 청와대 수석보좌관회의에서 "정치에 참여한 목표 중 하나를 이뤘다"라고 공개적으로 발언했다. 6·13 지방선거 결과 1990년 3당 합당 이후 굳어진 지역주의와 색깔론 정치가 끝난 것이 확인됐다는 의미다. 이어 "우리 정부의 가장 중요한 과제가 적폐 청산이고 그 중심에 부정부패 청산이 있다. 우리 스스로가 도덕적이지 못하면 국민의 바람과 중요한 국정 과제를 실현할 수 없다"라며 "도덕성이란 면에서도 한 번 더 자세를 바로 하는 결의를 함께 가져주길 바란다"라고 당부했다. 끝으로 문 대통령은 "국민을 대하는 태도, 다른 사람의 말을 듣는 태도, 다른 사람에게 말을 하는 태도, 사용하는 언어, 표현 방법, 이런 태도들이 무엇보다 중요하다"라며 "태도는 결코 형식이 아니라 본질이라고 생각한다. 국민을 모시는 존재가 공직자라면, 이런 본질이 태도에서 표현되는 것"이라고 강조했다.[47]

임기 초 문 대통령의 지지도가 그렇게 높았던 것은 대통령을 보며 힐링했던 국민이 지지로 보답했기 때문이라고 생각한다. 쇼라며 국민 속으로 들어가는 걸 거부했던 노무현 대통령과는 달리, 아니 그 경험을 반면교사 삼은 덕분인지 문 대통령은 전국 곳곳을 방문해 국민의 상처받은 마음을 쓰다듬고 위로해주었다. 대통령이 아니라 힐러라는 생각이 들었다. 두 전직 대통령으로부터 무시당한 국민의 상처가 회복되는 걸 화면으로 지켜보며 나도 많은 눈물을 쏟았다. 덕분에 내 마음도 힐링되는 느낌이었다. 비주얼로 보이는 상징만큼 강력한 소통은 없다. 문 대통령이 트위터에 직접 쓴 글은 마치 시와 같다는 생각이 들 만큼 깊이 있고 잔잔한 감동을 전해 준다. 문 대통령은 말과 글은 물론 행동과 상징으로도 국민과 소통 하는 소통왕이라고 생각한다.

문 대통령의 취임 후 남북정상회담, 북미정상회담이 급물살을 타게 된 것도 문 대통령의 진정성, 그리고 상대를 존중하는 태도가 큰 역할을 했다고 생각한다. 물론 미국이 북한에 대한 실질적 제재 를 강화하는 데 문 대통령이 동의한 것이 북한을 협상 테이블에 나 오도록 압박하기도 했다. 전 세계 정상들이 문 대통령을 만나면 모 두 팬이 될 만큼 문 대통령은 진정한 배려로 타인을 끌어들이는 매 력이 있다. 태도가 본질이라는 문 대통령의 주장에 깊이 공감한다.

이타적 유전자도 정치에 성공할 수 있을까

나는 가끔 살아 있는 성인聖人이 있다면 바로 문 대통령이 아닐까 하 는 생각을 한다. 문 대통령이 남에게 화를 내는 걸 본 적이 없을 뿐 만 아니라, 자신을 괴롭히는 사람들에 대한 관용이 거의 성자聖者 수 준이기 때문이다. 사람에 대한 신뢰가 무한해서 누군가에 대해 나 쁘게 말하는 걸 들어본 적이 없다. 문 대통령을 비판하는 언론인이 나 사람들도 문 대통령이 나빠서 비판하는 게 아니라 너무 착해서 문제라는 말을 많이 한다. 문 대통령의 직업이 만일 성직자나 심리 상담자라면 성인의 인내심과 희생정신을 가졌다는 점이 문제 될 건 없다. 하지만 정치인 문재인의 앞날은 걱정될 때가 있다. '남이 너에게 베풀기를 원하는 것을 너도 베풀라'라는 기독교 정신을 철저히 실천하는 건 팃포탯 전략에 어긋나기 때문이다.

문 대통령은 '사람은 믿으면 믿어주는 만큼 보답한다'라는 철학을 가지고 있다. 평생을 성공적으로 살아오면서 터득한 진리라 이에 강한 확신을 가지고 있다. 이 문제로 잠시 언쟁을 벌인 적도 있다. 문 대통령이 당대표이던 시절, 당내 문제로 진실 공방이 벌어지는 걸 보면서 모처럼 용기를 내 집으로 찾아갔다. "사람을 아무나 믿지 마시고, 전화로 단둘이 이야기하지 않으시면 좋겠습니다. 반드시 제3의 증인이 있는 곳에서 대화하시거나 문자로 하셔서 증거를 남기셔야 합니다"라고 조심스럽게 조언했다. 그런데 때마침 문제의 인사에게 전화가 오자, 문 대표는 속마음을 솔직하게 다 털어놓았다. 그리고 다음 날 보기 좋게 다시 뒤통수를 맞았다. 딱하게도, 사람은 쉽게 변하지 않는다.

모든 사람을 믿으면 안 된다는 나의 간언에 문 대통령은 부산의 법률사무소를 차린 이후 함께 시작한 사무장을 한 번도 바꾼 적이 없을 뿐만 아니라 회계장부를 들여다본 적도 없다고 말했다. '내가 전적으로 믿어줬기 때문에 그 사람도 최선을 다했다'라는 것이다. 그건 문 대통령이 그분의 됨됨이를 보고 채용했고 먼저 협력했기 때문에 좋은 관계를 유지해왔을 수 있다. 하지만 정치권에는 그런 선한 사람만 있는 게 아니다. 자신의 욕망을 실현하기 위한 이기적 유전자들이 득실대는 곳이 정치판이다. 앞에서 언급한 야마기시는 이러한 문 대통령의 가설이 현실에서도 맞는지 실험해보았다. 그 결과 상당수의 사람은 상대가 무조건 협력만 하는 이타주의자임을 알면 배신으로 이익을 취한다는 결론을 얻었다. 이는 피셔나 액설로드의 결론과도 일치한다.

그 후로 나는 문 대통령 앞에서 남에 대해 나쁜 말을 일절 하지 않게 됐다. 나 혼자 나쁜 사람이 된 느낌이 들었기 때문이다. 교과서적으로 전략적 사고를 하는 나는 세속적인 속물이 된 느낌이었고, 성자인 문 대통령 앞에서 한없이 작아졌다. 나는 대선 전 남편에게 이런 말을 한 적이 있다. "문 대통령은 역사의식도 투철하고, 정책에 대한 이해도도 높고, 전략적이며, 모든 사람에게 최선을 다하며, 머리도 비상하고, 국정 경험도 있어서 대통령이 되면 매우 잘하실 것 같아. 그런데 딱 하나 인사에서 문제를 일으킬 수 있어. 나는 그게 제일 걱정이야." 남편은 내 말을 긴가민가하면서 들었다. 대통령 취임 후 인사 문제가 하나씩 불거질 때마다 남편은 "당신 말이 맞네. 어떻게 알았어?"라고 묻곤 했다. "나도 문 대통령처럼 사람을 처음 만나자마자 너무 믿는 스타일이잖아. 사람을 실제보다 과대평가하는 경향이 있지. 그래서 실망하고 뒤통수를 많이 맞아. 그 대신 내가 몇 번 만나보거나 언론에서 보고 저 사람 아니라고 할 때는 그 사람은 꼭 문제를 일으켜서 정치 인생이 끝나거든."

사람을 과대평가하기는 해도 과소평가하지는 않기 때문에 내가 찍은 사람은 내 예측에서 벗어나질 못하는 한계를 보여줬다. 그런데 내가 잘 아는 사람 중에 별로 전문성이 뛰어나지 않거나 정치적 소신이나 아이디어도 없는데 문 대통령이 마음에 들어 하는 사람을 몇 명 보았다. 이런 일을 몇 번 접하고 보니 대통령이 내용보다는 태도가 좋은 사람을 좋아한다는 걸 알게 됐다.

　사람은 비슷한 유형의 사람을 좋아한다. 서로 갈등도 없고 이해가 쉽고 편안하기 때문이다. 리더십 코칭에서도 코치와 코칭받는 사람의 성격을 일치시키는 데는 서로의 입장을 너무 잘 이해하기 때문이다. 지금 청와대에는 원조 친노라 할 만한 3철은 배제됐고, 남아 있는 친노 참모들은 능력이 있는 사람도 부족한 사람도 있지만 공통점은 모두 태도가 좋은 사람들이라는 점이다. 누구와도 척을 지지 않고 정말로 인간관계가 좋은 사람이라는 공통점이 있다. 하지만 리더십에서 MBTI를 사용하는 이유는 서로 성격이 다른 사람으로 팀을 구성하기 위해서다. 서로 다른 사람이 만날 때 갈등이 생기고, 그 갈등을 해결하기 위해 창의성과 시너지가 발현돼 좋은 성과를 내기 때문이다.

　내가 문 대통령을 T가 아니라 F 타입으로 보게 된 건 대통령 취임 이후의 일이다. 참여정부에 출입하다 지금 임원이 된 언론사 간부들이 "참여정부 시절 민정수석 문재인과 대통령 문재인은 다른 사람 같다"라는 말을 한다. 인사 문제에 대한 대통령의 달라진 태도 때문이다. 그들은 문 대통령이 그때와 다른 기준으로 인사를 하는 것 같은 느낌이 든다고 말한다. F 유형의 리더는 사람을 중요하게 여기고 참모의 입장에서 바라보기 때문에 그때보다 온정적이 되는 게 당연하다고 생각한다. 나도 참모나 논객일 때는 T로 행동하지만 리더로서는 F로 행동하기에 충분히 이해할 수 있는 일이다.

　INFJ 유형은 예언자적 기질이 있어서 사람의 선악을 꿰뚫어 보는 능력이 있다고 한다. 그래서 그런지 문 대통령 주변에는 자신을 닮은, 태도가 조용하고 착한 사람들이 유난히 많다. F 유형은 친한 친구가 범죄를 저지르고 집으로 찾아와 숨겨달라고 하면 일단 숨겨주고 위로한 후에 자수를 권유한다. 반면 T 유형은 끈질기게 설득해 자수부터 시키거나, 단호히 거절하고 법의 심판을 받도록 하는 차이가 있다. 주위에 비슷한 사람들만 있으면 갈등은 없고 편안하겠지만, 서로를 너무 잘 이해하기 때문에 미처 서로의 잘못을 놓치는 경우가 있을 수 있다.

갈등이 없는 조직은 고여 있는 물과 같다. 흐르는 물은 바위의 뾰족한 모서리를 다듬기도 하고 오물을 쓸어가기도 한다. 문재인 정부는 혁신 경제를 지향하고 있다. 갈등 없이 혁신은 불가능하다. 갈등을 해결하는 과정에서 새로운 대안이 도출되기 때문이다. 문재인 정부와 청와대가 건강한 갈등을 통해 보다 혁신적으로 나아가길 기대해본다.

전략이냐, 태도냐

두 분 대통령의 목표, 전략, 소통을 살펴보았다. 두 분은 목표가 비슷하고 전략과 소통 능력이 모두 뛰어나다는 것을 알 수 있었다. 좀 더 구체적으로 보자면 노 대통령은 전략에 더 뛰어나고, 문 대통령은 소통의 태도가 더 훌륭하다는 점을 알 수 있다. 문 대통령이 태도가 훌륭하다고 해서 전략가가 아니란 말은 아니다. 나도 다른 전문가처럼 문 대통령을 INTJ로 판단했을 만큼 문 대통령은 뛰어난 전략가임이 분명하다. 그러나 문 대통령의 타고난 성향을 감성형으로 결론 내렸는데, 그 이유는 다음과 같다.

"협상에서 뭐가 더 중요한가? 전략인가, 태도인가?"라고 묻는다면 나는 "둘 다"라고 답할 것이다. 앞서 기업의 증자 사례에서 보았듯이 말 한마디의 힘은 본질이라 할 만큼 결과를 좌우하기 때문이다. 사람이 이성적인 존재만은 아니기에 감성을 자극한다는 면에서 태도는 특히 중요하다. 하지만 "둘 중 뭐가 더 중요한가?"라고 묻는다면 나는 "전략"이라고 답하고 싶다. 협력을 가능하게 하는건 공동의 이익이며, 태도는 부차적일 수 있다고 생각하기 때문이다. 대안이 여러 개일 경우 기왕이면 보다 친절한 가게에서 물건을 사겠지만, 대안이 없으면 상점 주인이 좀 불친절해도 물건을 살 수밖에 없지 않겠는가.

노 대통령이 임기 중에 지지도가 매우 낮은 것으로 많이들 기억하지만, 35퍼센트가 균형이었고 임기 말 지지도는 33퍼센트를 웃돌았다. 지지도가 낮으니 실패했다는 최장집 교수의 주장에 여론 전문가로서 나는 조금도 동의하지 않는다. 여론은 민심과는 다르며, 여론조사에 나타난 지지도는 인기투표 이상도 이하도 아니다. 여론의 지지가 높고 야당이 분열됐다며 안심하다가 2016년 선거에서 대패한 박근혜 전 대통령과 새누리당을 기억하면 된다. 유권자는 여론조사에는 깊은 생각 없이 응답하지만, 선거에서는 손익을 따져보고 투표한다. 따라서 투표 결과만이 민심을 제대로 반영한다고 할 수 있다. 정동영의 대선 실패는 노무현에 대한 평가와는 무관하다.[48]

노 대통령은 감성적 행보를 일절 하지 않았기에 여론조사에서 지지도가 낮았다. 하지만 '대통령의 개혁이 옳으냐, 제대로 된 방향으로 가고 있느냐'라는 질문에는 70~80퍼센트의 국민이 '그렇다'라고 응답했다. 즉, 이성적 평가는 그때도 매우 높았기에 내가 홍보수석으로서 감성 소통에 목말라 대통령께 민생탐방을 가자고 사정했던 것이다. 퇴임 후 농촌으로 돌아가 가게에서 담배 한 대 피우고 손녀와 자전거 타는 대통령의 소박한 모습을 보며 인기가 치솟은 이유도 이성적 평가가 기반이 됐기 때문이다. 약간의 감성적 소통만으로도 대통령에 대한 지지가 변화된 것이다. 노 대통령에 대한 긍정적 평가는 지금은 물론 앞으로도 견고할 것이며, 세대가 교체되면서 더 상승할 가능성이 있다고 생각한다. 그분이 만든 시스템, 정책 하나하나가 후세로 갈수록 더 인정받고 존경받을 것이기 때문이다.

문재인 정부는 태도도 좋지만 뛰어난 전략도 보여주었다. 대통령이 직접 챙기는 외교, 참여정부의 시스템과 사람까지 계승한 통상과 국가 재난 관리, 이낙연 총리가 챙기는 내치에서 그런 모습을 볼 수 있다. 무엇보다 적폐 청산은 원칙주의자 문 대통령만이 할 수 있는 과제로 지지자들이 문재인 정부를 꾸준히 응원하게 하는 원동력이다.

2019년 4월 2일 강원도 고성에서 시작된 산불이 초속 100킬로미터의 강풍에 동해안 일대로 번지자 정부는 국가 재난 사태를 선포했다. 정부의 전력 대응으로 이번 산불을 진화하는 데 14시간밖에 소요되지 않았다. 낙산사를 잃은 2005년 양양 산불 당시에는 32시간이 걸렸지만, 정부의 효과적인 대응으로 피해가 확산되는 걸 막을 수 있었다.[49] 나라다운 나라에서 국민으로 대접받는다는 느낌이 들었다.

문재인 정부가 참여정부에 비해 전략과 태도에서 업그레이드된 모습을 보이는 건 반가운 일이다. 경실련이 전문가 310명을 대상으로 한 '문재인 정부 2년 평가'에서 매우 박한 평가 결과를 내놓았는데, 여기에 동의하지 않지만 다른 부문에 비해 인사 부문이 가장 낮은 점수를 받은 것은 일리가 있어 보인다.[50] 인사와 민생 경제, 부동산 정책 등에서 난조를 보이는 건 더 늦기 전에 점검이 필요하다는 걸 시사한다. 문 대통령의 청와대는 내가 경험한 적도 없고, 아는 사람이 있어도 만난 적도 소통한 적도 드물기 때문에 뭐라 말하는 게 조심스럽다. 그런데 참모들의 기자회견이나 브리핑 등을 보면 참여정부의 청와대와는 분위기가 좀 다른 게 느껴진다.

참여정부에서는 늘 견제와 균형이 있었다. 부서끼리 싸우는 경우도 많았다. 국정상황실이 국가안전보장회의를 견제해 대통령 앞에서 몇 번이나 경위 조사를 받으며 양측이 논쟁을 했다. 홍보수석실은 정책실과 안전보장회의를 견제했다. 참여정부의 청와대는 대통령과의 논쟁이나 토론은 물론이고 우리끼리의 논쟁이나 토론도 일상이었다. 대통령이 참모들의 회의 결과에 불만을 갖고 반려하면 우리는 재결의해서 다시 올렸다. 대통령이 역정을 내면서 다시 돌려보냈을 때에야 마지못해 그 뜻을 받들었다. 노 대통령은 내가 하도 대통령께 쓴소리를 많이 하니 '비서는 대통령이 하는 말을 받아 적는 사람'이라고 말씀은 했지만 실제로는 참모들과의 도전적인 논쟁을 즐겼다. "왜 당신들은 내가 하는 말 그대로 따라하는 것밖에 못 하는가. 주도적으로 생각해서 일하라"고 격려하기도 했다.

이러한 갈등과 견제가 있음에도 참모들에게 공통적인 목표가 있었으니 대통령에 대한 충성심 하나만큼은 확실했다. 청와대는 대통령이 국민을 배신하지 않는 한, 대통령에게 충성하는 집단이라고 생각한다. 그것이 대통령을 선출한 국민에게 충성하는 길이기 때문이다.

노 대통령은 사람을 무조건 믿기보다는 견제와 균형이라는 시스템만이 업무의 오류를 잡아주고 성과를 가져올 것이라 믿었다. 서로 감시하고 견제하니 사심 없이 대통령께 충성 경쟁을 할 수밖에 없었다. 민주주의는 '불신의 제도화'라고 불린다. 민주주의의 발달과 제도화가 동의어로 쓰이는 이유도 불완전한 인간이 민주주의를 실천하기 위해서는 견제와 균형을 시스템으로 정착시켜야 가능하기 때문일 것이다. 신뢰 연구에서도 가장 위험한 게 무조건적인 신뢰blind trust라고 한다. 그래서 신뢰할 만한 사람과 그렇지 않은 사람을 인식하는 사회적 지능이 높은 사람만이 나이가 들수록 타인에 대한 신뢰가 높아진다. 무조건적인 신뢰로 여러 번 배신을 당한 사람은 나이가 들수록 타인에 대한 신뢰가 낮아져 아무것도 성취하지 못하는 경우가 많다.

노 대통령은 후보 시절 경제팀을 세 개 정도 운영한 것으로 안다. 경제팀을 하나로 모아놓으면 어떤 일이 벌어질까. 그 팀의 팀장은 자신보다 우수한 전문가가 들어오는 걸 경계할 것이다. 후보가 대통령이 되면 자신을 제치고 그 사람을 발탁할 것을 두려워하기 때문이다. 팀장의 그와 같은 게이트키핑(문지기) 역할 탓에 우수한 사람은 배제되고 팀원은 팀장에게 잘 보이기 위해 노력하게 될 것이다. 팀장이 우수하면 다행이지만, 무능하다면 창의적인 팀원을 억누르고 자신보다 우수한 팀원의 진입을 막아 조직의 활력을 떨어뜨릴 수 있다. 그런데 세 팀을 운영하면 어떤 일이 벌어질까. 후보는 세 팀의 팀장이나 팀을 별도로 만나야 하니 시간도 많이 들고 몸도 피곤할 것이다. 서로 다른 생각을 듣다 보면 혼란과 갈등을 느낄 수도 있다. 하지만 세 팀은 후보에게 더 좋은 아이디어를 내기 위해 경쟁할 것이고, 이 경쟁에서 앞서기 위해 좋은 전문가를 영입하려고 노력할 것이다. 노 대통령은 세 팀의 사람들을 별도로 만나 학습하고 토론해본 후에 장관과 참모 명단을 작성했다.

노 대통령은 소통 스타일도 독특해 그 많은 비서관을 다 알고 직접 소통했다. 업무지시도 비서관에게 직접 하고 보고도 직접 받았다. 물론 이지원에는 비서관이 대통령께 보고서를 보내면서 수석과 다른 비서관실을 참조로 포함했기에 모두가 보고서를 볼 수 있었다. 어떤 나라의 대통령도 노 대통령이 한 것처럼 정무 관련(홍보, 민정, 시민사회수석, 비서실장 직속) 거의 모든 비서관과 직접 소통하지는 않을 것이다.

프랑스 대통령제가 수석비서관은 없고 대통령이 30여 명의 비서관과 직접 소통하는 구조인데, 참여정부의 청와대도 이와 비슷하게 실질적으로는 대통령과 비서관이 다채널로 소통하는 구조였다. 그러나 우리 비서실의 형식적 구조는 미국처럼 위계적인 수석비서관 체제라서 수석비서관 아래에 여러 명의 비서관이 있었다. 그런데 대통령이 수석을 통하지 않고 비서관과 직접 소통하니 수석은 가끔 꿔다놓은 보릿자루가 되는 경우가 있었다. 나는 수석체제에서 비서관이 대통령께 직접 보고하는 건 수석을 무력화하는 일이라며 문제 제기를 했다. "대통령님께서 비서관과 직접 소통을 하시면 저는 비서관들에게 리더십을 발휘하기 어렵습니다. 하지만 뭔가가 잘못되면 책임은 제가 져야 하지 않겠습니까?"라며 불평했다. 대통령은 내 말이 맞는다며 급한 마음에 직접 비서관에게 지시를 내리긴 했지만 보고는 계통을 밟아 수석을 거쳐서 올리라고 업무 체계를 변경했다. 수석보좌관회의에서 새로운 지시를 정식으로 발표함으로써 나의 체면도 살려주었다. 그렇다고 대통령이 비서관과 직접 소통하는 소통체계가 변한 건 아니었다.

문재인 대통령의 일하는 스타일은 내가 캠프나 청와대에 있지 않아서 잘 모른다. 2012년 후보 시절 잠시 출마 선언을 준비했던 연설팀 회의에 한두 번 참여했던 것과 간접적으로 지켜본 경험이 전부일 뿐이다. 그럼에도 문재인 대통령의 청와대 작동 원리에 대한 가설을 세워보려는 이유는, 심각하지는 않았지만 어쨌든 인사 문제가 반복되는 원인을 찾아야 해결책도 찾을 수 있다는 생각에서다. 다만, 인사 문제가 불거지는 이유에 대한 나의 설명은 단편적 경험과 성격유형, 언론에서 바라본 협상 스타일에 기초한 이론적 가설임을 분명히 밝힌다. 문재인 정부의 추천 인사가 앞의 두 보수 정부에 비해 특별히 나쁘다고 생각하지는 않는다. 하지만 참여정부에 비해 논란의 여지가 많은 것은 사실이다. 물론 국민의 기대가 올라간 것이 가장 큰 이유일 것이다.

문 대통령은 2017년 후보 시절에도 정책팀을 하나로 총괄해서 꾸렸다. 누구의 생각이었는지는 몰라도 심지어 팬카페마저 하나로 통합하려다 포기한 바 있다. 2012년에 조직이 후보, 정당, 시민사회의 세 팀으로 분화돼 효율성이 저하됐기 때문에 그랬던 것 같다. 후

보는 팀원 전체를 만나는 경우도 있었겠지만, 대부분의 소통은 정책팀장을 통해 이루어졌으리라고 본다. 정책팀원이었던 다수의 교수로부터 후보를 자주 혹은 전혀 만나지 못했다는 불만을 들었기 때문이다. 팀장을 통하지 않고는 후보와 소통하는 것도, 새로운 정책 아이디어를 전달하는 것도 쉽지 않았을지 모른다. 이는 비선을 용납하지 않고 시스템으로만 의사 결정을 하겠다는 후보의 의지로 읽혔다.

문 대통령도 시스템을 중시한다는 점에서는 노 대통령과 닮았다. 후보 시절 노 대통령의 시스템에서는 견제와 균형이 본질이었다면, 문 대통령의 시스템은 하나의 팀 안에서 갈등을 조정함으로써 단일한 의사 결정 기구가 최종 결정을 내리고 후보가 이를 전적으로 존중하는 방식이었을 것으로 추측한다. INFJ 유형이 본래부터 갈등을 싫어하고 조화를 강조하는 경향이 있어 여러 팀이 경쟁하는 걸 힘들어할 수 있다고 가정했기 때문이다. 이런 시스템에선 활발한 토론 자체가 쉽지 않다. 후보를 면담하거나 보고할 권한을 주로 팀장이 가지고 있다면 팀원들은 팀장의 눈치를 보게 되고 팀장의 의견을 반박하기 어려울 것이다. 문 대통령은 매우 수평적이고 민주적이며 시스템을 존중하는 분이라 팀에서 가져온 결과를 뒤집지 않고 그대로 존중하는 경향이 있다. 그러나 이것이 함정이 될 수 있다고 생각한다.

노 대통령은 당신은 중앙에 있고 참모들은 자전거 바큇살처럼 방사형으로 위치했기에 다채널로 소통했고, 이 채널들이 서로 가로질러 소통하므로 기본적으로 열린 소통 구조였다. 반면, 문 대통령은 팀원 전체와 소통하는 경우도 있지만 당신이 없는 상태에서 토론을 통해 올라온 최종안을 전적으로 신뢰하는 것으로 보인다. 그런데 대통령이 팀원이 아니라 주로 팀장과 직접 소통하는 위계적 소통 스타일을 선호한다면 그 팀의 논의 결과가 사실은 팀장의 생각일 가능성이 매우 크다. 이런 체계에서는 팀원이 대통령이 아니라 팀장에게 충성할 가능성이 커진다.

미국의 경우를 보면 공화당 대통령들은 위계적인 소통 구조를 선호하고 민주당 대통령들은 모든 수석비서관과 직접 방사형으로 소통하는 걸 선호하는 경향이 있다. 대표적으로 위계적 소통 구조를 사용했던 로널드 레이건 대통령의 경우, 권력이 비서실장에게 집중되는 폐해가 초래됐다. 이처럼 위계적 소통 구조하에서는 참모들이 대통령이 아니라 위임 권력이 집중된 비서실장에게 충성하는 기현상을 낳게 된다. 대통령의 분신이라고 할 만큼 신뢰하는 사람이 곳곳에서 비서실장과 수석을 견제하지 않는 한, 구조적으로 그런 결과가 나올 수밖에 없다. 권력의 맛을 본 비서실장은 후에 낸시 레이건 여사가 점성술에 의존했다고 폭로함으로써 레이건 부부를 배신했다.

문 대통령의 청와대가 참여정부와 달리 약간의 인사 문제를 일으키는 이유는 참모들이 나쁘거나 무능하기 때문이 아니라 문 대통령의 사람에 대한 무한 신뢰와 소통 시스템에서 비롯되는 게 아닐까 진단해보았다. 첫째, 문재인 정부의 청와대 내에는 견제와 균형의 시스템이 작동하지 않을 수 있다. 이는 문 대통령이나 문 대통령과 성격이 비슷한 참모들이 갈등을 싫어하는 성향 때문일 수 있다. 나도 경험해봤지만 사람을 무한 신뢰하는 문 대통령 앞에서 다른 사람의 잘못을 고자질하는 건 정말 쉽지 않은 일이다.

둘째, 위계적 소통 구조에서 이루어진 의사 결정을 민주적 토론에 의한 결정으로 문 대통령이 전적으로 신뢰한다면 시스템이 있어도 오작동을 일으킬 가능성이 크다. 문재인 정부는 어떤지 몰라도 참여정부에서는 인사에 대한 최종 의사 결정을 비서실장이나 인사수석이 대통령과의 독대에서 결정하지 않았다. 대통령과 관련 수석, 인사비서관들이 배석한 가운데 인사수석이 직접 후보자들을 면담한 후 누가 추천했는지, 장단점이 무엇인지를 모두 앞에서 보고한 후 최종 후보를 추천했다. 인사수석실 비서관 및 행정관이 배석하기 때문에 인사수석이 대통령에게 주관적 브리핑을 할 수 없는 시스템이다. 해당 수석이 이에 찬성하면 대통령이 낙점하는 식으로 인사가 진행됐다. 나의 경우 인사수석이 모두 내가 추천한 후보를 낙점했기에 토론이나 논쟁을 거치지 않았지만 인사 절차가 투명했기에 누구도 불만이 없었고 후에 인사도 잘된 것으로 평가받았다. 이런 투명한 구조에서는 누군가 사심을 가지고 자기 사람을 심으려는 시도가 애초에 불가능하다. 오로지 대통령을 위해 가장 일을 잘할 사람을 백방으로 찾게 되어 있다.

여기에 제시한 두 가지 가설은 문 대통령의 청와대가 인사 문제로 구설에 오르는 이유를 내 나름의 시각에서 설명해보려는 시도에 불과하다. 참여정부 때는 문재인 수석의 칼 같은 반대로 지금의 후보처럼 논란의 여지가 있는 경우는 청문회에 설 기회조차 가질 수 없었다. 그로부터 10년 넘게 세월이 흐른 만큼 사람들의 자질이 더 좋아질 가능성이 높다고 생각한다. 문재인 정부의 인사가 박근혜, 이명박 정부와 비교해서 낮다는 점은 누구도 부인하지 않는다. 다만, 촛불 시민의 염원으로 탄생한 정부인 만큼 인사 시스템 보완을 통해 각계에서 추천받은 최고의 인재가 청문회에 서기를 기대하는 마음에 고언을 담았다. 인사가 만사이기 때문이다.

재러드 다이아몬드Jared Diamond도 분열이 최적에서 중간 정도일 때 가장 빨리 혁신이 일어나고, 높은 통합이나 너무 심한 분열은 발전에 불리하다고 지적한 바 있다. 그는 중국이 세계를 정복하지 못한 이유는 너무 일찍 통일되어 자유경쟁과 혁신을 통한 발전에 어려움을 겪었기 때문이라고 진단했다. 참여정부가 정부와 열린우리당 사이 그리고 당 내부의 분열로 어려움을 겪었다면, 문재인 정부는 그 역의 경험을 하고 있는 것으로 추측된다. 시계추가 하루아침에 중간을 찾는 게 어려운 것처럼 인간 사회도 양극단을 넘나들며 균형추를 맞추기 때문인 것 같다. 문재인 정부가 태도에서는 참여정부를 압도할 만큼 훌륭하고, 전략에서도 결코 뒤지지 않지만 인사 시스템을 견제와 균형이 작동할 수 있도록 보완한다면 더 큰 성과를 얻으리라 기대한다.

| 에필로그 |

영원한 서커에서 현명한 유전자로

중립적 논평가에서 노무현 대통령을 만난 후 오래된 친구를 많이 잃었다. 과거 친구 중에 노 대통령 지지자가 소수라도 있다는 게 내게는 기적이었다. 그만큼 최고로 배운 사람과 가진 사람의 노 대통령에 대한 불신은 생각보다 심각했다. 내가 특정 정파에 소속되면서 새로 얻은 친구들도 많은데 운동권 출신 정치인, 진보 진영 언론인, 전문가 등이다. 내가 유학하는 동안 이들은 감옥에서 청춘을 보냈고 지금은 어엿한 전문가가 되어 운동 이력이 없는 나의 좋은 친구가 돼주었다.

얼마 전 이분들과 인연을 만들어준 소중한 친구를 잃었다. 그녀가 나의 매력에 빠진 건 중립적 논평가로서 썼던 나의 칼럼을 좋아했기 때문이란다. 그런데 노무현을 만난 이후 내가 이상해지기 시

작했다고 한다. 노무현의 호위무사로 변한 내가 그녀에겐 낯설었던 것 같다. 게다가 지난 대선에서 자신이 그렇게 소중히 여겼던 진보 언론을 내가 비판한 것도 섭섭한데, 문재인 대통령 지지자들이 진보 언론을 공격하게 만든 배후로 나를 지목하며 실망감을 느꼈다고 했다. 언론은 문 대통령 열성 지지자를 폄훼하려는 의도로 '문빠'라고 불렀고, 지지자들은 스스로를 '문파'라고 부르며 자랑스러워했다. 그녀는 내가 문파에게 커다란 영향력을 발휘하지만 나의 판단력이 과거처럼 정상적이지 않고 편향됐다는 점이 실망스럽다고 했다. 내가 언론과 싸우는 게 자신이 청년 시절 반정부 시위를 한 것과 마찬가지라는 점은 이해하려 하지 않았다. 그때는 부정한 권력이 독재 정부이니 그녀가 반독재 시위를 했지만, 나는 그때 진 빚을 갚기 위해 민주사회의 새로운 권력인 기득권 언론과 싸운다는 점에 그녀는 공감하지 않았다.

나는 문파에 영향력이 없으며 단지 문파들이 내 주장에 공감할 뿐이라고 해명했지만, SNS에 익숙하지 않은 그녀는 이를 한낱 변명으로 여겼다. 구매체old media에 종사했던 그녀는 일방향 매체에서 여론 선도자가 뉴스를 1차로 걸러내고 재해석함으로써 시민에게 영향력을 행사하는 2단계 모형에 여전히 익숙하기 때문인 것 같다. 신매체new media에서는 아래로부터 의제가 설정되고 오피니언 리더도 시민에 의해 만들어졌다 내동댕이쳐졌다 할 뿐이다. 나도 그들의 맘에 들지 않으면 언제든 버려질 수 있다고 해도 그녀는 내 말을 전혀 믿지 않았다. 그녀는 문파를 새로운 적폐라고 규정했다.

나는 그녀의 글을 큰아들에게 보여줬더니 보수 언론 기자가 쓴 글이냐고 묻더라고 그녀에게 전달했다. 그녀는 나의 솔직한 전언에 상처를 받아 이별을 고했고 나는 어떤 친구를 잃었을 때보다도 마음이 아팠다.

내가 언론과 싸우게 된 건 ENTP 유형이 '자신의 성공을 좌지우지하는 사람들에게 불필요한 도전을 한다'는 성향에서 비롯됐다고 생각한다. 언론의 왜곡 보도를 보고도 침묵하면 스스로 비겁해져 나중에 자식에게 떳떳하지 않을 것 같아 시작한 일이었다. 노 대통령의 호위무사가 된 이유도 일단 참모로서 인연을 맺었으면 국민에게 충성하는 리더에겐 참모도 끝까지 충성하며 팀플레이를 해야 한다는 철학 때문이었다.

정치는 나 홀로 하는 게 아니다. 팀 경쟁이다. 보수 정치인은 팀플레이에 능숙한 데 비해 민주 진영의 정치인은 개인플레이에 목말라 있다. 보수 정치인은 팀플레이를 할 때 보수 언론이 보상을 주지만, 민주 진영의 정치인은 당대표를 비판하고 대통령을 공격할 때 소신 있는 정치인이라며 언론이 띄워주기 때문에 그런 유혹을 많이 느끼는 것 같다. 반면 정청래 전 의원처럼 언론에 맞선 정치인은 정치생명이 끊길 정도로 집중 공격을 받았다. 기왕 이쪽에 발을 들였으니 정치인들이 할 수 없고 하기 싫어하는 일을 하겠다고 작정한 건 어린 시절 이타적 유전자가 되기로 한 결심 때문이었다.

노 대통령이 언론과 싸운 이유는 평소에 싸워둬야 선거 때 그들의 선거 개입과 영향력을 차단할 수 있다는 계산 때문이었다. 우리가 조심하면 선거 때 언론에 당하는 일이 없을 거라고 말하는 이들도 있다. 하지만 아무리 조심해도 언론은 어떻게든 꼬투리를 잡아 왜곡해서 반복적으로 공격할 것이기 때문에 민주당은 이 덫에서 절대 벗어날 수 없다. 노 대통령의 서거로 수많은 국민이 깨어났다. 팟캐스트 〈정봉주의 전국구〉에서 이야기한 언론에 대한 내 생각이 300만이 넘는 청취자의 사랑을 받았고, 이 내용을 담은 《왕따의 정치학》이 베스트셀러가 되면서 수많은 지지자가 언론과 정치의 방정식에 대해 확실한 학습을 하게 됐다. 임기 초 문 대통령의 높은 지지는 대통령과 정부에 대한 새로운 기대, 초반의 사이다 같은 대통령의 정책도 큰 원인이지만 보수 진영에 대한 절망, 박근혜 전 대통령의 탄핵에 의한 반사이익이기도 했다. 무엇보다 언론의 대통령 공격을 무력화한 건 노 대통령 서거 이후 깨어나고 높아진 시민들의 역량 덕분이라고 생각한다.

문 대통령의 취임 후 새 정부에 부담이 되지 않고자 핵심 친노인 이호철과 양정철은 외국으로 떠났고, 나는 SNS에 작별 인사를 하고 휴식을 취했다. 이제 더는 정치의 전면에 등장하고 싶지 않은 것이 나의 소망이었다. 문 대통령을 너무나 존경하고 좋아하지만, 일부 구좌파 경제 정책에 동의하지 않았고 정권 교체도 됐으니 갈등을 회피하는 성격으로 인해 많이 힘들었기에 이제 나는 쉴 때가 됐다고 생각했다. 내가 언론에 부당하게 당하는 문재인 후보를 왕따에 비유하며 시민들의 지지를 끌어내었기에 내가 문 후보의 지지자라고 단정하는 사람들이 많은데, 나는 대선 과정에서 문재인 후보를 공개적으로 지지한 적이 없다. 물론 문 후보의 장점을 칭찬하고 다른 후보를 비판한 것이 문 후보에 대한 공개 지지라고 하면 할 말이 없지만 문제와 사람을 구분한 나름의 논평이었다고 나는 생각한다.

작은 것을 버리고 큰 것을 취하기 위한 전략일지 몰라도 '3철'을 인사에서 배제하는 문 대통령의 전략은 협상 이론의 측면에서 동의하기 어려웠다. 이명박·박근혜 정부에서는 '고소영(고려대, 소망교회, 영남) 인사'도 참아주던 일부 언론이 현 정부에 대해서는 '캠코더(캠프, 코드, 더불어민주당) 인사'라고 비판하는데 내가 보기엔 틀렸다. 현 정부의 인사 원칙은 '친노배제 탕평인사'로 보이기 때문이다. 문재인 정부 장관 중에 친노라고 할 수 있는 사람이 단 한 명이라도 있는가? 민주주의 정당정치에서는 원래 코드 인사를 하라고 대통령에게 정무직 임명권을 부여한다. 미국은 6,000개, 프랑스만 해도 500개를 허용한다. 대통령이 코드 인사를 하지 않는다면 개혁을 통해 집권 철학을 실행할 수 있겠는가? 국민은 대통령이 신뢰하는 사람을 맘껏 쓰라고 뽑아줬는데 대통령은 비문·반문들에겐 탕평인사를 하면서도 친노는 역차별하는 인사를 하니 내각은 보이지 않고 청와대만 보인다며 언론은 다시 비판한다. 문 대통령이 언론의 공격에 풀처럼 누워 순응해도 그들은 여전히 문 대통령의 인사를 캠코더라고 비난하고 있고, 대통령은 손발이 묶인 채 힘겹게 국정을 운영하는 것으로 내 눈에는 보인다.

취임 직후 전광석화와 같은 조치가 보여주듯이, 문 대통령은 무생물을 상대로 한 전략은 뛰어나다. 하지만 바둑의 전략을 인간관계에 적용하는 건 모험이라고 생각한다. 사람은 리더가 정해준 자리에 얌전히 앉아 있는 바둑돌이 아니기 때문이다. 바둑돌은 문 대통령이 생각한 대로 겉으로도 흰색이고 속으로도 흰색이지만, 한 길밖에 안 되는 사람의 속은 열 길 물속보다도 알기 어렵다. 흰색인 듯 앉아 있지만 속으로 회색인 사람은 또 얼마나 많은가. 게다가 바둑돌과 달리 사람은 다른 사람을 끌어들이고 영향력을 발휘한다는 점에서 문 대통령의 컨트롤 범위 밖에 존재한다고 할 수 있다.

우는 아이에게 떡 하나 더 주고 자신을 위해 헌신한 사람을 내치는 희생을 언론은 찬양했고, 나도 한편으론 가슴이 아프면서도 찡한 감동을 받은 게 사실이다. 하지만 내 편을 먼저 설득해야 중간층을 설득할 수 있다는 스노볼(눈덩이) 이론과 정반대인 PR 전략은 장기적으로 성공하기 어렵다고 생각했다. 따라서 문 대통령의 전략을 논리적으로 합리화하는 게 불가능했기에 많은 장점에도 불구하고 나는 문재인 후보를 지지한 후 임기 동안 그 책임을 감당할 자신이 없었다. 그래서 언론은 물론 SNS에서도 사라지는 게 나의 목표였다.

그러나 이낙연 총리 지명자에 대한 인사에 문 대통령 지지자들이 분열되기 시작하면서 나는 다시 돌아올 수밖에 없었다. 이낙연 총리는 노무현 대통령의 취임사 준비위원회의 대변인을 맡았고 노 대통령이 장관 자리를 제안할 정도로 신뢰했던 분이다. 민주당과의 분당으로 인연이 엇갈렸지만 내가 함께 일해본 경험으로는 내

공이 깊은 신사다. 나는 노 대통령이 신뢰했던 분이며 총리로서 적임자라는 트윗을 했고 지지자들의 분열이 사그라지는 걸 보며 다시 SNS를 접었다.

내가 다시 돌아온 건 강경화 장관의 임명을 돕기 위해서였다. 처음엔 나서고 싶지 않아 강 장관을 칭찬하는 다른 사람의 글만 조용히 공유했다. 그런데 강 장관 임명에 대한 반대 여론이 찬성보다 높게 나타난 2017년 6월 9일, 설상가상으로 〈썰전〉에서 유시민 작가가 강경화 후보자의 위기 대처 능력을 비판하자 지지자의 분열은 걷잡을 수 없게 됐다. 나는 할 수 없이 SNS를 본격적으로 재개했다. 강경화에 반대하는 지지자들의 우려를 꼼꼼히 읽은 후 반박 논리를 만들어 페이스북에 장문의 글을 올리고 트위터에도 짧은 요약을 공유했다.

그때부터 강 후보자를 지지하는 시민들이 힘을 받기 시작했고, 여성들의 대화방에서도 본격적으로 우리도 뭔가 해야 하지 않느냐는 의견이 오가며 서명운동이 시작됐다. 나는 평소에 자주 들르지 않던 동창 대화방이며 제자 대화방 등 내가 아는 모든 여성의 이름을 긁어모았다. 서명운동을 함께 시작한 몇몇 여성이 〈김어준의 뉴스공장〉에 출연해 논리를 공유하면서 전세가 완전히 역전됐다.

강 후보자가 장관으로 임명되는 날은 찬성하는 여론이 반대 여론의 두 배를 넘었다. 나는 대통령의 강 장관 임명이 국민과 시민사회의 뜻을 받드는 진정한 의미의 협치임을 강조하는 사후 합리화의 글까지 게재했다. 그래야 같은 일이 반복돼도 대통령이 부담 없이 임명을 강행할 수 있으리라는 생각에서였다.

그 후 다시 나는 SNS를 떠났는데 문 대통령 취임 이후 처음으로 위기가 찾아왔다. 70퍼센트를 여유 있게 웃돌던 대통령의 지지도가 처음으로 70퍼센트 아래로 떨어졌다.

취임 이후 처음으로 중국을 방문 중이던 2017년 12월, 문 대통령이 중국 정부로부터 홀대를 당했다는 언론의 프레임에 민주당 의원과 논객들도 동조하는 분위기였다. 여기에 지지자들이 반발하며 언론과 전쟁을 벌이던 중 무리하게 취재하던 우리 사진기자가 중국 공안원에게 폭행당하는 사건이 벌어졌다. 언론은 기다렸다는 듯이 기자 폭행을 대서특필했고 급기야는 청와대 책임론에 김정숙 여사 동정까지 비아냥대며 공격의 소재로 삼았다. 대통령의 지지도는 취임 후 처음으로 67퍼센트를 기록했다. 나는 임기 초에 문 대통령의 지지도가 비본질적인 일로 무너지면 노 대통령처럼 임기 내내 어려움을 겪을 것으로 생각해 SNS를 재개했다. 기자 폭행으로 대통령의 중국 방문을 뒤덮었던 언론은 가뜩이나 네티즌의 포화로 수세에 몰리고 있었는데 나의 등장으로 지지자들은 더 힘을 얻게 됐다.

나는 물대포를 맞고 돌아가신 백남기 노인의 죽음에 책임이 있는 경찰이 정당방위라고 주장한 〈조선일보〉의 사설을 공유하며, "백남기 노인을 죽음에 이르게 한 경찰의 진압이 정당방위라면, 만일 우리 기자가 폴리스라인을 넘은 것으로 밝혀지면 중국 공안원의 폭행도 정당방위겠네"라는 조롱의 글을 올렸다. 기자를 비판하려는 의도가 아니라 언론의 이중잣대를 조롱하려는 목적이었다. 내 말을 제대로 해석하면 중국 공안원의 폭행이 정당방위가 될 수 없듯이 경찰의 행위도 정당방위가 될 수 없다는 의미였다. 왜 우리 언론은 언론인이 다칠 때는 제정신이 되고 국민이 죽었을 때는 억지 논리를 쓰느냐며 언론의 호들갑과 이중잣대를 질책한 것이다.

폭행당한 언론인이 소속된 〈매일경제〉는 내가 폭행한 중국 공안원을 정당방위로 옹호했다는 왜곡 기사를 냈다. 사실 우리 기자들의 국어 실력이 반어법과 직설법도 구분하지 못하는 정도라고는 믿고 싶지 않았지만, 나는 선택의 갈림길에 서야 했다. 왜곡 보도 그만하라며 끝까지 싸울 것인지, 대통령의 지지도를 위해 내가 희생해야 할 것인지.

나는 세 가지 목적에서 내 발언이 물의를 일으켜 죄송하다며 사과문을 올렸다. 첫 번째 이유는 다음 날 대통령이 귀국할 예정이었는데 내가 시시비비를 가리게 되면 대통령의 방중 성과가 묻히게 될 것 같았다.

둘째는 인도적 이유에서였다. 피해 기자의 코뼈가 부러진 것은 알고 있었지만 실명 위기라는 소식은 처음 들었다. 과거에 MBN에 근무했던 동생이 아는 기자한테서 들은 소식이라며 그 기자가 동생이라고 생각하면 가슴이 아프지 않느냐며 사과를 요구했다. 내가 SNS만 봐서 피해의 정도를 몰랐다는 건 핑계였고 실명 위기라는 동생의 말을 100퍼센트 믿었기에 기자에 대한 미안함으로 선뜻 사과를 했던 것이다. 그런데 그런 협박성 소식도 지나고 보니 사실이 아니었던 것 같다.

아무튼 나는 사과를 함으로써 네이버 검색어 1위에 오르며 며칠을 언론으로부터 두들겨 맞았다. 하지만 나에 대한 주목도가 높아진 걸 이용해 '내 발언으로 상처받은 피해 언론인에겐 다시 한번 사과하지만, 오죽하면 내가 그랬겠느냐. 어느 나라 기자가 대통령의 외교를 폄훼하고 기자가 폭행당한 것으로 정부에 분풀이를 하느냐'라며 기자들의 반성을 촉구하는 글을 올렸다. 어떤 이유에서인지는 몰라도 언론이 문 대통령의 방중 성과를 엄청나게 긍정적으로 보도해줬다. 급락하던 대통령의 지지도는 73퍼센트로 다시 회복됐다.

세 번째 이유는 이번 일을 계기로 SNS에서 정치 논평을 중단하려는 목적 때문이었다. 문 대통령 취임 후 SNS에서 작별 인사까지 해놓고 수시로 돌아온 이유는 지지자들이 분열할 때마다 무엇이 옳은 선택인지를 묻는 트윗과 페이스북 친구들의 질문과 요청을 외면하기 어려웠기 때문이다. 내가 만일 침묵한다면 대통령이 잘못했다는 신호이기 때문에 대통령이 옳았음을 밝히지 않을 수 없었다. 다시는 대통령을 잃는 일이 없게 하겠다며 나선 당원과 지지자들에게 미안한 마음에 결심을 유보하고 자꾸만 되돌아와야 했기에, 그런 내가 이곳을 영원히 떠날 방법은 크게 상처 입고 퇴출당하는 길밖에 없다고 생각했다. 그래서 검사검사 사과를 하고 시민으로서의 권리를 포기하겠다며 일체의 정치 논평을 하지 않겠다고 선언하기에 이르렀다.

내가 문재인 정부에서 정치 논평을 그만두겠다고 결심한 진짜 이유는 더는 서커sucker로 살지 않겠다는 다짐 때문이었다. 서커란 죄수의 딜레마 게임에서 혼자만 협력함으로써 상대에게 이용만 당하는 사람을 가리키는 용어다. SNS에서 사라졌다가도 문재인 정부가 어려움을 겪을 때마다 나는 돌아왔고, 시민들의 기여가 가장 큰 이유이겠지만 어쨌든 나로 인해 정부가 곤경에 빠지기보다는 위기를 극복하는 데 도움이 됐다. 이런 나의 노력을 알아주기를 바랐던 적은 당연히 없지만, 그 일로 인해 내가 비난을 당하는 것도 원치 않았다. 기꺼이 서커가 된 건 내가 원해서였지만, 협력하고 뺨까지 맞는 건 팃포탯에 어긋난다.

명시적으로 소통은 없었지만 청와대나 민주당으로부터 내가 부담스러운 존재가 되어간다는 걸 느꼈다. 언론으로부터 공격을 받으면 일단 당하는 사람이 잘못이라는 원망이 생기는 분위기였다. 언론의 공격을 받을 때마다 나로 인해 학교가 입는 피해도 적지 않았다.

이런 경험을 계기로, 적극적인 서커가 되기로 마음먹은 고등학교 1학년 이후 처음으로, 현명한 유전자로 진화하기로 마음먹었다. 과거에는 민주당이 박정희 유산을 물려받은 보수 정당에 비해 약자라고 생각해 그들과 협력하는 것이 정의라고 생각했다. 보수 세력의 뿌리는 여전히 강고하다. 그렇지만 박근혜의 탄핵으로 궤멸한 보수 정당이 우리 사회의 강자라고 보기는 어렵다. 따라서 나는 편향된 정치 논평으로 민주당을 짝사랑하는 일은 더 이상 하지 않을 생각이다. 툇포탯만이 이기적 유전자를 제어하고 보다 나은 사회를 만들 수 있다고 생각하기 때문이다.

어쨌든 민주당과 청와대를 대신해서 언론과 싸우는 용병이 되지 않기로 결심한 나의 선택은 옳았다. 내가 매체에서 사라진 이후 몇몇 민주당 의원이 문 대통령을 옹호하고 언론이나 야당과 싸우는 역할을 매우 잘 하고 있다. 청와대와 당의 갈등도 겉으로 드러나지 않고 내부적으로 잘 조율되는 것으로 보인다. 참여정부 때와 비교하면 당·정·청이 매우 성숙한 모습이다. 물론 이런 결과는 문 대통령 지지자들의 개별 의원에 대한 칭찬과 항의라는 채찍과 당근이 효력을 발휘한 덕분이라고 생각한다. 내가 문파의 배후로 의심받는 건 나로서는 매우 영광스러운 일이지만, 나는 시민들의 자발적 행동을 존경할 뿐 그들을 움직일 힘을 가지고 있지는 않다. 그들은 문 대통령의 지시도 마음에 들지 않으면 거부할 것이기 때문이다.

이제 나는 별로 환영받지 못했던 팀플레이에서 벗어나 현명한 유전자로 진화하고자 한다. 그것이 문재인 정부의 성공에도 도움이 되리라 생각한다.

극단 과잉의 시대, 생산적 비판?

문재인 정부와 민주당이 하나 된 모습을 보이며 높은 지지도를 누리기까지 지난 10여 년간 나는 누가 듣든 말든 지지자들을 향해 수많은 책으로 끊임없이 역설해왔다. "대통령이 뭔가 잘못하면 굳이 우리까지 비판 대열에 합류할 필요 없다. 비판은 야당과 언론에 맡기고, 우리는 겉으로는 어쨌든 지지할 명분을 만들고 비판 여론은 내부적으로 전달하면 된다." 한마디로, 내부총질로 자살골을 넣지는 말자는 주장이었다. 갈등을 싫어하는 국민들이 당·청 갈등에 부정적이기에 했던 말이다.

　문 대통령의 지지도가 50퍼센트를 밑돌기도 하고 다시 50퍼센트를 회복하기도 한다. 역대 정부에 비해서는 지지도가 월등히 높기에 안일함에 빠질까 우려도 된다. 문재인 정부의 청와대가 추천하는 일부 인사가 국민 정서와 거리가 생긴 가장 큰 이유는 자유한국당과 일부 언론이 문 대통령이 무엇을 하든 물어뜯고 반대만 하며 비난하는 데 있다고 생각한다. 문재인 정부 2기를 담당할 장관 후보자 일곱 명 중 부적격자가 섞여 있었던 건 사실이지만, 자한당이 일곱 명 모두 반대를 밝히는 순간 국민의 신뢰를 상실하고 말았다. 정의당처럼 정말로 불가인 인사를 데스노트에 올렸다면 청와대도 야당을 두려워하게 됐을 것이다.

　자한당이 그동안 정권도 잡아보고 여당 노릇도 할 수 있었던 건 순전히 박정희 신화의 유산을 물려받은 덕이라고 나는 생각한다. 처음에는 박근혜 탄핵으로 보수 정당이 몰락했기에 다음 대선은 가능성이 없지만 그 후에는 회복하리라 생각했는데 지금은 생각이 변했다. 그나마 박근혜 덕에 보수 정당이 생명을 유지해왔다는 생각이 들 만큼 자한당은 최소한의 상식과 미래를 보여주지 못하고 있다. 참여정부 때는 박근혜라는 유산이라도 있었으니 무조건 반대만 하면서도 새누리당이 높은 지지를 누릴 수 있었지만 지금은 시대가 변했다. 부정한 대통령을 탄핵할 만큼 학습되고 깨어 있는 국민이 문 대통령의 지지도가 떨어짐에도 불구하고 야당에 마음을 주지 않는 이유를 생각해보라. 문재인 정부가 인사나 부동산 정책에서 문제를 일으켰던 건 야당이나 언론의 비판이 전혀 국민의 공감을 사지 못했기 때문이다. 부동산 과열을 잡기 위해 재산세와 종부세를 올린다고 얼마나 엄살부리고 비판했던가. 문재인 정부가 구체적으로 무엇을, 왜 잘못했는지 복기하는 데 그들의 비판은 전혀 도움이 되지 않았다.

반면, 노 대통령의 서거로 트라우마에 사로잡힌 지지자들도 '우리 이니(문 대통령의 애칭)'가 하는 건 무조건 지지한다는 주장은 겉으로만 해야 한다. 뭔가 잘못되어간다 싶으면 청와대나 당을 통해 대통령에게 솔직한 의견을 전달해야 한다. 내가 노 대통령이나 문 대통령을 좋아하는 건 두 분 모두 신이 아니라 약점을 지닌 인간이기 때문이다. 사람이 어떻게 모든 일을 완벽하게 할 수 있겠는가. 대통령이 모든 일을 관장할 수 없으므로 참모들이 일을 잘못할 때에는 따끔하게 비판해야 한다. 국민 정서에 맞지 않는 부도덕한 일을 우리 편이라고 봐주는 것도 염치없는 일이다. 박근혜가 무죄라고 주장하는 사람들과 다를 것이 없지 않은가.

내가 진보 언론이나 정치인이 우리 편을 먼저 버린다고 비판했던 건 법적으로 잘못이 없었던 노무현 전 대통령이나 곽노현 전 교육감에 대한 법적 단죄를 당연시했던 걸 지적한 것이다. 도덕적인 비난이야 얼마든지 할 수 있다고 생각하고 또 달게 받아야 한다. 두 분에게 법적으로 잘못이 없다는 사실이 후에 밝혀졌음에도 반성하지 않는 언론의 태도를 나무란 것이지 도덕적으로도 무조건 감싸자는 게 아니었다.

요즘 우리 사회는 지나치게 양극단으로 흘러가고 있다. 상대가 하면 무조건 반대하고, 우리 편이면 무조건 옹호하는 목소리만 들린다. 이렇게 되는 데 지난 10년간의 내 활동에도 일부 책임이 있음을 통감한다. 만일 언론이 공직자 혹은 공직자가 될 사람의 이해충돌 금지 원칙 위배를 비판했다면, 이는 당연히 겸허하게 받아들이고 앞으로는 그런 사람을 청와대에서 추천하지 않도록 인사시스템을 손봐야 한다. 이해충돌 금지 원칙은 국회법에도 명시되어 있으며, 처벌이 법제화되지 않았다 하더라도 모든 공직자의 핵심 윤리에 해당한다. 국민은 좀더 도덕적인 공직자를 원한다. 법 위반이 없으니 임명할 수 있다는 청와대의 논리는 중도층 국민의 공감을 얻기 어렵다. 차라리 도덕적으로 문제의 소지는 있지만 그 직을 수행하지 못할 정도는 아니라고 솔직하게 말하고 사과하는 게 더 설득력 있다. 인사에 대해 사과하면 인사수석과 민정수석을 반드시 문책해야 한다는 것도 정치적 과잉논리다.

언론과 야당이 제 역할을 하지 못하는 가운데 민주당도 지지자들 눈치 보기에 바빠 청와대와 제대로 소통이 되지 않는 느낌이 드는 게 나뿐만은 아닌 것 같다. 과거처럼 당·청이 공개적으로 갈등할 필요는 없지만, 그럴수록 내부 소통은 더욱 강화돼야 한다. 지금 적극적으로 소통하지 않으면 결국 문 대통령의 임기 말에 내부총질이 시작되지 않는다고 누가 장담할 수 있겠는가.

'도'와 '모'만 존재하는 시국에서 누군가는 중심을 잡아야 한다는 생각에 합리적 결론에 도달하기 위한 건설적인 비판의 조건을 협상 이론으로부터 도출하고자 한다.

첫째, 사람과 문제를 구분하라. 행위나 말에 대한 비판을 사람에 대한 비판으로 받아들이지 않도록, 비판은 언제 어디서 무엇이 어떻게 왜 잘못됐는지를 구체적으로 밝혀야 한다. 비판을 받는 쪽도 사람에 대한 공격이 아니라 잘못된 문제에 대한 지적으로 받아들여 어떻게 하면 더 잘할 수 있을지 복기함으로써 합리적인 대안을 찾으면 좋겠다.

둘째, 비판에는 기준과 증거가 반드시 제시되어야 한다. '아니면 말고' 식 폭로가 주목받던 시대는 갔다. 자한당이 아직도 수십 년 전 행태를 반복한다면 대안이 없는 국민들로서는 절망적인 일이다.

셋째, 비판할 때는 대안을 제시해야 한다. 건설적인 비판과 파괴적인 비난의 차이점은 대안이 있느냐 없느냐에 달려 있다. 내가 그 자리에 있어서 할 수 없는 일이라면 남도 비판해서는 곤란하다. 무언가에 대해 비판할 때는 반드시 대안을 제시하는 관행이 언론이나 야당, 여당에게도 필요하다.

끝으로, 누군가 한 번 잘못했다고 해서 영원히 아웃시키는 최대주의로는 팀플레이가 불가능하다. 사람은 누구나 실수할 수 있다. 실수를 반성하고 새로운 모습을 보인다면 다시 기회를 주는 게 팃포탯의 정신에 맞다. 최소한의 공통 이익이 있으면 협력하는 합리적 자세가 문재인 정부를 견제하면서 성공으로 이끄는 데 기여할 것이다.

문재인 대통령의 청와대가 인사 문제를 일으키는 원인에 대한 가설을 써놓은 후 남편과 심한 논쟁을 했다. 남편은 보수 언론에 내 논리가 이용돼 문 대통령이 공격받을 거라며 책에서 삭제하라고 말했다. 나는 이미 지난 6~7년간 후보 캠프나 청와대에 정책 의견을 전달하거나 간언한 경험이 있다. 별로 성공적이지 못했다. 착한 사람들은 새로운 아이디어나 비판에 위협감을 느끼거나 강하게 거부하는 경향이 있다. 기존의 화기애애한 팀워크를 훼손당하기 때문이다.

나 또한 여성이고 감성 성향이 비교적 강한 편이라 공적으로는 비판적인 말을 잘하지만 사적으로는 싫은 소리 하는 게 쉽지 않다. 이미 여러 곳에 부동산 정책에 대한 의견을 전달했지만 아무런 반응도 얻지 못했다. 더 이상 같은 실패를 반복하고 싶지 않다. 내 분석이 지지자들로부터 공감을 얻는다면 민주당과 청와대에서도 이를 무겁게 받아들여 쇄신에 도움이 될 것이고, 만일 내 분석이 틀렸다면 나는 지지자들로부터 욕을 먹으며 반성하면 된다. 선거가 없는 올해가 이런 모험을 할 수 있는 최적의 시기라고 판단했다.

나는 문 대통령이 결국은 성공한 대통령이 될 것이며 정권 재창출에도 성공할 것이란 확신이 있다. 하지만 이대로 가면 내년 총선은 별로 쉽지 않은 선거가 될 것 같다. 우리 국민은 임기의 절반까지는 참고 인내하며 새 대통령에 대한 기대를 버리지 않는다. 하지만 2년 반이 넘는 순간 아주 냉철하게 성과로 심판하는 경향이 있다. 게다가 자한당이 2022년 대선에서 정권교체를 할 가능성이 없다는 생각에 견제와 균형을 위해 총선에서는 싫어도 야당에 표를 줘야 한다고 생각할 수 있다. 사실 내가 제일 걱정하는 건 20대 남성 같은 잠재적 지지자들이 실망과 불신 탓에 투표에 참여하지 않을 가능성이다. 대안이 없다고 무조건 여당이 표를 받는 건 아니라는 말이다. 2012년 총선에서 한미 FTA 재협상 선언, 통합진보당과의 무리한 단일화로 수도권 40대의 투표율이 저하되어 민주당이 손해를 본 경험이 있지 않은가. 패스트트랙이 성공하면 선거법 개정으로 자한당도 불리해지지만 민주당도 같은 불리함과 마주해야 한다. 지금이 문재인 정부가 시대적 소명을 되돌아보며 초심을 다질 최적의 시간이라고 생각한다.

무조건적 비난이나 무조건적 지지가 아닌 합리적 비판이 건강하고 생산적인 담론을 만든다. 그것이 팃포탯 협상 전략을 실천하는 길이기도 하다. 문재인 정부의 국정 원칙을 달성하기 위한 목표와 전략, 그리고 보상 구조를 점검해보자는 의미에서 문재인 정부 부동산 정책의 문제를 합리적 비판 사례로 다뤄보고자 한다.

부동산 정책, 창의적이고 혁신적인 옵션이 필요하다

지금 집값이 진정된 이유가 당에서 주도한 다주택자 재산세·종부세 인상과 부동산 공시가격 현실화, 임대주택자 양도세 혜택 축소, 주택담보대출 규제를 강화한 9·13대책 덕분인 건 맞다. 하지만 부

동산 전문가들은 서울의 부동산 가격은 2019년부터, 수도권 집값
은 2018년부터 안정세에 접어들 것임을 몇 년 전부터 예측한 바 있
다. 박근혜 정부에서 계획된 공급물량이 이때쯤 수요를 감당할 것
으로 보았기 때문이다.

박근혜 정부에서 온갖 규제를 풀어주며 빚내서 집 사라고 부추
겨도 반짝 오르다 만 부동산이 문재인 정부의 각종 부동산 규제 정
책 이후 적게는 2~3억, 많게는 6~8억까지 오른 서울 아파트 단지
가 많다. 이런 상황이라면 정책이 어디서 잘못됐는지 근본적으로
복기했어야 한다. 그러나 기존 대책 중 장기 주택임대차사업자에
게 주는 각종 세제 혜택과 대출이 문제를 일으키자 그 혜택을 일부
조정하고, 세제와 대출 규제라는 카드를 강화했을 뿐, 부동산 가격
이 롤러코스터를 타는 동안 정부의 부동산 정책 기조는 변화가 없
었다. 원칙의 일관성이야 바람직하지만 매번 똑같은 전략만 쓴다
는 건 정부가 문제의 본질을 놓쳤을 가능성을 생각해봐야 한다.

9·13대책 이후 강남의 일부 재건축 급매매가 집값을 하락시켰다
는 착시를 초래했지만, 추가 주택 공급에 의한 전세가 하락에도 불
구하고 매매가는 요지부동일 뿐만 아니라 최근 거래된 매매가는
강남을 제외한 대부분 지역에서 9·13대책 이전보다 올랐다. 물론
경제가 어려워지면 주택가격도 떨어질 것이다. 내가 문제 삼는 건
가격의 등락이 아니다. 문재인 정부의 부동산 정책이 불로소득을
원천 차단하고 집이 투기 대상이 아니라 사는 곳이 되도록 하는 목
표에 적절한 전략을 선택했는가 하는 것이다.

내 눈에는 용암처럼 끓어오르는 국민의 욕구를 콘크리트를 쏟아 붓는 대증요법으로 해결했다고 안심하는 것으로 보인다. 정책 결정자들은 집 없는 사람의 불안에 대한 공감 능력이 부족해 보인다. 차기 국토교통부 장관은 집 없는 40대를 임명하든지, 아니면 부동산 담당 공무원과 청와대 비서관을 모두 집 없는 사람으로 임명하면 좋겠다. 그래야 공감 능력도 생기고 창의적인 해법을 절실하게 만들어낼 것이기 때문이다. 대통령이 미리 계획하고 준비된 정책은 매우 잘하지만, 대통령이 직접 챙기기 어려운 부동산 정책에선 새로운 혁신적 해법은 보이지 않고 현실순응형 조정만 하거나 매번 임기응변식 처방을 하고 있는 느낌이다. 우리의 오랜 관행을 깨지 못한 것이 현 정부의 잘못이라 보기는 어렵지만 창의적 해법을 찾지 못한 것에 대한 비판은 피할 길이 없다.

나는 부동산 전문가도 아니고 경제학자는 더욱 아니지만, 상식선에서 현 정부 부동산 정책의 보상 구조를 분석해보면 돈 있는 사람과 서울에 집을 가진 기득권에게 압도적으로 유리한 것만은 분명해 보인다. 게다가 최저임금 인상, 추경, 낮은 금리, 도심 재생, 복지 확대 등의 현 정부 정책은 의도적으로나 결과적으로 화폐가치를 떨어뜨려 집의 자산가치만 상대적으로 상승시킬 가능성이 크다. 그래서 보수 언론과 자한당은 현 정부 부동산 정책을 비판하는 척하며 표정관리를 하느라 바쁘고, 다른 소수 정당은 자신의 생존을 좌우할 선거법에만 매몰돼 있으며, 정부와 여당은 높은 지지도에 취해 대책 없이 선거를 맞이할 가능성이 크다고 생각된다. 부동산 정책에서도 기존의 고정관념에서 벗어나 발상의 전환을 통해 새로운 협상안(옵션)을 찾아야 한다.

나는 다음과 같은 몇 가지가 현 정부 부동산 정책의 최대 실책이라고 생각한다.

첫째, 철학 없는 임대주택 정책이다. 저소득층을 위한 공공임대주택을 확대하려는 현 정부의 정책은 칭찬할 만하다. 다만 정부는 사인 간의 전세계약을 임대로 인정해 주택임대사업자에 대한 과도한 세제혜택, 대출우대까지 해주면서 오히려 투기꾼들의 갭투자를 부추겼다. 이 문제를 깨닫고는 9·13대책에서 양도소득세 혜택은 줄였지만 여전히 전세를 임대로 인정함으로써 특히 서민에게 필요한 작은 평수(서울 6억 이하, 60~85평방미터 이하)의 주택에 대한 투기 가능성은 여전히 살아 있다. 전 세계 어느 나라도 전세를 임대로 인정하지 않는다. 그동안 집주인과 세입자가 전세제도를 유지해온건 상호 이익이 되기 때문이 아니라, 금융제도가 발전하지 못해 목돈 없이는 집을 살 수 없었던 우리의 독특한 환경 때문이었다. 정부가 장기 모기지론으로 집 없는 국민이 집을 살 수 있는 길을 열어주는 대신 전세대출을 해줌으로써 집주인의 기득권을 유지해주고, 전세 세입자가 투기꾼들의 먹잇감이 되는 걸 제도적으로 보장해주었기 때문이다. 가령, 전세 임대주택 100여 채를 가진 집주인이 역전세난으로 부도를 맞아도 집이 경매로 넘어가게 되면 전세비용을 되찾기 위해 세입자가 집값보다 높은 가격으로 경매에서 낙찰을 받아 실질적인 손해를 떠안게 되어 있다. 전세제도가 가져오는 각종 위험(역전세난, 사기 등)으로부터 국민을 보호해야할 정부가 집 없는 국민을 위험에 방치할 뿐만 아니라 갭투자자에게 각종 혜택까지 확대해준 건 주택 정책의 목표와 수단에 대한 고민이 부족했기 때문인 것으로 보인다.

9·13대책 이후에 매입한 주택을 임대할 동기는 현저히 저하됐지만 기존에 매입한 주택의 임대업자는 여전히 막대한 혜택을 누리고 있다. 또 다른 문제는 임대사업자에 대한 혜택이 감소되면서 필요한 월세 공급마저 축소되고 있다는 점이다. 9·13대책 이전의 제도에 의해 보호받는 임대사업자의 임대의무연한이 종료되는 시점까지는 유예기간을 주더라도 그 이후에는 전세 임대차계약은 사인간의 거래로만 인정하고, 정부가 주는 일체의 세제 혜택을 없애야 한다. 전세가는 시장에서 거래되는 실질적인 주택가격에 근접함에도 불구하고 전세제도의 존재가 집값에 거품을 만들고 있다. 부동산 거품을 잡기 위해서는 전세임대사업자에 대한 혜택을 없애고 무주택자에 대한 장기모기지론을 활성화함으로써 집을 필요한 사람에게 공급해야 한다. 반면, 월세 임대인이 주택임대사업자로 등록할 경우에는 소득세는 징수해야 하지만 필요하면 현재보다 더 큰 혜택을 주더라도 일정한 민간 공급을 확보할 필요가 있다. 월세 임대를 통해 임대인에게는 소득을 보장하고 임차인에게는 주거복지 차원에서 보조금이나 세제혜택을 줌으로써 임대인과 임차인이 윈윈할 수 있도록 정부가 도와야 한다. 자본이 없는 사회 초년생은 저렴한 월세를 살도록 시내 한복판에 공공임대를 확대하고, 월소

득이 안정된 중산층은 모기지론으로 집을 장만할 수 있도록 돕는 게 정부의 역할이다. 전세 공급이 줄면 월세임대가 서민의 주거비에 부담이 될 거란 막연한 두려움이 있지만 실제로 월세임대업자에 대한 혜택으로 월세 공급이 늘어나면 월세가도 하방 압박을 받게 될 것이다. 우리나라 월세가 다른 나라에 비해 비싼 이유는 전세 제도로 인해 공급이 제한되기 때문이다.

둘째, 정부의 목표에 역행하는 과도한 대출 규제다. 정부의 과도한 대출 규제로 서민과 중산층은 새 아파트 분양에 당첨돼도 계약을 포기하는 상황에 몰리고, 현금 부자들만 이들 아파트를 줍고 있어 '줍줍한다'라는 말까지 나오고 있다. 참여정부가 대출 규제를 부동산 정책으로 사용함으로써 우리나라가 2008년 미국에서 시작된 서브프라임 모기지 사태를 비껴가는 데 기여한 것은 사실이다. 그때는 부동산 광풍에 너도나도 주택 매수에 뛰어들었기에 필요한 조치였다. 하지만 현재의 금융 위험성은 부동산 대출보다는 가계대출에서 비롯된다고 전문가들은 말한다. 역전세난이 금융시장의 뇌관이 될 수는 있겠지만, 1주택자는 집값이 하락해도 소득만 안정된다면 금융에 부정적인 영향을 미칠 이유가 없다. 오히려 안정적인 수입이 있는 무주택 실수요자가 자기 집을 마련할 수 있도록 대출 한도를 70~80퍼센트까지 늘리고 저리의 장기 모기지론을 통해 집을 장만할 수 있도록 정부가 도와야 한다. 정부는 현금부자들이 청약통장 없이 새 아파트 구매하는 걸 막기 위해 당첨자 수를 500퍼센트로 확대하겠다고 하는데 이것이 과거보다는 나은 방법이기는 해도 근본 처방은 되지 못한다. 어차피 대출규제로 서민들은 청약에 참여하지 못하거나, 당첨되어도 포기할 수밖에 없는 상황이기 때문이다. 전세임대업자에 대한 혜택을 없애기 전에 장기모기지론 제도의 정착이 필요하다.

셋째, 재건축에 대한 현 정부의 부정적 인식이다. 나는 이것이 공급부족 시그널로 해석됨으로써 서울의 집값 폭등의 가장 큰 원인이라고 생각한다. 서울에서는 추가 택지 공급이 없을 테니 어차피 부동산이 상승할 것이란 기대에 수도권은 물론 지방 거주자들도 이번이 서울에 집을 장만할 마지막 기회라고 생각한다. 서울을 비롯해 몇몇 도시에서 집값이 오르는 건 기본적으로 수요에 비해 공급이 부족하기 때문이다. 외국의 아파트야 문화재로서 가치가 있으니 100년 이상 유지할 가치가 있지만, 우리의 오래된 아파트는 고도성장 이전에 지은 콘크리트 건물로 문화재 가치도 없고 안정성 위험마저 있다. 게다가 재건축 아파트의 층고 제한도 기득권을 보호한다. 재건축을 억누르니 극소수 재건축 아파트가 급매로 나올 뿐, 공급이 한정된다는 생각에 새 아파트가 로또가 되는 것이다. 오래된 아파트에 대해서는 순차적으로 층고를 높여 재건축을 허용하고, 그중 상당 부분을 임대주택으로 공급한다고 발표한다면 시민들은 느긋하게 차례를 기다리게 될 것이다.

논란이 많은 초과이익환수제보다는 청년, 신혼부부, 중산층을 위한 임대주택으로 기부채납을 받도록 재건축 아파트 단지 주민과 협상하는 게 계층 간 벽을 허물고 사회적 통합에도 기여하게 될 것이다. 서울시는 이런 방향으로의 정책 선회가 보여 환영할 만하다. 3기 신도시가 서울의 전세가를 안정시키는 데에는 도움이 되겠지만 지금 전세가가 안정되도 서울 집값이 떨어지지 않는 것처럼 서울 집값 안정에는 별 도움이 되지 않을 가능성이 크다. 시민들은 서울에 집을 가지고 있으면 어쨌든 오른다는 것을 학습했기 때문이다. 오히려 3기 신도시는 2기 신도시의 공동화에 기여할 가능성이 크다. 강남처럼 일자리가 많고 지하철이 촘촘하게 연결된 곳에 집중적으로 고층의 아파트 공급을 늘리는 것만이 서울 집값 안정에 기여하게 될 것이다.

넷째, 재건축 자체가 아니라 새 아파트의 희귀성, 그리고 높은 분양가가 부동산 폭등의 원인이다. 문재인 정부 초기엔 분양가를 통제하더니 '로또 아파트'라는 언론의 비판 때문인지 요즘엔 터무니없는 고분양가에도 정부가 손을 놓고 있다. 이에 주변 부동산도 함께 폭등하면서 서울은 가진 자의 천국이 되어가고 있다. 분양가 통제와 함께 재건축, 재개발이 지속적으로 진행된다면 굳이 가격이 폭등할 염려도 없고 새 아파트가 귀하신 몸이 될 이유도 없다. 지방 거주자가 서울의 비싼 부동산에 현금을 묶어둘 이유도 없다. 50년 전 아파트와 새 아파트의 삶의 질은 비교가 되지 않는다. 높아진 소득 수준에 걸맞은 삶을 누리고 싶어 하는 국민들의 욕구는 억누른다고 해결되지 않는다.

끝으로, 지금 서울의 부동산 폭등은 거래되지 않는 호가에 불과한 경우가 대부분이다. 참여정부 때와 이 점에서 다르다. 호가가 떨어져야 시장이 살아나고 경제에도 긍정적 영향을 미칠 것이므로 호가의 급격한 하락을 두려워할 이유가 없다. 그런데도 부동산 가격이 급격히 떨어지는 걸 원치 않는다는 국토부 장관의 발언은 외교용인지 진심인지는 몰라도, 마치 부동산이 폭락하면 우리 경제가 망할 것처럼 여론을 호도하던 보수 정부의 오랜 담론을 연상시킨다.

청약시장을 무주택자 위주로 개편한 것, 다주택자의 재산세와 종부세를 강화한 것, 청약자격의 사전점검으로 계약 포기를 줄이겠다며 국토부가 발 빠르게 움직인 건 정책 목표에 걸맞은 수단을 선택한 것이라 칭찬할 만하다. 하지만 가진 자에게 유리하고 무주택자에게 불리한 각종 부동산 정책이 수요를 억누름으로써 급한 불을 끄는 데 효력을 발휘했는지는 몰라도, 부동산시장은 여전히 불안하다. 현 정부 부동산 정책의 근본 원칙과 목표에 맞는 장기적인 혁신 전략이 시장의 불안감을 해소함으로써 총선이 오기 전에 적정한 선에서 부동산 거래가 되살아나기를 기대해본다. 그것이 궁극적으로는 부동산이 투기의 수단이 되는 걸 막고, 공정하고 정의로운 사회에 기여할 것이다.

문재인 정부의 정책이 원칙과 목표에 부합한지 보상구조를 재점검할 때다. 촛불 민심으로 탄생한 문재인 정부는 반드시 성공해야 한다. 비록 당신은 실패하더라도 바람직한 대통령의 표상을 보임으로써 학습을 통해 국민이 성공하는 나라를 만드는 게 노무현 대통령의 목표였기 때문이다.

1 조기숙·정태호 외, 2012, 《한국 민주주의 어디까지 왔나》, 서울: 인간사랑.

2 Axelrod, Robert, 1984, *The Evolution of Cooperation*, Cambridge: Basic Books.

3 Roger Fisher and William Ury, 1991, *Getting to Yes: Negotiating Agreement Without Giving In*, 2nd ed, Toronto: Penguin Books.

4 노파심에 한마디 덧붙이는데, 내가 게임에 임하는 장동민의 태도를 칭찬했다고 해서 사람과 문제를 동일시하는 우를 범하지는 않기를 바란다. 시대적인 성 감수성에 어긋나는 장동민의 발언으로 일부 여성이 그의 TV 출연을 막기 위해 서명운동을 했던 것을 모르는 바 아니다. 그런 일에 대해 장동민 본인도 사과를 했듯이 이는 분명히 잘못된 일이고, 성인지 감수성을 높이기 위한 우리 사회의 부단한 노력이 필요하다고 생각한다. 특히 미디어는 이 문제에 더욱 신경을 쓰고 예민해져야 한다. 그렇다고 바람직한 태도를 칭찬조차 못 한다면 문제와 사람을 분리하라는 피셔의 첫 번째 교훈을 부정하는 것이며, 결과적으로 협상의 사회는 불가능하다.

5 통계청, "2017년 혼인·이혼 통계 보도 자료."(2018. 3. 20).

6 이 부분은 앞서 제시한 로저 피셔의 책에 담긴 핵심 내용을 필자가 이해한 바에 기초해 재구성한 것이다.

7 정부세종청사에서 열린 취임식 중(2017. 8. 4).

8 김현종, 2010, 《김현종, 한미 FTA를 말하다》, 서울: 홍성사.

9 Karoly Fendler, 1996, "Economic Assistance From Socialist Countries To North Korea In The Postwar Years: 1953~1963", *North Korea: Ideology,*

Politics, Economy, edited by Han S. Park, Athens: Prentice Hall.

10 이종석, 2011, 《북한의 역사》, 서울: 역사비평사. 북한의 역사와 관련된 사실은 이 책을 참고했지만, 중간에 들어간 해석은 필자의 시각이므로 오류가 있다 면 전적으로 필자의 책임이다.

11 Victor Cha and Katrin Fraser Katz, 2018, "The Right Way to Coerce North Korea: Ending the Threat Without Going to War", *Foreign Affairs*, 97(3): 87-100.

12 박현주, "회담 결렬 카드 꺼낸 건 폼페이오…트럼프에 적극적으로 제안", JTBC(2019. 3. 19), https://news.naver.com/main/read.nhn?mode=LSD&mid=sec &oid=437&aid=0000205407&sid1=001

13 서승욱, "'한국은 흑자의 나라' 日서 퍼지는 경제보복 무용론", 〈중앙일보〉 (2019. 3. 14), https://news.joins.com/article/23410619

14 Geert Hofstede, 1997, *Culture and Organizations*, New York: McGraw-Hill Companies, Inc.

15 로버트 액설로드, 앞의 책.

16 이대희, "신용카드 공제 축소에 고소득층 사용액 연 276만 원 줄어", 〈연합뉴 스〉(2019. 3. 31), https://www.yna.co.kr/view/AKR20190330027900002?input=11 95m

17 Francis Fukuyama, 1995, *Trust: The Social Virtues and The Creation of Prosperity*, New York: Free Press.

18 조기숙·박혜윤, 2004, "신뢰의 측정: 실험과 설문조사의 차이", 〈한국정치학 회보〉, 38-2: 95-116.

19 Nahoko, Hayashi, Elinor Ostrom, James Walker, and Toshio Yamagishi, 1999, "Reciprocity, Trust, and the Illusion of Control: A Cross-Societal Study", *Rationality and Society*, 11-1: 27-46.

20 Kisuk Cho and Byung-il Choi, 2000, "A Cross-Society Study of Trust and Reciprocity: Korea, Japan and the US", *International Studies Review*, 3-2: 31-43.

21 한경환, "의심 많은 한국...10명 중 7명 '자칫하면 당한다'", 〈중앙선데이〉 (2014. 9. 21-22).

22 John Brehm and Wendy Rahn, 1997, "Individual-Level Evidence for the

Causes and Consequences of Social Capital", *American Journal of Political Science*, 41-3: 999-1023.

23 이후 소통에 대한 논의는 로저 피셔 교수의 제자이자 하버드 협상팀의 다음 두 책에 있는 이론을 기초로 필자의 예를 사용해 재구성한 것이다. Roger Fisher and Daniel Shapiro, *Beyond Reason*, 2005, New York: Penguin Books; Douglas Stone, Bruce Patton, and Sheila Heen, 1999, *Difficult Conversations*, New York: Penguin Books.

24 조기숙, 2017,《지금 당장 교육을 빅딜하라》, 지식공작소.

25 한민선, "고성 지르는 당산역 취객, 따듯하게 안아주자 생긴 일", 〈머니투데이〉(2019. 2. 20).

26 박충석, 2010,《한국정치사상사》제2판, 서울: 삼영사.

27 조연희, "7살 꼬마도, 70살 교수도 '너 몇 살인데?'…나이가 만든 '계급'", SBS 뉴스(2019. 4. 15), http://naver.me/FwVdYOkA

28 김기홍, 2002,《한국인은 왜 항상 협상에서 지는가》, 서울: 굿인포메이션.

29 이광석, "[이광석의 내 인생의 책] ④ 단재 신채호 평전 | 김삼웅", 〈경향신문〉(2017. 5. 24). https://news.naver.com/main/read.nhn?mode=LSD&mid=sec&sid1=103&oid=032&aid=0002790608

30 조기숙, 2016, "노무현과 선거제도 개혁론",《노무현의 민주주의》, 서울: 인간사랑.

31 "노 대통령, 보·혁 갈등 조장", YTN(2004. 5. 28), https://news.naver.com/main/read.nhn?mode=LSD&mid=sec&sid1=001&oid=052&aid=0000038501

32 김형석, "국민을 위한 정부인가 정치를 위한 국민인가", 〈동아일보〉(2018. 12. 25).

33 이규진, "대한민국은 '갈등공화국'", 〈서울경제〉(2004. 11. 8).

34 이성기, "한국 사회 10대 위기 주범에 노무현 대통령도 포함", 〈서울경제〉(2005. 12. 14).

35 김기태, "2009~2010년 소득양극화 완화, 왜?", 〈한겨레21〉(2011. 4. 22).

36 대통령비서실 편저, 2007,《있는 그대로, 대한민국》, 지식공작소.

37 김형준, "〈포럼〉 설 민심은 경제·안보·법치 脫코드", 〈문화일보〉(2019. 2. 7).

38 한국MBTI연구소,《16가지 성격유형의 특성》. 이 책에서 제시한 두 성격유형을 두 분 대통령의 성격을 설명하기 위해 발췌하여 수정·축약했다.

39 David Straub, 2015, *Anti-Americanism in Democratizing South Korea*, Stanford, CA: Walter H. Shorenstein Asia-Pacific Research Center, Stanford University.

40 Jiyeon Kang, 2012, "Corporeal Memory and the Making of a Post-Ideological Social Movement: Remembering the 2002 South Korean Candlelight Vigils", *Journal of Korean Studies*, Vol. 17-2.

41 David Straub, 앞의 책.

42 Kisuk Cho, 2015, "A Model on the Rise and Decline of South Korean Anti-American Sentiment", *Korea Observer*, Vol. 46-2: 233-264.

43 Byong-Kuen Jhee, 2008, "Anti-Americanism and Electoral Politics in Korea", *Political Science Quarterly*, Vol. 123-2.

44 Alice Eagly H., 2005, Achieving Relational Authenticity in Leadership: Does Gender Matter?, *The Leadership Quarterly*, 16: 459-474.

45 이승준, "바둑 격언으로 풀어본 '바둑애호가' 문 대통령의 일주일", 〈한겨레신문〉(2017. 5. 18), http://www.hani.co.kr/arti/politics/polibar/795251.html#csidx46 3e26e5bf31715bbc047e5e97793a0

46 김아랑, "문재인 대통령 별명을 '고구마'에서 '사이다'로 바꾼 지시 사항 7가지", 〈뉴스핌〉(2017. 5. 19), http://www.newspim.com/news/view/20170519000048

47 장계성, "문재인 대통령, 3당 합당 이후 '30년 전쟁' 사실상 승전 선언", 〈시사위크〉(2018. 06. 18), http://www.sisaweek.com/news/articleView.html?idxno=109637

48 조기숙, 2011, "정당재편성 이론으로 분석한 2007 대선", 한국과국제정치, 제27권 제4호: 187-218.

49 김봉운, "고성·속초 산불, '신속한 초동대응' 피해 확산 막아", 인터넷 환경일보(2019. 04. 10).

50 [사설] "'文 정부 인사·일자리 정책 실망'이라는 전문가들 평가", 〈국민일보〉(2019. 4. 19).